KATRIN **HORMANN**

Tipps,
wie du Resilienz
aufbaust und
mental fit deinen
Alltag bewältigst

STRESS
SOUVERÄN
meistern

Ein praktischer Reiseführer ins Land der Gelassenheit

Katrin Hormann

Resilienzcoach und Gelassenheitstrainerin

Katrin Hormann

ist Resilienzcoach und Gelassenheitstrainerin. Nach 15 Jahren im HR-Umfeld, 10 Jahren als Führungskraft in einem internationalen Konzern und einer persönlichen Burnout-Erfahrung machte sie sich 2018 selbstständig. Heute begleitet sie Menschen, die viel Verantwortung tragen und wenig Zeit haben, auf dem Weg aus dem Stress – zu mehr Gelassenheit und Erfolg mit Lebensfreude.

Impressum

Copyright © 2022
KATRIN HORMANN
SCHÜTZENHAUSSTR. 29, 65510 IDSTEIN
web: www.katrinhormann.de
E-Mail: mail@katrinhormann.de

© 2022 Katrin Hormann
Auflage 1
Autorin: Katrin Hormann
Lektorat: Isabelle Romann
Coverdesign und Buchsatz/Layout: Désirée Riechert
Bildrechte und Lizenzen: Alexander Limbach, #265591414, Nataly-Nete, #216318180, Screeny, #101167072, Janis Smits, #271111394, Andreas, #210964140, Jenny Sturm, #416086024, strigana, #204607844, AboutLife, #124613456

Bilder wurden mit entsprechenden Lizenzen über: https://de.123rf.com/ erworben.
Autorinnenbilder: Hannah Meinhardt; privat

ISBN: 978-9-403-66054-7

INHALTSVERZEICHNIS

GRUSSWORT

Die psychosoziale Gesundheit beschäftigt unsere Gesellschaft seit Beginn der Zweitausender immer stärker. Aufgrund der steigenden Zahlen stressbedingter Erkrankungen rücken Mediziner und Unternehmen das Thema intensiver in den Fokus.

In den letzten 15 Jahren hat sich das Durchschnittsalter der psychisch bedingten Frühberentungen auf unter 50 Jahre entwickelt. Die jährlichen volkswirtschaftlichen finanziellen Schäden belaufen sich auf sechsstellige Milliardenbeträge. Psychische und Verhaltensstörungen sind neben Muskelskeletterkrankungen die Diagnose Nummer zwei bei den Krankschreibungen, wie wir an den jährlichen Krankenkassenreports erkennen können. Und das, obwohl Präsentismus, also krank zur Arbeit zu gehen, bei seelischen Belastungen ein großes Problem darstellt. Während es schon schwerfallen kann, bei körperlichen Erkrankungen daheim zu bleiben, fällt es bei psychischen Störungen um ein Vielfaches schwerer, da körperliche Erkrankungen besonders aus der Sicht Betroffener immer noch sozial anerkannter sind als psychische Störungen.

Das Stressempfinden in der Bevölkerung ist seit Jahren steigend und macht auch vor den Kleinsten keinen Stopp. Frauen und Männer haben jeweils ein unterschiedliches Gesundheitsempfinden, was wir bereits an der Nutzung von Vorsorgeangeboten erkennen können. Im Bereich der psychischen Gesundheit bedarf es entsprechend auch unterschiedlicher Ansprachen sowie individueller Angebote für Frauen und Männer. Ein Mann möchte zum Beispiel nicht als schwach gelten, weil er Stressmanagement betreibt oder sich Unterstützung bei einem Coach holt, während eine Frau sich beispielsweise schwertut, in ihrem Bild von guter Fürsorge für andere auch Zeit für sich zu finden. Über stressverstärkende Rollenprägungen hinweg spielt auch die individuelle Persönlichkeit eine maßgebliche Rolle im Umgang mit Stress.

Das Thema Psyche ist immer noch oft tabu. Menschen mit Karriereknick wegen eines Burnouts werden noch zu häufig stigmatisiert. Das macht deutlich, wie sehr das Thema der psychosozialen Gesundheit noch in den Babyschuhen steckt. Die vergangenen zwei Jahre unter Pandemiebedingungen haben die Situation weiter verschärft, wirken wie ein Brennglas auf die Missstände und bringen zutage, wie mental und seelisch belastet wir gesellschaftlich sind.

Ich freue mich sehr, dass Katrin diesen Reiseführer geschrieben hat. Er bietet viele Impulse, die Sie präventiv für sich nutzen können. Bei der Prävention unterscheiden wir zwischen Verhaltensprävention und Verhältnisprävention. Verhaltensprävention umfasst alles, was Sie für sich selbst und Ihre Gesundheit machen können. In diesem

Reiseführer werden verschiedene Aspekte der Verhaltensprävention aufgezeigt. Es geht um Stressbewältigung, Burnout-Prävention, Resilienz, mentale Fitness und Gesundheit, Ernährung und um Ihr persönliches Stresserleben mit vielen konkreten Tipps und Anleitungen.

Verhältnisprävention betrifft die Rahmenbedingungen im Job, also die Arbeitsbedingungen, die der Arbeitgeber gestaltet. Unternehmen sind laut des Arbeitsschutzgesetzes dafür verantwortlich, gesunderhaltende Arbeitsbedingungen zu gestalten, also Gefährdungen für die psychische und physische Gesundheit möglichst gering zu halten. Seit 2013 ist eine Gefährdungsbeurteilung psychischer Belastungen gesetzlich vorgeschrieben.

Nichtsdestotrotz geht es bei der psychosozialen Gesundheit auch darum, dass Sie für sich selbst sorgen und entsprechend Verhaltensprävention betreiben. Die Verantwortung für unsere psychosoziale Gesundheit liegt bei den Arbeitgebern, der Gesellschaft, dem Bildungswesen, dem Gesundheitswesen, der Nachbarschaft, den Familien und Freunden und bei jedem von uns selbst. Dabei wird es nicht ausreichen, die Belastung stärker in den Fokus zu rücken und darüber zu sprechen. Das ist ein guter Anfang. Aber Veränderung und Besserung gelingt immer über stetiges Tun.

Es ist wichtig, dass Sie Ihre eigene Balance finden und an den Punkten handeln, die Sie belasten. Aus meiner Tätigkeit ist mir bewusst, dass das nicht immer einfach ist. Es ist durchaus menschlich, dass wir uns hier oft schwertun. Wir befinden uns 24/7 in unserem Körper mit unseren Gewohnheiten. Veränderungen entwickeln sich schleichend. Dies gilt sowohl für die Entstehung psychischer Gesundheitsprobleme als auch für deren Prävention und Genesung.

Ich wünsche Ihnen eine spannende Reise beim Lesen dieses Buches. Nehmen Sie Impulse für sich mit und gehen Sie erste Schritte, um eventuelle Belastungen nicht in einem Burnout enden zu lassen, sondern ihr Leben in entspannte Gewässer zu lenken.

Viel Erfolg dabei und bleiben Sie zuversichtlich.

Norbert Hüge

Geschäftsführender Inhaber von MILD – Münchener Institut für lösungsorientiertes Denken, Trainer und Systemischer Coach für die Stärkung psychosozialer und mentaler Gesundheit sowie Experte für Resilienz, Stressmanagement und Burnout-Prävention im Unternehmen

www.mein-mild.de

Los geht's!

BIST DU HIER RICHTIG?

Liebe Leserin, lieber Leser,

seit ich denken kann, werde ich gerne gefragt, wie ich immer so gelassen bleiben kann. Lange dachte ich, dass das viel mit meiner Persönlichkeit zu tun hat. Gelassenheit hat man oder hat man nicht, dachte ich. Keine große Leistung. Falsch gedacht! Ich hatte immer viel Gelassenheit, so wie andere viel Geschwindigkeit haben, viel Disziplin oder geografisches Wissen (wo wir schon mal dabei sind) – alles Dinge, mit denen ich es nicht so habe. Und dann ist mir meine Gelassenheit in einem schleichenden Prozess komplett abhandengekommen. Ein Prozess, der in einem Burnout endete und mir sehr deutlich machte: Gelassenheit, Stressresistenz, Resilienz oder auch mentale Stärke sind keine Selbstverständlichkeiten. Natürlich haben wir alle unsere Veranlagungen, aber Gelassenheit ist – bildlich gesprochen – weniger Teil unseres Skeletts als vielmehr ein Muskel. Diesen „Muskel" können wir so trainieren, dass er uns durch stressige Phasen trägt. Vernachlässigen wir ihn, wird er schwächer. Wird dann die Stressbelastung stärker, reicht es einfach nicht, diesen Muskel zu haben – er muss auch trainiert sein.

Mir haben damals zum Glück tolle „Gelassenheitsmuskeltrainer" zur Seite gestanden. Heute bin ich zutiefst dankbar, was ich mithilfe meiner wunderbaren Therapeutin, meines großartigen Arztes, meiner weltbesten Coachin, meines heißgeliebten Ehemannes und vielen wunderschönen Begegnungen auf dem Jakobsweg alles lernen und verstehen durfte. Meine Gelassenheitsreha war kein leichter Weg. Aber heute kann ich die daraus gewonnenen Erkenntnisse, meine erweiterten Methoden als Coachin, die Erfahrungen aus meiner Arbeit mit Klientinnen, Klienten und Kundengruppen an dich weitergeben. Und das ist mir eine absolute Freude!

Dieses Buch ist für dich, wenn du dir im Alltag – der es oft in sich hat – mehr Gelassenheit wünschst. Es ist auch für dich, wenn du unsicher bist, wo du stehst auf der Stressskala (noch alles im grünen Bereich oder doch schon dunkelorange?). Dieses Buch schreibe ich für dich, um dir meine größten Aha-Effekte á la „Wenn ich das vorher gewusst hätte …" weiterzugeben. Ich zeige dir, was du wissen musst, um deinen Gelassenheitsmuskel zu trainieren – egal ob du früher ein Gelassenheitsass warst oder bis eben überhaupt nicht wusstest, dass du diesen Muskel auch besitzt.

Ich weiß, dass du nicht viel Zeit hast und vielleicht auch gar nicht genau weißt, ob und wie du dich an das Thema Stressmanagement heranwagen sollst. Keine Sorge, ich habe alles für dich vorsortiert, das Wichtigste herausgestellt und die Wegbeschreibungen konkret skizziert. Du kannst dich nicht verlaufen. Nimm dieses Buch als Reiseführer, in dem du blätterst oder den du von vorne bis hinten liest. Ich bin mir sicher: Das Fernweh wird dich erwischen, und du wirst dich gut vorbereitet auf den Weg machen.

Das Land der Gelassenheit ist eine Reise wert. Sicher wirst du oft wiederkommen wollen!

Gute Reise und *buen camino*!

Katrin

Übrigens: Im Sinne der besseren Lesbarkeit verzichte ich meistens auf die gleichzeitige Verwendung der männlichen und weiblichen Sprachform. Auch wenn du ab und an nur die weibliche Sprachform liest, gelten sämtliche Personenbezeichnungen selbstverständlich gleichermaßen für Männer und für Frauen. Bitte nagele mich nicht auf eine gerechte Verteilung fest, damit wären wir in einem anderen Buch.

WIE NUTZT DU DIESES BUCH?

Du kannst dieses Buch lesen, wie du andere Reiseführer lesen würdest.

Von vorne bis hinten

Du kannst einfach von hier immer der Reihe nach weiterlesen. So startest du gleich beim ersten Rastplatz und beschäftigst dich dann zuerst mit dem „Land-und-Leute-Kapitel": *Die Stresslandschaft kurz und knapp*. Dort erfährst du, woher der Stress kommt, was ihn steuert, wie er sich in uns auswirkt und was es mit dem „guten" und dem „bösen" Stress auf sich hat. Während du zwischen den Kapiteln immer Rastplätze findest, die dir besondere und ganz gezielte Entspannungs- und Ausgleichsmethoden bieten, kommst du auf diese Weise Schritt für Schritt zielstrebig an alles, was du für mehr Gelassenheit im Alltag brauchst: Burnout-Prävention, Stressbewältigungsmethoden, Resilienz, Training deiner mentalen Fitness und die Einordnung aller Methoden in unsere heutige Arbeitswelt.

Gezielt

Hast Du konkrete Fragen, die dir durch den Kopf gehen? Willst du wissen, woran man ein Burnout erkennt (Kapitel 2) oder wie du Prävention in deinen Alltag bekommst? Dann springe direkt in die Kapitel hinein, die dir am dringendsten auf der Seele brennen. Du kannst hin- und herspringen, Kapitel auslassen oder dreimal lesen. Das Buch orientiert sich an den häufigsten und wichtigsten Fragen zum Thema Stress und Stressmanagement. So kannst du in kurzen Momenten zwischendurch gezielt die Antworten ansteuern, die du gerade suchst. Denn – ich weiß! – du hast eigentlich gar keine Zeit zum Lesen. Noch nicht, aber warte es mal ab …

Als Anleitung

Besonders die Rastplatz-Kapitel sind so gestaltet, dass du sie direkt als Inspiration und Anleitung für konkretes Gelassenheitsmuskel-training nutzen kannst. Regelmäßig auf diesen Rastplätzen einzu-checken, katapultiert dich mit Riesenschritten in Richtung deines Ziels größerer Gelassenheit und Stressresistenz. Jeden Tag eine Pause auf einem der Rastplätze, und du kannst dir die restlichen Inhalte fast sparen. ;-)

Als Nachschlagewerk

Im Glossar findest du alle Begrifflichkeiten, die meiner Erfahrung nach zu Unklarheiten führen. So kannst du ganz einfach nachschlagen, was jetzt zum Beispiel noch mal „Disstress" und „Eustress" waren.

Diese kleine Gebrauchsanweisung soll dir lediglich etwas Orientierung bieten. Am Ende ist es herzlich egal, wie du diesen Reiseführer liest. Viel wichtiger ist, dass du darin liest und dir das Leben damit leichter, gelassener und lebensfreudiger machen kannst. Das ist mein Anspruch. Und wenn Fragen offenbleiben, freue ich mich über deine Nachricht an mail@katrinhormann.de.

AUFTANKEN UND RASTEN

Laaangweilig!

Erst die Arbeit, dann das Vergnügen! Den Spruch kennst du, stimmt's? Was du heute kannst besorgen, verschiebe nie auf morgen. Noch so einer. Oder: Wer rastet, der rostet. Von nichts kommt nichts. Ich könnte noch einige dieser Sprüche nennen, mit denen wir alle aufgewachsen sind und die uns geprägt haben. Sicher kennst du auch noch weitere und bist mit deinen ganz eigenen Varianten davon aufgewachsen. Während diese „Weisheiten" durchaus für das eine oder andere Anliegen ihre Berechtigung haben, blockieren sie uns heute oft den Weg zur Entspannung. Sie sitzen als kleine Souffleure in unserem Hinterkopf und treiben uns durch unseren Tag.

Wie viel Arbeit willst du noch vor das Vergnügen stellen? Das ist irgendwann eine wichtige Frage. Wann machst du diese Pause, von der du weißt, dass sie dringend dran wäre? Und wie geht so eine Pause überhaupt, in der du wirklich zur Ruhe kommst?

Beginnen wir doch diese Reise ins Land der Gelassenheit mit einer Pause!

Im Umgang mit Stress, der Zivilisationskrankheit unserer Zeit, ist sich die Wissenschaft einig: Meditation und Achtsamkeit sind wichtige Eckpfeiler der Bewältigung. Und bevor du dieses Buch nach diesen Begriffen direkt wieder in die Ecke legst, weil weder Meditation noch Achtsamkeit etwas für dich ist und du dir lieber ein Wellness-Wochenende buchst, warte mal einen Moment (das Wochenende kannst du ja später immer noch buchen). Du bist vielleicht nicht der

Typ zum Meditieren. Das ist total okay. Ich bin auch keine Meditationslehrerin. Wenn wir das jetzt geklärt haben, können wir doch ein kleines Experiment machen. Wir machen keine große Sache draus. Du musst dafür nicht zum Meditationstypen werden.

Vielleicht erinnerst du dich aber noch an den „Typen", an die Persönlichkeit, die du schon mit sechs Jahren in dir getragen hast? Kannst du dich an verregnete Nachmittage erinnern, an denen deine Freunde keine Zeit hatten, deine Eltern beschäftigt waren und an denen es einfach nichts zu tun gab? Kannst du dich erinnern, wie du gelangweilt auf dem Teppich rumgelegen hast und vor lauter Langeweile diesen Teppich so genau betrachtet hast, dass du ganz neue Dinge an ihm entdeckt hast? Ja, kannst du dich an so eine oder so eine ähnliche Situation erinnern? Alles klar. Das ist schon Achtsamkeit. Ehrlich. Mehr braucht es nicht – und nicht weniger.

So geht's:

Überlege dir, wie lange du dich langweilen willst. Du denkst an zehn Minuten? Dann mache fünf. Du findest, fünf sollten gehen, dann mache zwei Minuten. Stelle dir ruhig den Timer.

Dann setzt du dich einfach nur hin oder stellst dich ans Fenster und tust … nichts. Du zückst nicht dein Handy, du blätterst in keiner

Zeitung und gehst nicht durch deine To-do-Liste. Wenn Gedanken zu deinen To-dos aufkommen, dann sage dir: „Darum kümmere ich mich gleich wieder. Jetzt sitze ich hier gerade mal rum."

Wenn du gar nicht weißt, wohin mit dir, beobachte den Sekundenzeiger der Uhr. Du kannst auch mal auf deinen Atem achten. Atmest du überhaupt? Durch die Nase bis in den Bauch oder wie?

Dann stehst du einfach wieder auf und gehst ins nächste Meeting, an den Rechner oder zur nächsten Aufgabe. Wenn du Lust hast, dich weiter auszuprobieren und dich an dieses Resilienzdings heranzutasten, dann kannst du dich ja morgen einfach wieder zwischendurch für zwei Minuten langweilen. Jetzt hast du ja sowieso schon angefangen mit diesem Quatsch.

Komm, traue dich! Mache mal! Es kostet nichts. Zwei Minuten finden sich sogar in deinem Kalender, und du musst es niemandem erzählen.

Deshalb funktioniert's:

Der Trick ist, dass wir gedanklich einen Moment aussteigen. Wir denken 60000 Gedanken am Tag, und Denken kostet Kraft. Oft kommen unsere Gedanken nicht zur Ruhe oder überschlagen sich. Dann hilft es, „mal herunterzukommen", „mal auf den Teppich zu kommen".

Diese langweiligen Zeiten des Nichtstuns waren übrigens vor gar nicht langer Zeit fester Bestandteil unseres Alltags. Bevor es Smartphones gab, konnten wir nicht jede Fahrt im Aufzug, jedes Warten auf den Bus oder den in der Maschine durchlaufenden Kaffee mit einem Blick auf das Handy füllen. Warte- oder Übergangsphasen von einer Aktivität zur nächsten haben den großen Nutzen, dass unser Gehirn Gelegenheit hat, umzuschalten. Langeweile und Leerlauf befeuern unsere Kreativität und Leistungsfähigkeit. Wir tun also gut daran, uns bewusste Übergangsphasen und Leerlauf zu schaffen und uns ab und zu einfach mal zu langweilen.[1] Mehr dazu findest du in Kapitel 5.

Probiere es doch gleich mal aus! Wie viele Minuten Langeweile hältst du aus, bevor es dich in den Fingern juckt und du mit den Füßen scharrst?

Und dann geht's frisch gelangweilt los auf unsere Reise.

1. DIE STRESSLANDSCHAFT KURZ UND KNAPP

WAS SOLL DER STRESS?

Bevor wir uns gemeinsam auf den Weg zu mehr Entspannung und Gelassenheit machen, einigen wir uns doch auf ein paar Fakten und Rahmenbedingungen. Stellen wir sicher, dass wir das Gleiche meinen, wenn wir über Stress und Entlastung sprechen.

Besonders *Stress* ist ein Wort, das uns heute überall umgibt. An allen Seiten hören wir um uns herum „Ich bin total im Stress, der Job ist extrem stressig" oder anders formuliert, aber inhaltlich ähnlich gemeint: „Es ist einfach (zu) viel gerade!"

Auf der einen Seite hat diese Omnipräsenz eine fast inflationäre Wirkung auf den Begriff *Stress*. Da kannst du ächzen und über Stress klagen, ohne große Reaktionen deines Umfelds zu erhalten, oder? Außer natürlich die obligatorische Antwort: „Ja, bei mir auch!"

Dadurch entsteht zwar vielleicht ein Gefühl von Gemeinschaft und Verbundenheit: „Wir sitzen alle im gleichen Boot." Nur leider nimmt es dem Gefühl der Überforderung auch einiges an Dringlichkeit. Es geht ja allen so. Warum sollte es ausgerechnet dir anders gehen?

Auf der anderen Seite ist uns der Begriff *Stress* mittlerweile so geläufig, dass wir selten genauer hinschauen, was denn ganz konkret damit gemeint ist. Du nutzt das Wort *Stress*, und in der Regel geht es damit direkt in den Austausch über ellenlange To-do-Listen. Dann ist man sich wieder einig, dass es „einfach gerade zu viel" ist. Die Gespräche über Alltagsbelastungen, die tiefer gehen und genauer beleuchten, was da eigentlich gerade genau im Argen liegt, sind deutlich seltener als der gemeinsame Nenner an der Oberfläche. Während der gemeinsame Nenner auch wertvoll ist, entsteht für viele jedoch ein diffuses, nebliges Stressgefühl. Wir spüren den Stress sehr wohl, der uns im Nacken sitzt, im Magen liegt oder im Kopf kreist. Es ist allerdings schwer zu sagen, was genau dahintersteckt und passiert.

Deshalb werfen wir als Erstes einen kurzen Blick auf die Entstehung von Stress auf der körperlichen Ebene. Stress ist nichts Neues und keine Erfindung der Moderne. Im Gegenteil – unsere menschliche Stressreaktion, die als Antwort auf äußere Stressreize abläuft, ist seit Beginn der Menschheitsgeschichte dieselbe.

Stress als Überlebensvorteil

Unsere Fähigkeit, in Stress zu geraten, ermöglicht uns, Gefahren aus dem Weg zu gehen und Herausforderungen zu meistern. Schon vor über einer Million Jahren hat das unsere Urahnen dazu befähigt, mit Bedrohungen umzugehen. Dies so erfolgreich, dass wir als Spezies bis heute überlebt haben – genauso wie die in uns angelegte Stressreaktion. Der Nutzen von Stress erschließt sich, wenn wir uns vorstellen, wie unsere Vorfahren zum Beispiel den Angriff eines Raubtieres überleben konnten. Kam so ein Säbelzahntiger um die Höhlenecke, galt es zu kämpfen oder zu rennen, was das Zeug hielt und mit allem, was man hatte. Nichts war in dem Moment wichtiger. Die im Körper ablaufende Stressreaktion befähigt genau dazu (kämpfen und rennen) ideal.

Dabei hat sich eine Art *One-size-fits-all*-Ansatz bewährt. Das heißt, es ist uns körperlich bis heute egal, ob ein Säbelzahntiger angreift, der Verstoß aus der Gemeinschaft droht, unsere Vorräte geraubt werden oder uns die zehnte Arbeitsunterbrechung in den letzten fünfzehn Minuten den letzten Nerv raubt. Wenn wir eine Belastung wahrnehmen, läuft in unserem Körper sofort ein Programm ab, das uns einen ordentlichen Energieschub verschafft und uns damit befähigt, zu kämpfen oder zu fliehen.

Das ist wirklich ein beeindruckendes Programm, das dann in unserem Körper abläuft: absolut verlässlich, höchst aktivierend und spannend in der Wechselwirkung. Nur die wichtigsten körperlichen Reaktionen auf einen sogenannten Stressreiz sind[2]:

Gehirn: Durch eine gesteigerte Durchblutung ist unser Gehirn hellwach und laserscharf auf unsere Umgebung eingestellt. Das geht leider zulasten unseres Erinnerungsvermögens. Was wolltest du noch mal unbedingt auf die Einkaufsliste setzen?

Atmung: Unsere Atmung wird schneller und flacher. Es geht vor allem ums Einatmen, während die Ausatmung an Tiefe verliert. Dadurch nehmen wir mehr Sauerstoff auf.

Herz-Kreislauf-System: Das Herz wird besser durchblutet, und der Herzschlag steigt zusammen mit dem Blutdruck an. Blutgefäße im Herz, im Gehirn (roter Kopf) und in den großen Arbeitsmuskeln werden erweitert. Das Gegenteil passiert mit den Blutgefäßen der Haut, der Hände und Füße (kalte Hände und Füße) und des Verdauungstraktes.

Muskulatur: Die Durchblutung der Skelettmuskulatur wird verbessert und die Muskelspannung erhöht. Dies gilt besonders für die Schulter-, Nacken- und Rückenmuskulatur. Häufig ziehen wir instinktiv die Schultern hoch, um unseren empfindlichen Hals vor dem „Biss des Säbelzahntigers" zu schützen – mit dem heutigen Ergebnis von Nackenverspannungen. Die Bauchdecke wird tendenziell angespannt, um die Eingeweide zu schützen. Unsere Reflexe sind hellwach, und wir sind bereit, unsere Muskeln arbeiten zu lassen. Stelle dir einen Boxer vor, bevor die erste Runde eingeläutet wird, oder einen Sprinter vor dem Startschuss für die fünfzig Meter. Dann hast du das richtige Bild.

Verdauung: Alles gleichzeitig geht nicht. Dem Energieverbrauch wird klar Priorität eingeräumt, und die Durchblutung von Magen und Darm – und damit die Verdauung – wird gedrosselt. Selbst die Verdauung, die über den Speichel im Mund beginnt, wird durch reduzierten Speichelfluss gehemmt (trockener Mund).

Sexualität: Im uralten Stressprogramm gilt es zu überleben, bevor Fortpflanzung überhaupt wieder eine Rolle spielen kann. Logisch also, aber heute oftmals nicht minder belastend, dass bei Stress die Lust auf Sex gehemmt wird. Es werden weniger Sexualhormone ausgeschüttet, die Genitalien werden weniger durchblutet, und beim Mann werden weniger Spermien produziert.

Immunsystem: Kurzfristig betrachtet beflügelt Stress unser Immunsystem. Akut steigt die Anzahl der natürlichen Killerzellen im Blut. Das ist großartig, um Fremdkörper, die zum Beispiel über offene Wunden in unsere Blutbahn gelangt sind, unschädlich zu machen. Allerdings wird mittelfristig – und mittelfristig heißt im Überlebenskampf nach 30 bis 60 Minuten – die Immunfunktion wieder gedrosselt, um zum Beispiel allergische Reaktionen zu verhindern.

Sonst noch was? Ja, in der Tat: Auch unser Stoffwechsel, unsere Haut (schwitzige Hände oder Achseln) und sogar unser Schmerzempfinden werden durch unser biologisches Stressprogramm direkt beeinflusst.

Stress lässt uns nicht kalt. Mal zusammengefasst, können wir stress-aktiviert kurzfristig extrem viel leisten, super kämpfen und schneller rennen als im entspannten Zustand. Nur lässt uns dafür der Anblick unseres heißen Partners kalt. Wenn wir uns trotzdem zu Sex hinreißen lassen, sind die Chancen auf Nachwuchs reduziert, und auf Toilette können wir auch nicht vernünftig. Außerdem haben wir ständig einen verspannten Nacken und kalte Füße.

Hormongesteuert durch den Stress

Ziemlich beeindruckend, was unser Organismus aus dem Hut zaubern kann. Zumindest, wenn der sprichwörtliche Hut auf einem tatsächlichen Kopf samt Gehirn sitzt. Denn dort wird die Stressreaktion ausgelöst. Dabei spielt neben dem zentralen und dem vegetativen Nervensystem das Hormonsystem eine bedeutende Rolle. Darüber, dass wir hormon-gesteuert sind, sprechen wir umgangssprachlich – und ehrlicherweise meist despektierlich – in Bezug auf Frauen und Schwankungen durch den weiblichen Zyklus oder den weiblichen Kinderwunsch: „Boah (*Augenrollen*), die ist total hormongesteuert." Lustig ist, wie wir dabei komplett ausblenden, dass wir alle – Frauen *und* Männer – unsere verlässlichen Körperfunktionen unter anderem unserer hormonellen Steuerung verdanken.

In Bezug auf eine Stressreaktion wirken unsere Hormone wie in einem gestaffelten Alarmsystem, das aus drei Stufen besteht[3]:

- Sanftes Noradrenalin
- Wachmacher Adrenalin
- Cortisol

Das ist ein toller Mechanismus, der bei akuter Stressbelastung besser als jedes Survivaltraining funktioniert. Vor allem zwei Punkte sind aus der Betriebsanleitung dieses lebenswichtigen Mechanismus unbedingt zu wissen:

Erstens ist dieses Stressprogramm darauf ausgelegt, dass wir dem Stressreiz mit einer der beiden klassischen Stressreaktionen begegnen und damit durch Flucht oder Kampf ordentlich in Bewegung kommen. Durch körperliche Bewegung werden vor allem Cortisol und Adrenalin im Blut wieder abgebaut. Der Körper kann zur Ruhe kommen. An dieser Stelle passt unsere seit Urzeiten gleiche körperliche Stressreaktion natürlich leider überhaupt nicht zur Realität unserer Alltagsstressoren. Körperlicher Kampf oder Flucht sind heute in den seltensten Fällen passende oder überhaupt mögliche Reaktionen auf Belastungssituationen. Der Chef kommt kurz vor Feierabend mit einer Spezialaufgabe um die Ecke? Wegrennen ist keine Lösung. Die Kollegin hat sich im Meeting schon wieder zu deinem Thema in den Vordergrund gedrängt? Auch wenn dir danach wäre, so ist ein Ringkampf nicht angebracht, um den Konflikt zu lösen. Heutige Belastungssituationen im Job erfordern in der Regel Bewältigungsstrategien auf der verbalen oder kognitiven Ebene. Und die Hormone? Die bleiben förmlich stecken. Vor allem die Konzentration von Cortisol und Adrenalin im Blut bleibt hoch – mit allen damit einhergehenden Folgen (dazu mehr im Experteninterview mit Marta Salska). Bereitgestellte Energie in Form von Fett und Zucker wird nicht abgerufen. Beides verstopft die Blutbahnen. Dass daraus leicht der viel gefürchtete Gefäßverschluss (Infarkt) werden kann, leuchtet ein.

Nun fühlst du dich mit diesem Verständnis möglicherweise etwas beklommen, und dich befällt die Sorge, bald mit einem Herzinfarkt umzufallen? Das verstehe ich gut. Deshalb möchte ich dir direkt die Gebrauchsanweisung zu diesen Zusammenhängen mitliefern: Nimm dieses Wissen bitte nicht zum Anlass, dich zusätzlich zu sorgen und nun neben dem ganzen Stress also auch noch Angst zu haben. Du bist in der guten Lage, eben genau noch keinen Herzinfarkt erlitten zu haben. Die Erkenntnis dieser Zusammenhänge kommt für dich genau richtig. Du kannst jetzt und heute ganz wunderbar gegensteuern und dafür sorgen, dass es nicht so weit kommt. Und – keine Sorge! – das ist nicht so schwierig und aufwendig, wie du vielleicht befürchtest.

Wenn du keine Minute länger verstreichen lassen möchtest, um gegenzusteuern, dann blättere direkt vor zum Kapitel *Ausgleich – die ersten Schritte* und lege los.

Das Zweite, was du über deinen eingebauten Aktivierungsmechanismus wissen solltest, ist der Gewöhnungseffekt[4], der nach einer Zeit eintritt. Diesen Abstumpfungseffekt braucht es, weil die in uns ablaufende Stressreaktion natürlich nicht alltagstauglich ist. Unsere Stressreaktion ist angelegt auf akute Gefahren mit nachfolgender Entspannung. Nun ist es aber so, dass uns unser tägliches (Arbeits-) Leben einen Stressreiz nach dem anderen präsentiert und damit jedes Mal die programmierte, intensive körperliche Reaktion abläuft. Unser Organismus befindet sich dadurch ständig in einer erhöhten Widerstandsbereitschaft. Als Antwort auf dieses kontinuierlich hohe Leistungsniveau adaptiert unser Körper beeindruckend: Wir passen uns an, und der Sollwert unseres Körpers wird verschoben. Mit aller Kraft pendeln sich die körperlichen Abläufe auf einem erhöhten Level in einem neuen Gleichgewicht ein. Ganz schön beeindruckend, wie anpassungsfähig wir uns da zeigen. Das Fiese ist nur, dass durch diesen Prozess unsere akuten Stresssymptome verschwinden. Das lässt uns natürlich schnell annehmen, dass wir nun aber wirklich superwiderstandsfähig geworden sind. Durchhalten hat sich ausgezahlt, und die „Harten kommen eben doch in den Garten". Leider ist das ein Trugschluss. Wenn wir weiter auf dem neuen Stresslevel laufen, wird der dafür benötigte Kraftaufwand des Organismus zu groß, und er bricht zusammen. Die Erschöpfung schlägt dann doppelt und dreifach zu Buche und geht nicht selten mit ernsthaften Erkrankungen der dauerhaft zu hoch belasteten Organe einher. Das willst du natürlich bei allem Ehrgeiz auf keinen Fall, richtig?

Du willst vorher abbiegen. Du merkst, dass es dafür Zeit wird, wenn du gar nicht mehr richtig runterkommst. Wenn du in den seltenen Pausen, die du hast, kaum zur Ruhe kommst, dann kann das daran liegen, dass sich der Sollwert deines Körpers bereits verschoben hat und die Regulation auf ein normales Ruheniveau nicht mehr möglich ist. Du merkst das zum Beispiel am Blutdruck, der einfach gar nicht mehr runtergeht, an Muskelverspannungen, die du einfach nicht los wirst, und an schlechtem Schlaf … oder an deinen Mitmenschen, die dir seit einer Weile ständig in den Ohren liegen, „mal runterzukommen" und „mal eine Runde in Ruhe zu entspannen".

Dafür den Anfang zu finden, ist nicht einfach. Ich weiß. Das wirklich Gute ist, dass ein Bewusstsein für die Zusammenhänge und ein Hinschauen auf den eigenen Zustand die entscheidenden Voraussetzungen sind, um einen anderen Weg einzuschlagen. Ich freue mich persönlich wirklich riesig mit dir, dass du diesen Reiseführer liest und nicht im diffusen Stressnebel weitermachst, bis nichts mehr geht.

EXPERTENINTERVIEW:
AUSLÖSER UND STRESSOREN – GOTTFRIED WIMMER

Gottfried weiß, was uns stresst!

Als ich überlegt habe, wer wirklich umfassend sagen kann, was Stress im Büroalltag auslöst, ist mir sofort Gottfried eingefallen. Gottfried Wimmer ist Experte für betriebliche Gesundheitsförderung, Arbeitsschutz und Stressbewältigung. Seit über 25 Jahren berät er dazu Unternehmen unterschiedlichster Größe und Branchen und kann aus einem riesigen Erfahrungsschatz schöpfen. Der Austausch mit ihm ist immer eine einzigartige Mischung aus beeindruckender, fachlicher Klarheit, Expertise und gleichzeitiger besonderer Herzenswärme. So war es mir eine große Freude, für dich mit Gottfried im Austausch zu sein.

Gottfried, wir haben im Buch gerade darüber gesprochen, dass uns die menschliche Stressreaktion als Spezies bisher auch das Überleben gesichert hat. Wer zu Urzeiten eine funktionierende Stressreaktion auf das Erscheinen eines Säbelzahntigers hatte, ist nicht gefressen worden und konnte sein Erbgut in der Evolution weitergeben. Bis heute war die Stressreaktion also ein Erfolgsrezept. Was ist dann das Problem am Stress im heutigen Büroalltag?

Meine Erfahrungen, die ich selbst und in meinen Workshops zur Ermittlung der psychischen Gefährdungen, Belastungen und Einflüsse bei der Arbeit sammeln durfte, sind sehr breit gefächert.

So kann ich sagen, dass auch die Antwort auf diese Frage sehr vielschichtig ist. Die „Säbelzahntiger", die uns im Büro angreifen, kommen in unterschiedlichsten Tarnungen daher – Termindruck, Multitasking, unklare Aufgabenstellungen, unverbindliche Kollegen, Mobbing, ein Kaffeefleck auf dem Hemd, ein verpasster Zug. Alles nicht lebensbedrohlich oder mit einem echten Säbelzahntigerangriff zu vergleichen. Aber die drei Möglichkeiten, die uns das limbische Gehirn seit Urzeiten zur Verfügung stellt, werden aktiviert: Flucht, Kampf oder Starre.

Die Möglichkeit der Flucht steht noch am ehesten zur Verfügung. Angriff ist in ganz vielen Fällen ausgeschlossen, und darum kommt es immer öfter zu einer starren Haltung. Ich kann mich selbst noch erinnern, wie bei mir im Stress die Atmung, der Puls und damit auch der erhöhte Blutdruck zu einem Gefühl der Ohnmacht führten und damit zu einem Verlust der Lebenszufriedenheit. Wenn die ungünstige Situation aufgetreten ist, dass alles zugleich anstieg, führte dies bei mir auch zum Hyperventilieren. Ich war nicht mehr bewegungsfähig – bis hin zur Ohnmacht oder zum Zusammenbruch.

Viele Teilnehmende in den Workshops und Seminaren berichten auch, dass keine Regenerationszeiten zur Verfügung stehen. Damit wird jeder noch so kleine „Säbelzahntiger" zur psychischen Gefährdung oder Belastung bei der Arbeit. Dazu kommt, dass viele Beschäftigte im Umgang mit einer zu hohen Stressbelastung auch nicht qualifiziert sind. Gerade Führungskräften werden viele

Aufgaben und viel Verantwortung übertragen, und es wird nicht beachtet, ob sie überhaupt befähigt sind. Auch eine unzureichende Qualifizierung kann sich zu einem „Säbelzahntiger" entwickeln.

Du bist seit vielen Jahren im Bereich der Gesundheitsförderung, der Arbeitssicherheit und des betrieblichen Gesundheitsmanagement tätig. Du berätst und begleitest Betriebe unter anderem bei der Erstellung von psychischen Gefährdungsbeurteilungen und hast schon sehr viele Unternehmen in dem Kontext kennengelernt. Was sind die Klassiker unter den modernen „Säbelzahntigern"? Was sind aus deiner Erfahrung die häufigsten Stressfaktoren im Büroalltag?

Da habe ich oben schon einige erwähnt, aber gerade im Büroalltag kommen noch häufige Unterbrechungen, unklare Strukturen, ein zu hohes Arbeitspensum, eine ungünstige Kommunikationskultur, fehlende Wertschätzung, fehlende Fehlerkultur und dann noch die ganzen technischen Herausforderungen bei der Arbeit dazu. Unergonomische Arbeitsverhältnisse wie die Ausstattung und Einrichtung der Arbeitsplätze, aber auch Software, die bedienungsunfreundlich ist, immer wieder abstürzt oder zu viele Systeme, die von den Beschäftigten zu bewältigen sind, werden als psychische Belastung dargestellt. Führungskräfte haben uns zum Beispiel berichtet, dass sie bis zu 32 verschiedene Betriebssysteme beherrschen sollen – von denen manche nur ein- oder zweimal im Jahr überhaupt zum Einsatz kommen. Dies alles findet nicht selten in einer Büroarchitektur statt, die den Bedürfnissen unterschiedlicher Tätigkeiten und Arbeitsstile nicht gerecht wird. Jeder, der schon einmal in einem Großraumbüro versucht hat, konzentriert zu arbeiten, weiß, wie belastend das sein kann. Besonders wenn viel telefonierende Kolleginnen in der Schreibtischlandschaft nebenan sitzen, wird die Geräuschkulisse schnell zum Stressfaktor Nummer eins.

Beobachtest du große Unterschiede hinsichtlich der Stressoren zwischen verschiedenen Branchen und Unternehmensgrößen?

Weder die Branche noch die Größe eines Betriebes oder Unternehmens spielen eine große Rolle. Wir begleiten Unternehmen von 8500 Beschäftigten bis zu Betrieben mit 68 Mitarbeitenden. Was uns immer wieder begegnet, sind die ungünstigen Kommunikationskulturen und das große Entwicklungspotenzial im Führungsverhalten. Auch in meiner Arbeit im Einzelsetting als Burnout- und Stresspräventionstrainer erlebe ich immer wieder, wie belastend sich zum Beispiel fehlende Wertschätzung ihrer Vorgesetzten auf meine Klienten auswirkt. Unabhängig von der Unternehmensgröße oder Branche wird hier viel Potenzial verschenkt.

Würdest du sagen, Führungskräfte haben mehr Stress als Mitarbeitende ohne Führungsverantwortung?

Die Herausforderungen, vor denen Führungskräfte stehen, können nicht mit den Stressoren der Beschäftigten ohne Führungsverantwortung verglichen werden.

Zum einen wird Erfolg oft an Umsatz oder Ertrag gemessen – mit Auswirkungen auf mögliche Bonuszahlungen. Das führt zu einer wirtschaftlichen Abhängigkeit von Leistung und damit einem ganz eigenen Stressfaktor, der zu bewältigen ist.

Zum anderen habe ich schon erwähnt, dass Führungsverantwortung oft übertragen wird, ohne die Führungskräfte entsprechend zu schulen oder zu qualifizieren. Natürlich wissen wir, dass allein die Qualifikation noch kein Garant für eine gelingende Führung ist. Die eigene Einstellung und Haltung zur Tätigkeit und zum Leben spielen dafür eine große Rolle. Aber Führungskräftequalifizierungen führen in vielen Fällen durch Erkenntnisse über Führungsmechanismen und -methoden zu einer Veränderung des eigenen Führungsstils und einer neuen Haltung und damit zu einem stressreduzierenden Führungsverhalten.

Führungskräfte verdienen eine Unterstützung im Betrieb oder Unternehmen, um sich auch auf der Persönlichkeitsebene entsprechend entwickeln zu können. Die rechtliche Verpflichtung, die aus der Verantwortung des Unternehmens dazu entsteht, würde ich hier gerne außen vor lassen. Dazu könnten wir ein eigenes Interview führen.

Ich möchte noch erwähnen, dass Führungskräfte gerade in der aktuellen Pandemie mit neuen Herausforderungen zu rechnen haben und diesen in ihrer Funktion auch gerecht werden sollten. Das geht nur, wenn sie dazu sensibilisiert werden und entsprechend qualifiziert. Das Thema Homeoffice wird aus den Erfahrungen, die jetzt gesammelt werden, auch künftig eine große Rolle im betrieblichen Kontext spielen. Gerade hier kommt es auf eine ausgeprägte soziale Kompetenz der Führungskräfte an. Hier ist noch in vielen Betrieben und Unternehmen Nachholbedarf festzustellen.

Ist es den Betrieben bewusst, dass diese stressauslösenden Umstände ihre Mitarbeitenden belasten?

Meiner Erfahrung nach wissen die Verantwortlichen in den Chefetagen, welche Bedingungen und Kulturen in ihren Betrieben vorherrschen. Das ist gut. Noch viel zu wenige aber nehmen sich ernsthaft der Umgestaltung dieser Umstände an. Eher wird versucht, eine Änderung über den Austausch von Führungskräften herbeizuführen, als dass umfassende Qualifizierungs- und Kulturmaßnahmen ergriffen werden. Natürlich gibt es auch Vorbilder. So kenne ich einen CEO, der sagt: „Wer nicht kann, dem wird geholfen. Wer nicht will, kann in unserem Unternehmen keine Führungskraft sein." Hier wurden tatsächlich fünfzig Führungskräfte entlassen und für die verbliebenen Führungskräfte viele Schulungen und Qualifizierungsmaßnahmen angeboten. Ein wirklicher Kulturwandel konnte auf diesem Weg stattfinden.

Wir sind immer sehr froh darüber, dass wir in solchen Veränderungsprozessen das Zünglein an der Waage sein dürfen und oft wunderbare und ernsthaft neue Wege begleiten dürfen. Bereits in den Workshops zur Ermittlung der psychischen Gefährdungen, Belastungen und

Einflüsse bei der Arbeit kommt es zu einem gewinnbringenden Austausch mit einer großen Strahlkraft. Der Austausch ist ein wichtiger Startpunkt.

An welchem Punkt wirst du mit deinem Team an Bord geholt? Und was ist dann in der Regel deine erste Aufgabe?

Selbst große Unternehmen behandeln das Thema Arbeits- und Gesundheitsschutz häufig als lästiges Übel. Auch sind sie sich oft ihrer rechtlichen Verantwortung und Verpflichtung nicht bewusst. Entsprechend sind dies in unseren Erstgesprächen in der Regel die Themen, die besprochen werden. Und dann gehen wir in medias res.

Zu Beginn zeigen wir, wie so eine Gefährdungsbeurteilung durchgeführt wird. Ich kläre auch darüber auf, dass die eigentliche Gefährdungsbeurteilung der zweite Schritt ist. Im ersten Schritt gilt es, eine Arbeitsschutzorganisation aufzubauen. Das ist die Basis für einen gelingenden Arbeits- und Gesundheitsschutz.

Was genau machst du bei einer psychischen Gefährdungsbeurteilung?

Es gibt gute Bücher, in denen der Ablauf umfassend beschrieben ist. Das würde den Rahmen hier sprengen. Über das reine Prozedere und die Arbeitsschritte hinaus erachte ich es als meine wichtigste Aufgabe, zu sensibilisieren, einzuladen und zu begeistern.

Das Thema ist hochsensibel. Schon in der ersten Informationswelle an die Beschäftigten liegen viele Stolpersteine im Weg zum Erfolg. Wir nennen die psychische Gefährdungsbeurteilung deshalb eine Analyse zur Verbesserung der Arbeitsbedingungen (nach Martina Moll, Wien). Denn allein diese Formulierung führt zu weniger bis gar keinen Vorbehalten der Beschäftigten zu dem Thema. Information und Sensibilisierung stehen an erster Stelle.

Ich lade alle Beschäftigten ein, sich von Beginn an am Beurteilungsprozess zu beteiligen. Schon in der Kommunikation, dann bei der Ermittlung der psychischen Gefährdungen, Belastungen und Einflüsse bei der Arbeit wie auch bei der Ableitung und Umsetzung der Maßnahmen zur Reduzierung der Belastungen.

Über die operativen Zuständigkeiten für Projekte im Bereich des betrieblichen Gesundheitsschutzes hinaus höre ich immer wieder unterschiedliche Erwartungshaltungen hinsichtlich der Verantwortung für das Thema psychische Gesundheit am Arbeitsplatz. Geht es dir auch so? Und ist das Thema nun Chefsache, obliegt es der Unternehmensleitung, der Personalabteilung, dem Betriebsrat (falls vorhanden), sollte es extern eingekauft werden oder ist es am besten, jeder einzelne Mitarbeitende ist seines eigenen Entlastungsglückes Schmied? Was ist deine Meinung nach jahrelanger Zusammenarbeit mit unterschiedlichsten Gruppen in Unternehmen und mit deinem umfassenden Fachwissen? Wo liegt die Verantwortung?

Im Unternehmen und Betrieb gilt: Verhältnisprävention vor Verhaltensprävention. Das wird gerne anders gesehen: „Du musst dich und dein

Verhalten verändern, dann verändern sich auch deine Verhältnisse."
Dieser Satz entspricht nicht den gesetzlichen Vorgaben.

Unabhängig von Verantwortlichkeiten möchte ich alle betrieblichen
Akteure für das Thema begeistern. Insbesondere jedoch die Führungskräfte, denn sie sind letztlich für die Umsetzung von Maßnahmen verantwortlich. Durch das Wissen um die Vorteile und den Nutzen einer
psychischen Gefährdungsbeurteilung kann dieser Prozess gelingen.

*Lieber Gottfried, herzlichen Dank für deinen wertvollen Beitrag. Hast du
abschließend einen persönlichen Rat oder Reisetipp durch die Stresslandschaft
im Büroalltag?*

Liebe Katrin, wie bei jeder Reise ist es hilfreich, dass man sie gut
plant, genügend Pausen einplant, die man dann auch macht. Genauso
versuche ich es immer weiterzugeben. Sich den Tag gut zu planen
und auch genügend Zeiten für die Regeneration einzuplanen. In
diesen Regenerationsphasen können sich der Puls und die Atmung
auf ein gesundes Niveau bringen, und die Konzentration wird wieder
gestärkt. Dafür tun wir gut daran, einerseits zwischen den Terminen
genügend Zeitabstände einzuplanen und andererseits Zeit für Pausen
zu lassen, in denen wir Nahrung aufnehmen können und sich somit
unser Akku wieder füllt.

Was auch eine Rolle spielen kann, ist die Menge des Gepäcks, das ich
mitnehme, und der Weg, den ich wähle. Im Büro hieße das, darauf

zu achten, wie der Umfang der Arbeitsmenge ist und ob ich den direkten, aber schwierigen Weg nehme oder einen kleinen Umweg, der dafür weniger steil ist.

Die klassischen Stressoren unseres Arbeitsalltags sind:

Termindruck, häufige Unterbrechungen, Multitasking, ein zu hohes Arbeitspensum, unklare Strukturen und Aufgabenstellungen, unverbindliche Schnittstellen und ungünstige Kommunikation, fehlende Wertschätzung, fehlende Fehlerkultur, die technischen Herausforderungen der virtuellen Zusammenarbeit und stressverstärkende Büroarchitekturen.

CHECKLISTE: STRESSSYMPTOME

Hast du dich und deine Herausforderungen im Job in dem wiedererkannt, was Gottfried schildert? Ich vermute, mindestens an der einen oder anderen Stelle hast du dich an eigene Situationen erinnert gefühlt, die dir täglich beim Arbeiten begegnen. Stress durch Termindruck kennen wir zum Beispiel alle, oder? Auch die Situation, wenn einem der Puls hochgeht, weil für das virtuelle Meeting die Technik streikt, kennen wir spätestens seit Beginn der Pandemie in der einen oder anderen Form. Die oben beschriebenen Stressauslöser unserer Zeit sind derart häufig, dass mir tatsächlich noch niemand begegnet ist, der nicht mindestens bei einem davon nickt. Ich gehe also davon aus, dass du dir vermutlich ganz gut etwas unter den Stressoren vorstellen kannst, die uns umgeben. Und sicherlich ist dein Alltag noch mit einigen weiteren, ganz eigenen Herausforderungen gespickt.

„Ja, und?", magst du denken: „So ist es halt. Das Leben ist eben kein Ponyhof!" Du hast recht. Die oben beschriebenen Stressoren gehören heute fast schon selbstverständlich zum Alltag. So ist das Leben oft. Die Frage, die sich stellt, ist: Wie viel hältst du wie lange aus? Sicher, sicher, es gibt etliche Menschen, die jahre- und sogar jahrzehntelang mit dem Stress leben und arbeiten. „Geht schon irgendwie", auch wenn sie mit der Frage, ob sie denn auch glücklich dabei seien, weniger anfangen können. Und dann gibt es sehr viele Menschen, die der Stress irgendwann in die Knie zwingt[5], mich persönlich vor etlichen Jahren ebenfalls. Außerdem kenne ich viele Menschen, die mit diesem nagenden Gefühl, dass sie es nicht mehr lange schaffen, ihren Alltag bestreiten. Aus dieser Gruppe höre ich oft auch eine Sehnsucht, dass das Leben irgendwie anders sein sollte – leichter, gelassener und freudiger.

Wie du zu mehr Gelassenheit und Leichtigkeit kommst, folgt. Blättere gern vor ins Kapitel 5, wenn du den direkten Weg nehmen möchtest. Auch jedes Rastplatz-Kapitel bringt dich deiner Gelassenheit näher. Wenn du noch mehr über die Zusammenhänge, die Erscheinungsformen und die Folgen von Stress erfahren möchtest, bevor du dich auf den Weg ins Land der Gelassenheit machst, dann bleibe noch etwas in diesem „Land-und-Leute-Kapitel" der Stresslandschaft.

Vielleicht fragst du dich, wo du persönlich mit deiner Stressbelastung stehst? „Wie schlimm ist es denn?", überlegst du möglicherweise. Weil ich diese Überlegungen kenne und sehr oft danach gefragt werde, möchte ich dir einige Leitplanken anbieten und mit typischen, beobachtbaren Symptomen eine Orientierung geben. Dabei ist mir wichtig, ganz deutlich zu sagen, dass die im folgenden genannten Symptome *typische* Symptome sind. Ich brauche dir nicht zu sagen, dass kaum ein Mensch sich in eine *typische* Schublade stecken lässt. Wir alle sind zum Glück sehr individuelle Persönlichkeiten und reagieren entsprechend unserer spezifischen Persönlichkeit, unserer geistigen und körperlichen Gesundheit unterschiedlich auf dieselben Stressoren. Gern zitiere ich an der Stelle Norbert Hüge, Inhaber des Münchener Instituts für lösungsorientiertes Denken (MILD):

„Jeder hat ein Recht auf seinen ganz persönlichen Stress."

Und doch ist die Frage sehr berechtigt und sehr gesund: Wo stehe ich denn und woran merke ich, dass der Stress nicht nur im Small Talk Thema ist („Ach, was soll ich sagen, bin mal wieder total im Stress!"), sondern droht, mir ernsthaft zu schaden?

Ingrid Strobel bietet in ihrem Buch *Stressbewältigung und Burnoutprävention* zu dieser Frage eine Liste vor allem körperlicher Symptome, die bei chronischer Stressbelastung am häufigsten auftreten.[6] Damit es dir leichter fällt, einen Scan über dein Befinden laufen zu lassen, findest du im Folgenden die von Ingrid Strobel sortierten körperlichen, emotionalen, verhaltenstechnischen und kognitiven Symptome. Außerdem ergänze ich die Auflistung um Inhalte von Dr. Matthias Burisch[7], Gert Kaluza[8] und um mein persönliches Wissen aus Erfahrung sowie der Ausbildung am MILD. Für eine intensivere Reflexion deines aktuellen Befindens kannst du dir hier eine **Checkliste der Stresssymptome** herunterladen: https://gelassenmitkatrinhormann.de/stresssymptome Du kannst sie dir ausdrucken und deine Beobachtungen im Laufe einer Woche festhalten. Darüber erhältst du einen umfassenden Überblick, der dir Indikator dafür sein kann, welcher Handlungsbedarf besteht.

Körperliche Beschwerden bei dauerhaft hoher
Stressbelastung

- linker Brustmuskel schmerzt/zieht
- Rückenschmerzen
- Magen- und/oder Darmprobleme
- Muskelzucken
- erhöhter Blutdruck
- Herzstolpern, Herzklopfen, -stechen oder -rasen
- Engegefühl in der Brust
- ständige Müdigkeit/Erschöpfungsgefühl
- Tinnitus
- verringerte Lust auf Sex
- Muskelkrämpfe, -schmerzen, -verspannungen
- Migräne

- Harndrang ohne Befund
- Ein- und/oder Durchschlafstörungen
- Appetitstörungen
- Kopfschmerzen ohne Befund
- Druck auf den Ohren
- Atembeschwerden
- Kreislaufprobleme, Schwindel
- Neurodermitis
- Probleme mit der Bauchspeicheldrüse
- unspezifische Schmerzen
- häufige Entzündungen
- häufige Infektionen (wie Erkältungen)

Emotionale Beschwerden bei dauerhaft hoher Stressbelastung

- Nervosität
- innere Unruhe
- innerlicher Druck
- Lustlosigkeit, Niedergeschlagenheit
- Antriebsschwäche (alles fällt schwer)
- Gereiztheit und/oder Gefühle des Ärgers
- unterschwellige Unzufriedenheit
- Unausgeglichenheit
- innere Leere

- Verbitterung (Gefühl, zu kurz zu kommen)
- diffuse Angst
- Gleichgültigkeit
- Motivationsverlust
- Widerwillen gegen die Arbeit

Kognitive Beschwerden bei dauerhaft hoher Stressbelastung

- Konzentrationsschwierigkeiten
- ständiges Gedankenmachen
- Gedankenkreisen
- schwindender Sinn für Humor
- Zynismus
- verringerte Leistungsfähigkeit
- reduzierte Merkfähigkeit

Verhaltenstechnische Veränderungen bei dauerhaft hoher Stressbelastung

- Unfähigkeit, abzuschalten
- (private) Kontakte „schleifen lassen"
- nachlassendes Interesse an anderen
- Vernachlässigung gesunder Lebensweise – Ernährung

- Vernachlässigung gesunder Lebensweise – Bewegung
- Vernachlässigung gesunder Lebensweise – Alkohol, Zigaretten, andere Suchtmittel
- Schwierigkeiten im Umgang mit Kritik

Du kannst durch diese Auflistungen gehen und schauen, ob du die beschriebenen Beschwerden und Symptome oft bei dir selbst beobachtest. Schaue dir dann bitte genau an:

1. Sind es körperliche Beschwerden, lasse sie von einem Arzt abklären.

2. Sind es Beschwerden, die sich in der letzten Zeit eingeschlichen haben, können sie auf eine Stressbelastung hinweisen, die zu hoch geworden ist!

Punkt 1 ist sehr wichtig:

Obwohl das Auftreten dieser körperlichen Symptome ein Hinweis auf eine zu hohe Stressbelastung sein kann, lasse bitte alle Beschwerden, unter denen du oft leidest, immer auch von einem Arzt untersuchen. Du möchtest mit dem Scan, wie du dich eigentlich fühlst, ein sicheres Gleichgewicht halten. Du möchtest den Stress nicht auf die leichte Schulter nehmen, sondern stattdessen hinschauen, womit du dich körperlich herumplagst. Gleichzeitig möchtest du Symptome, auf die du über diesen Scan aufmerksam wirst, nicht leichtfertig in die „Stressschublade" schieben, ohne ihnen medizinisch auf den Grund zu gehen. Wenn du dann beim Arzt warst und auch ein Kardiologe dich nach EKG und Co. ohne Befund nach Hause schickt, dann ist spätestens Zeit, deine Stressbewältigung ernsthaft in Angriff zu nehmen.

Zu Punkt 2 ist zu beachten, dass es bei deinen Beobachtungen und Überlegungen bitte vor allem um Veränderungen im Zeitverlauf gehen soll. Bist du zeit deines Lebens ein Leicht- und Wenigschläfer, ist das noch kein Indikator für eine zu hohe Stressbelastung. Wenn du allerdings eigentlich immer ganz gut geschlafen hast, aber seit einer Weile abends einfach nicht mehr in den Schlaf findest und dir die To-do-Liste in Endlosschleife durch den Kopf geht, dann sind das ernst zu nehmende Hinweise darauf, dass du den Stress reduzieren solltest und/oder Ausgleich brauchst.

Ein oder mehrere Symptome (oft ohne medizinischen Befund), die du häufig an dir beobachtest, können ein Hinweis auf eine zu hohe Stressbelastung sein.

EXPERTENINTERVIEW: AUSWIRKUNGEN UND FOLGE-KRANKHEITEN – MARTA SALSKA

Marta weiß, wie Körper und Geist zusammenhängen!

Marta Salska ist Ärztin und wechselte vor einigen Jahren von der Allgemeinmedizin zur Psychiatrie. Für mich ist der Austausch mit ihr immer sehr bereichernd. Ich schätze sowohl ihre medizinische Expertise als auch ihre wunderbar umfassende Sicht auf jeden Menschen. Deshalb freue ich mich sehr, hier Antworten von ihr für dich zu haben – auf Fragen, die dich sicher interessieren.

Marta, herzlichen Dank, dass wir über deine Erkenntnisse aus der täglichen Arbeit mit Patientinnen sprechen dürfen und damit eine Lanze für die Prävention brechen können. Wir befinden uns im Reiseführer im Kapitel der Fakten über die Stresslandschaft. Aber bevor wir uns den Fakten widmen, darf ich fragen, warum du dich entschieden hast, in die psychiatrische Arbeit zu wechseln?

Ich habe die Arbeit in einer Klinik für Psychiatrie im Rahmen der Weiterbildung zur Ärztin für Allgemeinmedizin kennengelernt. Dabei habe ich erfahren, wie bereichernd und erfüllend diese Arbeit sein kann. So steht in der Therapie von psychiatrischen Erkrankungen der ganze Patient im Fokus der Behandlung: natürlich mit seinen psychischen Symptomen, aber auch mit seinen körperlichen Beschwerden. Das ist so wichtig, weil diese durch die psychische

Erkrankung verursacht worden sein können, diese mitbestimmen oder verschlimmern. Auch die persönliche Vorgeschichte, Werte, Wünsche und Träume spielen eine große Rolle in der Behandlung. In der therapeutischen Arbeit geht es oft darum, zusammen mit dem Patienten z. B. seine Werte (wieder) zu entdecken; die Grenzen dessen, wie er sich selbst sieht, zu definieren und sein Handlungsspektrum in dem Maße zu erweitern, das er sich zutraut. So frage ich meine Patientinnen immer wieder: „Und wer sind Sie noch?" Dann staune ich über die Antworten. Das ist eine echt spannende Arbeit. Dazu ist eine Besserung der Beschwerden des Patienten innerhalb eines überschaubaren Zeitraums oft möglich. Es ist gut zu sehen, dass die meisten in einem weit besseren Zustand nach Hause gehen, verglichen mit dem Zeitpunkt, als sie in die Behandlung gekommen sind.

Für uns alle liegt die Wahrscheinlichkeit, einmal im Leben an einer psychischen Störung zu leiden, bei über 50 Prozent. Ich halte dieses Wissen für wichtig und entlastend für alle Betroffenen. Auch die Wahrscheinlichkeit, aus einer chronischen Stressbelastung eine psychische Störung zu entwickeln, ist sehr hoch. Was sind die typischen psychischen Folgen von dauerhaftem Disstress?

Chronischer Stress, gepaart mit individueller Vulnerabilität, kann typischerweise zu folgenden psychischen Symptomen führen: verminderte Konzentration und Aufmerksamkeit, innere Unruhe, Reizbarkeit, vermindertes Selbstwertgefühl und Selbstvertrauen, negative Gedanken und Grübeln, verminderter Antrieb, erhöhte Angstbereitschaft und übertriebene Ängste. Dazu kommen körperliche Symptome wie Appetitlosigkeit, Schlafstörungen, Schmerzen.

Bei starker Ausprägung dieser und weiterer Symptome können verschiedene psychische Erkrankungen die Folge sein, darunter typischerweise Depression und Angststörungen (Panikstörung, generalisierte Angststörung, Agoraphobie, Hypochondrie). Chronischer Stress gilt auch als ein Risikofaktor für den Ausbruch von Schizophrenie.

Auch psychosomatische Erkrankungen, also Erkrankungen, bei denen es körperliche Beschwerden gibt, denen eine psychische Ursache zugrunde liegt, entwickeln sich oft auf der Basis von chronischem Stress.

Aus dem Versuch, mit chronischem Stress mithilfe von Alkohol, Drogen o. Ä. umzugehen, können Abhängigkeitserkrankungen resultieren.

Burnout ist in dieser Aufzählung nicht dabei. Das liegt natürlich daran, dass es sich dabei nicht um eine medizinische Diagnose laut ICD-10, dem Klassifikationssystem für medizinische Diagnosen, handelt. Spielt das für dich in deiner Arbeit mit Patienten eine Rolle?

Burnout wird im ICD-10 unter den sogenannten Z-Diagnosen aufgeführt, die Leiden ohne Krankheitswert beschreiben („gesunde Leidenszustände", wie man z. B. auch, ohne eine psychische Erkrankung zu haben, traurig und antriebslos sein kann). Diese Definition spiegelt allerdings meist nicht das Ausmaß an Leiden (und damit die Erkrankung) wider, das die Patienten haben, die mit einer Burnout-Diagnose zu uns kommen. Die vorherrschende Symptomatik würde meist passender durch die Diagnose einer Depression beschrieben werden.

Für die Patientinnen selbst ist die Beschreibung der Symptome als Burnout oft hilfreich, weil sie gesellschaftlich besser akzeptiert und weniger stigmatisierend ist als die Diagnose z. B. einer Depression. Letztlich ist es für den Patienten zweitrangig, welches „Etikett" sein Leiden erhält. Worauf es ankommt, ist, dass er seine Symptomatik kennt, ernst nimmt und einen guten Umgang mit ihr lernt.

Es ist auch wichtig zu wissen, dass die psychiatrischen Diagnosen oft sehr weit gefasst sind. So kann ein Patient mit einer Depression vor allem müde, niedergeschlagen, antriebslos sein, wenig Appetit haben und viel schlafen. Ein anderer Patient, ebenfalls mit einer Depression, kann vor allem gereizt und unruhig sein, viel essen und schlafen sowie eher unter schwankender Stimmung leiden.

Eine Diagnose ändert erst mal nichts an den Beschwerden, die man hat: Sie ist wie ein Etikett auf einem Marmeladenglas, die den Inhalt annähernd beschreibt, aber nichts an dem Inhalt ändert.

Gleichzeitig ist es für mich als Ärztin wichtig, eine möglichst genaue Diagnose zu geben, um die beste Behandlung anzubieten, auch damit die nachfolgenden behandelnden Personen korrekte Informationen bekommen.

Jetzt haben wir über die psychischen Folgen von Stress gesprochen. Auch körperlich wirkt sich Stress ganz deutlich aus – was wir leider oftmals spät wahrnehmen oder nicht mit dem Stress in Verbindung bringen. Die Warnsignale unseres Körpers haben wir im Buch oben beleuchtet. Vor welchen sogenannten Stressfolgeerkrankungen sollten wir an dieser Stelle unbedingt warnen?

Erkrankungen, die immer wieder mit chronischem Stress in Zusammenhang gebracht werden, sind unter anderem Herz-Kreislauf-Erkrankungen (darunter Bluthochdruck, koronare Herzerkrankung mit Herzinfarkt, Herzrhythmusstörungen und Schlaganfall), Diabetes mellitus, Schmerzen im Rahmen von Verspannungen und Fehlhaltung, Tinnitus und verstärkte Symptome bei allergischen und Autoimmunerkrankungen (chronisch entzündlichen Darmerkrankungen, Neurodermitis etc.).

Jeder Mensch ist anders. Und jeder hat seine persönlichen körperlichen „Stresswarner". Was empfiehlst du unseren Leserinnen: Wie ist mit dem Spannungskopfschmerz, den Rückenschmerzen, Verdauungsproblemen, dem Schwindel und Ähnlichem umzugehen?

Bei neuen anhaltenden Symptomen empfehle ich, diese zunächst medizinisch abklären zu lassen. So können z. B. Schlafstörungen Folge von Stress sein, aber auch durch eine Überfunktion der Schilddrüse verursacht sein, die meist medikamentös behandelt werden muss. Wenn den Beschwerden keine organische Erkrankung zugrunde liegt, lohnt es sich, über psychische Ursachen nachzudenken. Hier kann die Frage nach zeitlichen Zusammenhängen hilfreich sein: Seit wann habe ich diese Beschwerden und gab es in dieser Zeit sowie in der Zeit davor chronische oder akute Stressoren?

Wichtig ist es auf jeden Fall, die Warnsignale ernst zu nehmen, also im besten Fall nicht erst dann zu reagieren, wenn „es gar nicht mehr geht". Eine hilfreiche Überlegung dabei ist, ob die Symptome sich mit der Zeit bessern oder ob eher neue Symptome dazukommen. Damit hängt auch zusammen, ob man allein in der Lage ist, sich zu helfen, oder man professionelle Hilfe braucht.

Viele Menschen haben eine Scheu, darüber zu sprechen und sich Hilfe zu holen. Durch meine Erfahrungen mit Patienten, die sich in stationäre oder tagesklinische Behandlung begeben, weiß ich, dass viele zwar mit Bedenken, zum Teil auch Vorurteilen, zu uns kommen, die meisten aber von der Behandlung profitieren. Dabei werden nicht nur die Symptome der Erkrankung gebessert, sondern die Menschen kommen meist auch mehr „zu sich", d. h., sie werden sich der eigenen Werte, Wünsche und Bedürfnisse bewusster. Es lohnt sich wirklich, die Scheu abzulegen und sich die Hilfe zu holen, die man benötigt.

Ganz herzlichen Dank für deine medizinische Perspektive zu diesen wichtigen Punkten, liebe Marta. Hast du abschließend einen persönlichen Rat zur Vorbeugung von Stressfolgeerkrankungen? Gibt es etwas, was (den meisten) verlässlich hilft?

Ich denke, dass letztlich das hilft, was man tatsächlich macht. Das wiederum sind meist die Dinge, die jeder für sich für wirksam und wichtig genug hält. Um etwas als wirksam erleben zu können, muss man es aber eben erst einmal machen – und zwar oft und häufig genug, um die Wirkung überhaupt beurteilen zu können. Die andere Seite ist dann, ob man es für wichtig genug erachtet: also, ob man sich die Zeit dafür nimmt, obwohl noch andere, auch wichtige Dinge anstehen. Das ist wiederum eine Frage von Werten: Ist mir meine Gesundheit/mein Wohlbefinden wichtig genug, um Zeit und Energie in sie zu investieren?

Wenn man also diese beiden Seiten beachtet, kann man sich auf die Entdeckungsreise machen und ausprobieren, was einem liegt und hilfreich sein kann. Meist ist es eine Mischung aus mehreren Sachen, darunter Sport, Entspannungs-, Achtsamkeits- und Körperwahrnehmungstechniken (wie Meditation, Tai-Chi, Qi Gong, Yoga, PMR, MBSR), „Ruheoasen" (Musik hören, ein Buch lesen, ein Bad nehmen, ein achtsamer Spaziergang), Reduktion unnötiger Leistungsansprüche und somit angenommener Verpflichtungen (Muss man wirklich aufräumen, wenn Besuch kommt?), keine ständige Erreichbarkeit. Dies sind nur ein paar Beispiele. In eine ganz andere Richtung gedacht, ist vielleicht auch ein Hobby wie Boxen oder regelmäßige Treffen mit den Kumpeln eine gute Stressreduktion.

Letztlich kann das jeder für sich entscheiden: Es gilt, den eigenen Körper und seine Bedürfnisse gut wahrzunehmen und auszuprobieren.

Die typischen Stressfolgeerkrankungen sind Herz-Kreislauf-Erkrankungen wie Bluthochdruck, Herzinfarkt, Herzrhythmusstörungen und Schlaganfall, Diabetes mellitus, Schmerzen im Rahmen von Verspannungen und Fehlhaltung, Tinnitus und verstärkte Symptome bei allergischen und Autoimmunerkrankungen (chronisch entzündliche Darmerkrankungen, Neurodermitis etc.). Begegne ihnen frühzeitig, indem du dir einen Ausgleich suchst und aktiv wirst.

Positiver und negativer Stress

Jetzt haben wir uns schon mal ordentlich mit dem Stressgeschehen beschäftigt. Hoffentlich hat sich dadurch das diffuse Nebelgefühl gelichtet. Mir ist es wichtig, dass wir konkret und inhaltlich richtig informiert über den Stress sprechen. Anders lässt er sich nicht greifen, um ihm zu begegnen. Anders bleiben wir im „Müsste-mal-und-sollte-nun-aber-wirklich-Land" und damit gefangen in der Stressspirale.

Okay, also, wenn du die vorherigen Kapitel gelesen hast, weißt du Bescheid und hast ein fundiertes Bild der Stresslandschaft, in der wir uns alle bewegen. Ganz schön gefährliches Terrain, oder? Wartest du nun innerlich schon auf eine von mir präsentierte offizielle „Reisewarnung des Auswärtigen Amtes"? ;-)

Von Reisen in die Stresslandschaft rät das Auswärtige Amt derzeit wegen erhöhtem Zeitdruck, andauerndem Multitasking und den Auswirkungen der Digitalisierung und Globalisierung bis auf Weiteres ab.

Sollte eine Stresswarnung in dieser oder ähnlicher Form ausgegeben werden? Sollten wir Stress am besten komplett loswerden und dieses Terrain möglichst weitläufig umgehen?

„Nein!", höre ich dich jetzt direkt sagen, wenn du zu den Abenteurerinnen unter den Reisenden gehörst: „Stress gehört doch dazu! Ohne Stress ist das Leben langweilig. Ich laufe erst unter Stress zur Höchstform auf!" So sehr, wie wir spüren, dass wir uns vor den Stressfolgen in Acht nehmen wollen, so gut kennen wir auch alle das Gefühl, durch den zeitlichen Stress der berühmten letzten Minute erst so richtig was zu schaffen.

Wie passt das denn nun zusammen? Gibt es so etwas wie guten Stress und bösen Stress? Und sollen wir den guten Stress suchen und mit ihm produktiv unseres Weges gehen, während wir uns vor dem bösen Stress in Acht nehmen? Und wenn ja, wie unterscheide ich denn den einen von dem anderen? Ist das so unberechenbar wie mit den Hofhunden, an denen wir auf Wanderungen vorbeilaufen – einer tut nichts und will nur spielen, und der Nächste zerfetzt einem das Bein, wenn man seinem Hof zu nahe kommt? Nein, so funktioniert die Risikoeinschätzung bei Stress nicht.

Beim Stress geht es stark um die Frage der Menge. Unsere körperliche Reaktion auf Stressreize verleiht uns Antrieb. Ohne Antrieb bleiben wir im Schlafanzug und schaffen es bestenfalls bis auf das Sofa. Zur Abwechslung mal sonntags kann das ein schöner Ausgleich sein.

Ein erstrebenswerter Daueraufenthalt ist das für niemanden. Ohne Antrieb, ohne Stress ist das Leben in der Tat trist und im besten Fall langweilig (im schlimmeren Fall deprimierend).

Wir alle wollen etwas in und mit unserem Leben anstellen. Wir haben Ziele, Wünsche und Bedürfnisse, die uns antreiben und zu Handlungen motivieren. Wir genießen es, Aufgaben zu haben, die uns entsprechen und uns vom Sofa kitzeln. Wenn wir in unserem Alltag gefordert sind und unsere Anstrengung im richtigen Verhältnis zu unseren Aufgaben steht, dann sind wir energiegeladen bei der Sache. Auf einem derartigen mittleren Stresslevel können wir tatsächlich die beste Leistung abrufen. Wir sind fokussiert und zufrieden mit dem, was wir beitragen. Diesen Stressbereich, in dem wir langfristig unsere beste Leistung abrufen können, nennt man auch Eustress. Vielleicht hast du den Begriff schon einmal gehört.

Durch die positiven Effekte von Eustress könnte man meinen, dass dies der „gute Stress" ist. Dann hast du vielleicht auch schon einmal von Disstress gehört. Das ist der „böse Stress", der uns müde, erschöpft und dauerhaft krank macht. Was bei dieser Schwarz-Weiß-Betrachtung allerdings in den Hintergrund gerät, ist die Tatsache, dass Disstress nichts anderes als zu viel des guten Eustresses ist. Disstress ist der Bereich, in dem immer noch eine Schippe draufgepackt wurde auf den Stresspegel. So schnell unsere Leistungskurve bei angemessener Aktivierung ansteigt, so schnell sinkt sie mit zunehmendem Stresslevel auch wieder ab. Wenn wir ehrlich sind, kennen wir das alle: Wir steigern unsere Leistung nicht mit noch mehr Druck, noch mehr To-dos oder noch mehr Geschwindigkeit. Im Gegenteil. Wir haben mehr Stress, geraten in den Disstress, und unsere Leistung lässt nach.

Befinden wir uns dauerhaft im Disstress oder erhöhen den Stress in dem Bereich noch weiter, geht unsere Leistungskurve auf null. Wir werden krank, und bei chronischem Stress können wir in ein Burnout schlittern.

Stress ist also weder rein positiv noch rein negativ. Wie schon von Hans Selye, dem „Vater der Stressforschung", formuliert: „Stress ist die Würze des Lebens." Und wie bei allen Gewürzen kommt es auf die Dosierung an. So wie unsere moderne Ernährung uns schnell viele Geschmacksverstärker, Salz und Zucker unterjubelt, ohne dass wir das so richtig bemerken, bevor wir vom Arzt ein Cholesterin- oder Blutzuckerproblem attestiert bekommen, so jubelt unser moderner Alltag uns einiges an Stressreizen unter. Schnell rutschen wir da aus dem Eustress in den Disstress.

Du liest dieses Buch – und nicht eins zum Thema „Wie schalte ich einen Gang hoch im Leben". Das verrät mir, dass ich dich nicht zu motivieren brauche, dich auf der Stressskala etwas weiter hochzuwagen. Vielmehr möchte ich deine Aufmerksamkeit für die Grenze zwischen Eustress und Disstress schärfen. Im Folgenden lautet meine Empfehlung niemals, dem Stress komplett aus dem Weg zu gehen. Vielmehr möchte ich dir helfen, deine Sinne zu schärfen. Du wirst erfahren, worauf du achten kannst, um Disstress zu bemerken. Du wirst natürlich auch erfahren, was du konkret tun kannst, um einem zu hohen Stresslevel zu begegnen. Und hey: Als Fortgeschrittene in der Stressbewältigung wirst du nach der Lektüre verstehen, wie du dich innerlich stärken kannst und mental fit und leistungsfähig bleibst – für das, was dir am Herzen liegt!

Die Unterscheidung zwischen gutem Stress und bösem Stress ist Quatsch. Der „böse" Disstress ist schlicht zu viel des „guten" Eustress. Es gilt also, ein Gefühl dafür zu entwickeln, wie hoch unser Stresslevel aktuell ist.

AUFTANKEN UND RASTEN

Ohrmassage

Herzlich willkommen auf dem wunderbaren Rastplatz der Ohr-massage! Hier bist du genau richtig, wenn du dich am liebsten in ein Wellness-Retreat beamen würdest, um dich mit ausgiebigen Massagen verwöhnen zu lassen. Du spürst, wie dir die Anspannung im Nacken sitzt und der Rücken vom vielen Sitzen am Rechner schmerzt? Kriecht Erschöpfung an dir hoch, und du hast leider keine Zeit oder aus anderen Gründen keine Gelegenheit, dir eine entlastende Massage zu buchen?

Hier findest du die praktische Do-it-yourself-Alltagsalternative zur Ganzkörpermassage! Egal ob zwischen zwei Meetings oder zum Auftanken im Nachmittagstief – du hast immer alles griffbereit und brauchst dank der Erkenntnisse der Akupressur nur zwei Minuten, um dir selbst eine wohltuend entlastende und befreiende Massage zu schenken: An deinen Ohren, für deinen gesamten Körper und als erfrischende Belebung deines Wohlbefindens!

So geht's:

Mit Daumen und Zeigefinger kneifst du sanft unten in deine Ohr-muscheln. Fange an der Stelle über dem Ohrläppchen an und führe deine Finger mit reibenden, massierenden Bewegungen von unten nach oben an der Außenseite der Ohren entlang. Du wirst vielleicht auf Stellen treffen, die empfindlich oder schmerzhaft sind. Schenke diesen Bereichen besondere Aufmerksamkeit und bearbeite sie länger und stärker. Achte dabei darauf, dass der Schmerz „angenehm" bleibt und vermeide intensiven oder stechenden Schmerz. Mit dieser einfachen Übung kannst du ähnliche Effekte wie mit einer Rückenmassage erzielen.

Kümmere dich nun um deine Ohrläppchen. Massiere deine Ohrläppchen gut durch. Den meisten Menschen beschert das ein Gefühl von Erfrischung und Belebung. Sie fühlen sich ihren Aufgaben besser gewachsen.[10]

Probiere doch direkt einmal aus, welche Effekte du durch zwei Minuten Ohrmassage für dich feststellen kannst.

Deshalb funktioniert's:

Du kannst die positive Wirkung einer Ohrmassage genießen, ohne Details zu wissen, warum diese Effekte entstehen. Wenn du also einen pragmatischen Ansatz schätzt, dann probiere es einfach aus und überprüfe die Methode für dich persönlich auf ihre Brauchbarkeit. Es kostet dich nichts, du kannst nichts falsch machen, und du brauchst nichts weiter als zwei Minuten Zeit – und vielleicht die Bereitschaft, danach mit einem Satz leicht geröteter Ohren unterwegs zu sein.

Wenn du zu denen gehörst, die gerne hinter die Kulissen schauen, du keinen Zaubertrick sehen kannst, ohne dringend verstehen zu wollen, wie er funktioniert, oder du auch vielleicht einfach nur sichergehen willst, dass eine Methode wissenschaftlich fundiert ist, bevor du auch nur zwei Minuten deiner Zeit investierst, dann findest du hier die Auflösung des Zaubertricks „Ohrmassage":

Wissenschaftliche Untersuchungen[11] stützen die Erfahrungswerte mehr und mehr, dass über die Akupunktur und die Akupressur des Ohres als sogenanntes „Reflexorgan" effektiv auf Körper und Geist eingewirkt werden kann.[12] In der Traditionellen Chinesischen Medizin (TCM) sind die sogenannten Meridiane bekannt – die Pfade, über welche die heilende Energie unseres Körpers fließt. Vielleicht ist dir der Begriff *Chi* bereits untergekommen? *Chi* ist unsere körpereigene Heilkraft. Wenn du schon einmal Yoga gemacht hast, hast du dafür vielleicht den Begriff *prana* gehört. Die Traditionelle Chinesische Medizin jedenfalls hat quasi eine Straßenkarte dieser Meridiane in unserem Körper erstellt. Auf dieser „Karte" der Meridiane sind dann praktischerweise gleich noch die staugefährdeten Streckenabschnitte punktgenau markiert. Diese Punkte sind die sogenannten Akupressurpunkte, an denen man zum Beispiel über oben beschriebenes Drücken Blockaden des Energieflusses lösen kann. Damit kann die körpereigene Heilkraft wieder fließen, und Schmerzen und Verspannungen lösen sich.[13]

Zurück zu unseren Ohren: Als sogenanntes Reflexorgan sind auf der Ohrmuschel alle Teile unseres Körpers abgebildet. Entsprechend können wir über Akupressurpunkte am Ohr alle Bereiche unseres Körpers ansprechen. So zum Beispiel die Wirbelsäule über die massierende Bewegung an der Außenseite des Ohres entlang oder das Gehirn und das Gesicht für einen erfrischenden Energieschub über die Ohrläppchen.[14]

Praktischerweise ist es der Wirkung ziemlich egal, ob du an die Hintergründe dieser Methode glaubst oder nicht. Auch wenn du mit TCM oder Yoga nicht so viel am Hut hast und eher skeptisch bist, wird der Effekt nicht ausbleiben. Probieren geht über Studieren, und ich ermutige dich zu einem kleinen Selbstversuch:

Das nächste Mal, wenn du Verspannungen und Rückenschmerzen bemerkst, nimm sie zum Anlass für folgendes kleines Experiment: Horche in dich hinein, wie du dich auf einer Skala von 1 bis 10 fühlst. Dann wage dich an deine Ohren mit der oben beschriebenen Massage. Mit der Skala von 1 bis 10 bewertest du dann den Vorher-Nachher-Effekt. Damit hast du einen guten Hinweis, ob du diese Methode zukünftig nicht vielleicht öfter zum Einsatz bringen möchtest.

2. ACHTUNG – BURNOUT-GEFAHR!

HAB ICH'S SCHON ODER KOMME ICH DRUM HERUM?

Stress ist für sehr viele Menschen zur Normalität geworden. Zusätzlich entsteht häufig der Eindruck, Stress wäre eine Art Statussymbol ambitionierter Menschen: „Wenn du keinen Stress hast, scheinst du nicht so gefragt zu sein!" Teste diesen Eindruck in deinem persönlichen beruflichen Umfeld einmal mit einem kleinen Experiment:

Vielleicht befindet sich deine Abteilung oder dein Unternehmen (mal wieder) in einem Transformationsprozess. Corona hat zwar die Frage nach dem Homeoffice geklärt, aber der Workload ist dadurch nicht weniger geworden. Im Gegenteil – vermutlich gibt es mehr als genug zu tun, und die Rahmenbedingungen, unter denen ihr, deine Kolleginnen und du, agiert, werden täglich unschärfer und komplexer. Oder du arbeitest unter anderen, aber sicher ähnlich herausfordernden Bedingungen. Nun versuche, in solch einer Situation beim nächsten Austausch mit Kollegen doch auf die Fragen „Wie geht's dir? Wie läuft es bei dir?" zu antworten: „Super, danke. Mir geht's gut. Es läuft jetzt schon eine Weile alles ganz entspannt. Das wird sicher auch erst mal so bleiben." Achte auf die Reaktion deines Gegenübers. Okay, du musst das nicht unbedingt praktisch ausprobieren – vorstellen reicht auch. Sehr wahrscheinlich wirst du mit dieser Antwort mehrere Gefühlsregungen auf dem Gesicht deines Gesprächspartners verfolgen können: von Belustigung (haha, guter Witz) über Verwirrung (äh, wie, war gar nicht ironisch?) und Skepsis (na, da bin ich aber nicht so sicher, ob ich das glauben kann), ein Aufflammen von Neid (seufz, was gäbe ich dafür) bis zu Überheblichkeit (ts, dafür bin ich viel zu wichtig, als dass ich es jemals lange entspannt haben könnte).

In diese falsche kausale Verknüpfung retten wir uns häufig bei der Rechtfertigung unseres Stressgeschehens. Wer Stress hat, ist wichtig. Wer keinen Stress hat, muss folglich unwichtig sein.

Es gibt unterschiedlichste persönliche Beweggründe dafür, dem Stressgeschehen seinen Lauf zu lassen und nicht aktiv zu werden. Die Normalisierung und Heroisierung von Stress stehen meiner Erfahrung nach ganz oben auf der Liste der Gründe, warum wir oft jahrelang lieber unter dem Stress leiden, als uns mit ihm auseinanderzusetzen. Das verstehe ich zu gut. Wenn wir davon ausgehen, dass der Stress zum normalen Leben dazugehört, schwindet die Motivation, einen anderen Weg zu suchen. Wir Menschen sind immer Teil einer Gemeinschaft. Unser uraltes Betriebssystem (unser Gehirn) schätzt die Sicherheit des Rudels. Uns vom Strom des omnipräsenten Stresses einfach mitreißen zu lassen, suggeriert zudem unbewusst das schnellere Fortkommen, den schnelleren Erfolg, das schnellere Ankommen – ein vermeintlich schnelleres Mehr von dem, was unsere Gesellschaft (noch) als erstrebenswert betrachtet.

Nur frage ich dich: Wo kommst du an? Wohin führt dich der Weg, auf dem du gerade unterwegs bist? Keiner von uns kann in die Zukunft schauen und diese Frage präzise beantworten. Vielleicht allerdings liest du diesen Reiseführer ins Land der Gelassenheit mit seinen Wegbeschreibungen und Tipps, weil dir der Sinn nach neuen Wegen steht. Vielleicht sitzt dir auch schon länger und ganz besonders nach der Lektüre über die Stresslandschaft die Sorge im Nacken, den Stress nicht mehr lange auszuhalten. Weißt du manchmal nicht, wie das weitergehen soll und woher du die Kraft nehmen sollst? Fragst du dich manchmal, ob dein Stresspegel noch im normalen Bereich ist oder ob du schon ein Burnout hast?

Aus persönlicher Erfahrung sowie aus vielen Gesprächen weiß ich, dass eine chronische Stressbelastung bei aller Tapferkeit sehr lange durch diese diffuse Sorge und manchmal auch handfeste Angst im Vorfeld begleitet sein kann. „Ich kann bald nicht mehr. Aber mir fällt nichts anderes ein, als durchzuhalten und weiterzumachen." Diese Stimme im Hinterkopf ist schnell beiseitegeschoben oder ignoriert. Vordergründig fehlt es an Zeit, um sich auch noch mit diesem Problem auseinanderzusetzen. Tiefer verborgen liegen natürlich auch eine große Angst und Unsicherheit. Was passiert, wenn ich hinschaue?

Vielleicht entdecke ich große Fragen, für deren Antworten ich nicht bereit bin. Deshalb möchte ich dich an dieser Stelle zu deinem Mut, hinzuschauen, beglückwünschen!

Du bist mutig, und du bist stark. Du beschäftigst dich mit der Frage, wo du stehst im Stressgeschehen. Du übernimmst Verantwortung – für dich selbst! Und damit auch für alle, für die du wiederum verantwortlich bist.

Mein Geschenk an dich ist die gute Nachricht, dass es viele Wege raus aus dem Stress und rein in die Gelassenheit gibt. Packe zu deinem bis hierhin schon bewiesenen Mut noch eine Portion Ehrlichkeit, etwas Willenskraft und eine gute Prise Neugier, und du wirst deine persönliche Abzweigung entdecken, die dich zu mehr Entspannung und Lebensfreude führt.

Führe dir vor Augen, dass du den ersten Schritt schon gemacht hast. Diffuse Sorgen und nagende Gedanken im Hinterkopf sind ein unheimlich großer Stressfaktor. Sie beeinflussen unser Befinden sehr stark, indem sie unsere Emotionen und unser Stressempfinden kontinuierlich zu allen äußeren Stressoren um uns herum zusätzlich negativ beeinflussen – und das nicht zu knapp. Wir kommen später noch dazu, warum das so ist und wie die Zusammenhänge dazu aussehen. An dieser Stelle darfst du dir erst einmal schlicht darüber bewusst sein, dass du den Stress allein schon damit, dass du ihn aus der versteckten und passiven „Sorgenecke" ans Licht holst und einen aktiven Schritt mit dem Lesen dieses Reiseführers gehst, reduziert hast! Ist das nicht großartig? Der erste Schritt hin zu deiner Entlastung ist schon getan. Einen Stressfaktor hast du bereits eliminiert. Die Sorgen im Hinterkopf büßen bereits stressende Macht über dich ein, weil du sie nicht mehr im Verborgenen wirken lässt, sondern ihnen entgegenhalten kannst: „Keine Sorge! Ich kümmere mich drum. Kein Grund mehr, mir subtil Hinweise zu geben. Ich bin dran. Nagende Gedanken, ihr könnt die Klappe halten!"

Du bist schon unterwegs.

Im Kapitel über die Stresslandschaft konntest du dich grob orientieren und zum Beispiel anhand der Symptom-Checkliste eingrenzen, wo du stehst. Im Folgenden machen wir es noch konkreter und schauen uns die wohl bekannteste Stressfolge genauer an: Burnout. Der Begriff ist den meisten mittlerweile so geläufig, wie er gefürchtet ist. Die wenigsten wissen allerdings, was damit wirklich gemeint ist, wie ein Burnout entsteht und wie man feststellen kann, ob man eins hat. Ganz zu schweigen von der Frage, was man dann tun kann.

Sobald dir die oben beschriebenen Sorgen nicht gänzlich unbekannt sind und du dir die Frage „Hab ich schon Burnout oder geht's noch irgendwie?" schon mal gestellt hast, lege ich dir den Abzweig über dieses Kapitel zu der Burnout-Gefahrenmeldung wärmstens ans Herz. Bitte betrachte die hier zu findenden Informationen wie eine Art Verkehrsmeldung auf deiner Reise ins Land der Gelassenheit. Du willst über Gefahren und Störungen auf deiner Strecke informiert sein, um zu wissen, wo du alternative Routen nehmen solltest.

Ich persönlich habe mich auf meinem Weg zurück zur Gelassenheit durch ein Burnout gequält, weil ich keine Ahnung hatte, auf was ich auf meiner damaligen Route hätte achten können. Wie bei langen Autofahrten lohnt es sich jedoch unbedingt, die Streckenführung vorausschauend zu gestalten und die Verkehrsmeldungen zu berücksichtigen:

Burnout, äh … Stau voraus. Bitte wählen Sie eine andere Route.

Um gesund und ohne Burnout weiterfahren zu können, möchtest du dich also informieren. Deshalb findest du in diesem Kapitel alles über die Gefahrenstelle Burnout in der Stresslandschaft. Lies einfach der Reihe nach weiter oder springe direkt an die Stellen, zu denen du ganz dringend Antworten brauchst.

BURNOUT, WAS IST DAS GENAU?

Burnout ist ein psychovegetatives Erschöpfungssyndrom infolge einer chronischen, beruflich bedingten Beanspruchungsreaktion.[15]

Alles klar, diese Definition kommt für den Hausgebrauch etwas sperrig daher. Daher lasse uns doch mal schauen, was sie konkret und praktisch hergibt.

Psycho… was? Psychovegetativ. Mit *vegetativ* ist unser vegetatives Nervensystem gemeint, das auch autonomes Nervensystem genannt wird, weil es Abläufe in unserem Körper automatisch und nicht willentlich durch uns direkt beeinflussbar regelt. Zum Beispiel werden unsere Atmung, unser Herzschlag und unsere Verdauung darüber gesteuert. Das ist aber nicht alles. Unzählige andere Vorgänge und Systeme unseres Körpers, deren Details uns an dieser Stelle nicht weiterbringen, werden ebenfalls über dieses Nervensystem gesteuert. Wenn dieses Steuerungssystem abgelenkt wird, kann es schnell zu einer diffusen Beschwerdelage mit Magenschmerzen, Kopfschmerzen, Herzklopfen, Schwindel, Schmerzen aller Art und vielen weiteren Problemen kommen. Ziemlich einflussreich also, dieses autonome Nervensystem. Noch dazu lässt es sich schwer unseren Willen aufzwängen.

Starken Einfluss auf diese sehr eigenständige Kraft in uns hat unsere Psyche. Deshalb auch *psycho*vegetativ. Wie gut wir mental-emotional „drauf sind", wirkt sich auf das vegetative Nervensystem aus. Ein dauerhaft schlechter Seelenzustand stört unser eigentlich so autonomes Nervensystem ganz immens. In der Folge kommt es zu diversen Fehlsteuerungen und – wie oben beispielhaft genannt – zu etlichen möglichen körperlichen Störungen (mehr dazu s. Kapitel *Warnsignale*).

Burnout hat also schon mal mit unserem Gemütszustand zu tun. Dahingehend gefällt mir auch die Definition von Schaufeli und Enzmann, die Burnout als „dauerhaft negativen, arbeitsbezogenen Seelenzustand normaler Individuen"[16] beschreiben.

Aber zurück zu der eingangs gewählten Definition:

Der Begriff *Syndrom* weist darauf hin, dass wir es bei einem Burnout in der Regel mit einer Reihe verschiedener Krankheitszeichen, also Symptomen, zu tun haben. Das verdeutlicht noch einmal den großen Einflussbereich unseres vegetativen Nervensystems. Für den Versuch, den Begriff *Burnout* zu greifen, lässt es die Hinweise nur leider so griffig wie Treibsand erscheinen. De facto bedeutet es, dass ein Burnout sich durch eine ganze Latte an Krankheitszeichen bemerkbar machen kann. Dabei handelt es sich allesamt um Symptome, die natürlich auch andere Ursachen haben können. Besonders für die psychosomatischen Beschwerden, die meiner bisherigen Erfahrung nach individuell spezifisch immer mit einem Burnout-Prozess einhergehen, lassen sich schnell andere Begründungen finden als die vielleicht zugrunde liegende zunehmende Erschöpfung. Liegen die ständigen Erkältungen an einem Eisen- oder Vitamin-D-Mangel oder sind sie vielleicht ein körperliches Erschöpfungssymptom? Natürlich weißt du mittlerweile, dass alle körperlichen Beschwerden immer medizinisch abzuklären sind. Was ohne Befund bleibt, könnte allerdings eines vieler möglicher Burnout-Anzeichen sein.

Syndrome können viele Facetten haben und lassen sich streng medizinisch nicht auf eine ausschließliche Ursache zurückführen. Die obige Burnout-Definition legt allerdings einen Aspekt zu Grunde: die *Erschöpfung*. Der Begriff passt meines Erachtens deshalb so gut, weil er die Gefühlslage Betroffener beschreibt: das Gefühl, lange gekämpft und durchgehalten und nun die eigenen Kräfte erschöpft zu haben. Ausgebrannt zu sein, nachdem man für etwas gebrannt hat. Dauerhafte Stressreize und Überlastung erschöpfen uns mental, emotional und körperlich.

Zu guter Letzt liefert die Definition oben noch die Ursache der ganzen Burnout-Misere. Sie ist eine Reaktion auf eine *chronische, beruflich bedingte Beanspruchung*. Burnout ist also laut dieser Definition das Ergebnis von dauerhafter Überlastung bei der Arbeit. Wobei Arbeit sich bitte nicht rein auf Erwerbsarbeit bezieht – Hausarbeit, Pflege, Familienmanagement und ehrenamtliche Arbeit sind damit gleichermaßen gemeint.

Nun ist die Entwicklung zum Gebrauch des Begriffs, zur Akzeptanz und zur diagnostischen Sicherheit interessant. Bevor du an dieser Stelle Ausflüge in medizinhistorische Entwicklungen fürchtest, keine Sorge: Hochaktuell interessant ist, dass die Weltgesundheitsorganisation Burnout jüngst (2019) zum ersten Mal in das weltweit zur Verschlüsselung von Diagnosen eingesetzte Klassifikationssystem (ICD) aufgenommen hat. Du kennst die praktische Anwendung dieses Katalogs vielleicht aus der Arztpraxis und der Krankschreibung, auf der nicht „Erkältung" steht, sondern der ICD-10 Code „J00". Burnout ist bisher noch nicht in der aktuellen Revision des ICD (ICD-10) gesondert mit einem solchen Code klassifizierbar. Für die Krankschreibung und Dokumentation eines Burnout-Betroffenen braucht es entsprechend anderweitig diagnostizierte Erkrankungen, oftmals im Bereich der depressiven und psychosomatischen Störungen.

Nun enthält die neue Revision dieses weltweiten Klassifikationssystems erstmals eine detaillierte Definition, wann ein Burnout (wenn auch nicht als eigenständige Krankheit, so doch) als berufliches Phänomen vorliegt. Dabei wird der Bezug zur Arbeit noch deutlicher.

Burn-out is a syndrome conceptualized as resulting from chronic workplace stress that has not been successfully managed. It is characterized by three dimensions:

- *feelings of energy depletion or exhaustion;*
- *increased mental distance from one's job, or feelings of negativism or cynicism related to one's job; and*
- *reduced professional efficacy.*

Burn-out refers specifically to phenomena in the occupational context and should not be applied to describe experiences in other areas of life.[17]

Mit diesem deutlichen Bezug zur Beschäftigung fällt es leicht, Burnout von psychischen Störungen abzugrenzen – zum Beispiel gegenüber einer Depression. Während eine Depression ähnlich wie ein Burnout mit Interessenverlust an Aktivitäten, die einem normalerweise Freude bereiten, mit innerer Unruhe, Konzentrationsschwierigkeiten und schneller Ermüdung einhergehen kann, so betreffen diese Symptome bei einer Depression alle Lebensbereiche. Bei einem Burnout treten sie dagegen nur in Bezug auf die Lebensbereiche auf, die mit der Arbeit in Verbindung stehen: der Job, die Pflege Angehöriger, Kinderbetreuung, Haushalt, Ehrenämter etc.

Burisch liefert zur Unterscheidung *Burnout versus Depression* eine hilfreiche Orientierung. Er empfiehlt die Frage: Ist es *normal*, in einer bestimmten Stresssituation mit Symptomen wie schlecht schlafen, lustlos, aber unruhig sein, nicht abschalten können oder wegen Kleinigkeiten ausrasten zu reagieren? Wenn die meisten von uns so reagieren würden, liegt der Verdacht nahe, dass die Symptome auf ein Burnout zurückzuführen sind. Wenn jemand allerdings „immer wieder in schwarzen Löchern versinkt, ohne dass ein Anlass erkennbar wäre – eine Fliege, die von der Wand fällt, reicht", dann empfiehlt sich laut Burisch der Verdacht einer Depression und der Besuch eines Therapeuten zwecks psychotherapeutischer Behandlung.[18]

Ein Burnout-Syndrom ist also keine Depression. Es handelt sich vielmehr um eine tätigkeitsbezogene Lebenskrise, die allerdings in eine Depression münden kann.[19]

VERLAUF: SCHRITTE AUF DEM WEG IN EIN BURNOUT

Sicherlich bist du nicht überrascht zu lesen, dass man sich ein Burnout nicht einfach so einfängt wie eine Erkältung. Ein Burnout ist nicht plötzlich da. Meist geht ihm eine lange Überlastungsphase voraus. Auch dies übrigens ein Unterscheidungsmerkmal zu einer Depression, die einen durchaus wie aus heiterem Himmel treffen kann. Ein Burnout schleicht sich oft lange an. Manchmal über Jahre hinweg laufen die Energiespeicher immer leerer, bis irgendwann nichts mehr geht. Manchmal lösen berufliche oder andere Lebensbereiche betreffende Veränderungen eine derart starke Belastung aus, dass die Energiespeicher auch innerhalb kurzer Zeit leergesaugt werden und Erholung aus sich selbst heraus nicht mehr möglich ist. „Etwa so, wie wenn eine Autobatterie nicht mehr über die Lichtmaschine nachgeladen wird, dennoch aber Höchstleistungen abgeben soll."[20]

Im Rahmen deiner Streckenplanung ins Land der Gelassenheit musst du natürlich wissen, wo in Bezug auf die Gefahrenstelle Burnout du dich aktuell befindest. Deshalb lasse uns auf den Verlauf eines Burnouts schauen, auf die ersten schleichenden Schritte, die blinden Flecken und die letzten Möglichkeiten, um auf Alternativrouten auszuweichen.

Herbert Freudenberger, deutsch-amerikanischer Psychologe und Psychoanalytiker, gilt als Vater der Burnout-Forschung. Bereits in den 1970er Jahren definierte er Burnout als Überlastung und beschrieb zwölf Phasen, nach denen ein Burnout abläuft.[21] Als Reisender ins Land der Gelassenheit kannst du dir diese Phasen als Schritte mit Kurs auf ernsthafte Gefahren vorstellen. Du willst also vorsichtig treten und in der Lage bleiben, eine Kurskorrektur vorzunehmen.

Schritt 1 | Zwang, sich zu beweisen

Sich beweisen zu wollen, die eigenen Fähigkeiten unter Beweis stellen, viel Verantwortung tragen und sich engagieren – das sind alles doch sehr positive Wünsche, wie du mir sicher zustimmen wirst. Vielleicht kennst du das mindestens vom letzten Mal, als du eine neue Aufgabe übernommen hast und supermotiviert alles gegeben hast. Im Null-kommanix hast du die neue Verantwortung wieder mit Elan getragen. Das ist die positive Seite dieses ersten Schrittes. Sie macht es allerdings gerade aufgrund der positiven Effekte schwer, eventuell entstehende Probleme zu erkennen. Denn erst wenn dieser positive Wunsch, sich zu beweisen, in die Übertreibung (Intensität, Frequenz oder Dauer) gerät, wird es haarig. Wenn aus dem Wunsch ein Zwang wird und du dich immer wieder oder dauerhaft verbissen selbst antreibst, deine immer höheren Erwartungen zu erfüllen, dann kippt es von gesund motiviert zu Burnout-gefährdet. Der *Tipping Point* verschwimmt schnell, und die Wertschätzung und Anerkennung, die du für dein Engagement erhältst, verwässern die Einschätzung deines persönlichen Befindens. Am ehesten bemerkst du, dass du in einer ungesunden Übertreibung unterwegs bist, indem du auf die Einschätzung von Menschen in deinem Umfeld achtest.

Hörst du vielleicht öfter:
„Mensch, schalte doch mal einen Gang runter!"
„Du musst nicht überall vorne mit dabei sein!"
„Wann hast du eigentlich das letzte Mal freigemacht?"

Dann tue dir selbst den Gefallen im Sinne der Burnout-Gefahren-umgehung und nimm diese Kommentare zum Anlass, dein Handeln zu reflektieren.

Schritt 2 | Verstärkter Einsatz

Du bist gut! Und du wirst gebraucht! Dein bisheriges Engagement zahlt sich aus, und du bist wie angefixt. Dein Gehirn ist im Beloh-nungsmodus und befeuert immer mehr Leistung. Typisch für diese Phase ist das Tragen von viel Verantwortung bei gleichzeitigen Schwierigkeiten zu delegieren. Es kann sowieso keiner so gut wie du. Bis du das jemandem erklärt hast, machst du es lieber selbst. Du fühlst dich stark und erfolgreich. Ist doch gar nicht so schlecht, magst du jetzt vielleicht denken. Stimmt, wenn diesen Annahmen persönlicher Unverwundbarkeit und allumfassender Kompetenz nicht die ein oder andere Fehleinschätzung zugrunde läge. Das wissen wir natürlich insgeheim alle, und so entsteht in diesem Schritt Richtung Burnout zunehmend auch Angst, die Kontrolle zu verlieren. Perfektionismus und zwanghafte Sorgfalt halten hier oft Einzug. Das Input-Output-Verhältnis von eingesetzter Energie und Ergebnis fängt an, Effizienz einzubüßen. Das geschieht, obwohl wir das nicht wahrhaben wollen und oftmals lange versuchen, mit noch mehr Energie-Input das Output-Niveau zu halten. Auch wenn das bedeutet, immer regelmäßiger bis spät in die Nacht am Rechner zu sitzen …

Schritt 3 | Subtile Vernachlässigung eigener Bedürfnisse

Dein Tempo und deine Arbeitsmoral sind längst Normalität – für dich selbst und alle um dich herum. Kollegen wissen, dass du immer (und ich meine: immer!) erreichbar bist, und deine Vorgesetzten haben gelernt, von dir Höchstleistungen zu erwarten. Deine Familie und Freunde wiederum können immer weniger von dir erwarten. Du hast einfach keine Zeit und Wichtigeres zu tun. Pausen und Freizeit haben keinen Platz in deinem straff organisierten Kalender. Auch Sport und die Ernährung leiden. Schlafen kannst du, wenn du alt bist, und bis dahin putschst du dich tagsüber mit Kaffee auf und findest (nur noch) mit einem Wein oder Bier (oder zwei …) in die Entspannung.

Du merkst – nüchtern betrachtet –, dass es spätestens hier unschön wird. Bei Schritt 1 bis 3 ist die knifflige Frage: Steht meine Anstrengung noch in einem sinnvollen Verhältnis zum Gesamtergebnis in meinem Leben? Keine leichte Frage! Erst recht nicht, wenn du versuchst, sie dir bei Rot an der Ampel zu beantworten. Ich empfehle dir, einen Rastplatz anzusteuern, um in Ruhe zu überdenken, an welcher Stelle dieser Schrittfolge du aktuell stehst.

Schritt 4 | Verdrängung von Konflikten und Bedürfnissen

Die ersten Schritte hinein in die Burnout-Gefahrenzone sind schnell gegangen. Wobei ich statt „schnell" eher unachtsam sagen müsste, da sie sich über Jahre hinziehen können. Ohne dass du den Prozess bewusst wahrgenommen hättest, bemerkst du nun, dass irgendetwas nicht ganz stimmt. Zu Hause streitest du nur noch mit deinem Partner oder deiner Partnerin. Du fühlst dich oft genervt, und auch auf Freunde hast du keine Lust – die melden sich sowieso immer seltener. Du merkst, dass du vielleicht etwas langsamer machen solltest. Aber du siehst nicht, wie das gehen soll. Du trägst schließlich sehr viel Verantwortung. Auch deshalb darf natürlich niemand von deinen inneren leisen Zweifeln wissen, und du ziehst dich zurück. Selbst wenn du mal ein paar Minuten Zeit rausschwitzen kannst, weißt du gar nicht mehr, was du damit anfangen sollst. Auf die Frage, was dir jetzt guttun würde, hast du keine Antwort. Aus dieser Ratlosigkeit und Zurückgezogenheit heraus entstehen in diesem Schritt sehr leicht Süchte, und du läufst Gefahr, dir zusätzlich zu der rapiden Burnout-Gefahr sehr ungesunde „Nebenkriegsschauplätze" aufzumachen.

Schritt 5 | Umdeutung von Werten

Niemand um dich herum scheint zu verstehen, dass du wirklich wichtige Arbeiten zu erledigen hast. Es geht dir zunehmend auf die Nerven, dass alle ständig deine Zeit in Anspruch nehmen wollen. Du hast nämlich überhaupt gar keine übrig! Es fällt dir zunehmend schwer, die Dinge in einen Kontext zu stellen, der über die Arbeit und Leistung hinausgeht. Durch das Gefühl der ständig fehlenden Zeit hast du keine Kapazitäten, dich mit dem Gestern oder dem Morgen zu beschäftigen. Alles, worum du dich kümmern kannst, ist das Jetzt. Und da jetzt auch einfach alles gleichzeitig auf dich einstürmt, wird es immer schwieriger, Wichtiges von Unwichtigem zu trennen. „Ich muss mich um alles kümmern!" kennst du als Gedanken. Darüber gerät in Vergessenheit, dass es neben der Arbeit noch andere Lebensbereiche gibt, die dir etwas bedeuten. Das ist nicht ohne, da sich dadurch ein Schleier über deine inneren Werte und Bedürfnisse legt. Das beraubt dich deiner persönlichen Orientierung und dem, was dich im Kern ausmacht. Entsprechend „neben der Spur" fühlst du dich innerlich. Aber du kämpfst weiter, schließlich gilt: Nur die Harten kommen in den Garten. Dass sich in diesem harten Kampf deine Ausdrucksweise ins Zynische, Humorlose und Aggressive verändert, ist für dein Umfeld nicht schön, aber: „Ey, auf ‚schön' können ja andere Rücksicht nehmen, die dafür Zeit haben. Du hast echt Wichtigeres zu tun, als dir das ständige Gejammere anzuhören!"

Schritt 6 | Verstärkte Verleugnung auftretender Probleme

Langsam wird es wirklich schwer zu ignorieren, dass der Weg, auf dem du unterwegs bist, einen hohen Preis hat. Aber du hältst den Blick stur geradeaus – Leistung ist dein Ziel, und da lässt du dich nicht ablenken. Ja, körperlich ging es dir schon mal besser, aber bei immer häufigeren Kopfschmerzen/Rückenschmerzen/Magenschmerzen/Verdauungsproblemen/ ... hat die Pharmaindustrie ja Lösungen parat, die du zunehmend konsumierst. Gesunde Ernährung und Bewegung sind schon lange hinten runtergefallen, entsprechend hast du dich körperlich verändert. Aber darum, denkst du, kümmerst du dich später mal. Jetzt geht es erst einmal darum, weiter Stärke zu zeigen in einem Umfeld, das dir wirklich langsam reicht: „Alles Idioten um mich herum!"

Schritt 7 | Rückzug

Aus Flüchtigkeitsfehlern sind nun erhebliche Konzentrationsprobleme geworden, und du spürst selbst, dass deine Leistung deutlich nachgelassen hat. Das lässt ein Gefühl der Panik in dir aufsteigen, und du stehst dauerhaft unter Strom. „Was soll ich denn machen?!", fragst du dich, während du zunehmend nicht mehr weißt, wie es weitergehen soll. Verunsicherung, Orientierungslosigkeit und Hoffnungslosigkeit treffen auf den Wunsch, „einfach in Ruhe gelassen zu werden". Du ziehst dich sehr zurück, und da die Verbundenheit zu deinem Partner, deiner Familie und Freunden schon seit einer Weile flöten gegangen ist, bist du allein. Kurze Urlaube machen keinen Unterschied. Alkohol und auch pharmakologische Aufputschmittel scheinen dir ein letztes Mittel zu sein, um aus der Kraftlosigkeit zu kommen und alle Reserven zu mobilisieren. Auf dass niemand herausfinden möge, dass du nicht mehr kannst.

Schritt 8 | Beobachtbare Verhaltensänderung

Der große Kraftakt, der notwendig ist, um bei immer leereren Akkus nach außen weiterhin Leistungsfähigkeit vorzutäuschen, führt zu Veränderungen, die dein Umfeld mittlerweile deutlich wahrnimmt. Dir passieren Fehler, aber mit Feedback dazu kannst du immer schlechter umgehen, wirst sehr schnell sehr aufbrausend. Du hast das Gefühl, von allen Seiten angegriffen zu werden, und kannst auch mit wohlwollenden Hinweisen nicht mehr konstruktiv umgehen. Während du das Gefühl hast, dass einfach keiner versteht, wie wichtig deine Leistung ist, schützt du dich vor dem, was du als Angriffe deiner Mitmenschen auffasst, was allerdings eigentlich Aufmerksamkeit, Unterstützung oder Nähe sein kann. Das eine vom anderen zu unterscheiden, gelingt dir nicht mehr. Wärst du in der Lage, deine Situation zum Beispiel aus der neutralen Perspektive einer Videokamera zu betrachten, würden dir die mittlerweile deutlichen Veränderungen in deinem Verhalten sicher auch auffallen: Ernster, angespannter Gesichtsausdruck, häufig mit Anzeichen von Wut, oft unangemessene Wortwahl und Ausdrucksweise als Antwort auf Fragen deiner Mitmenschen, sehr wenig

Bewegung und ungesunde Ernährung mit dem Ergebnis eines deutlich veränderten Körpergewichts, regelmäßig zu hoher Alkoholkonsum und Einnahme von Aufputschmitteln, durch fehlenden Schlaf und zu wenig Sonnenlicht und Frischluft fahler Teint – um nur einige Faktoren zu nennen, die äußerlich mittlerweile deutlich zeigen, wie ausgezehrt deine Antriebsflamme nur noch brennt.

Schritt 9 | Depersonalisation

Dein Privatleben existiert nicht mehr, und du verlierst das Gefühl für dich selbst. Wer bist du, was macht dich aus und was brauchst du? Das sind Fragen, auf die du keine Antwort mehr findest. Deine Wahrnehmung der Welt hat sich verändert, und die Realität erscheint dir verzerrt. Die wichtigen Koordinaten deiner eigenen Persönlichkeit und deiner Werte sind dir abhandengekommen, und die Orientierungslosigkeit und der damit einhergehende Kontrollverlust machen dir große Angst. Nur mit Alkohol und/oder Tabletten schaffst du es vielleicht noch durch deinen Tag, obwohl du eigentlich längst tief in der Burnout-Spirale steckst und arbeitsunfähig bist. Solltest du für dich oder einen lieben Menschen diese Zeilen lesen und Aspekte wiedererkennen, habe ich folgenden sehr, sehr wichtigen Hinweis für dich:

Das Loch, in dem du steckst, ist tief und dunkel. Nichts fühlt sich mehr gut oder auch nur okay an. Es ist absolute Grütze, aber so ist es. Es ist dein Ausgangspunkt, von dem aus du auch wieder rauskommst aus dem Loch. Wenn du nur eine einzige Sache aus diesem Buch mitnimmst, dann lasse es bitte die sein, die in diesem Loch ganz besonders gilt:

> Es gibt Wege und Abzweigungen, über die du wieder rauskommst aus der Burnout-Spirale. Mit jedem Schritt im Verlauf eines Burnouts gibt es alternative Routen.

An dieser Stelle möchte ich dir die Abkürzung zum Kapitel *Notfall-kontakt-Liste: Was tun und wohin wenden?* ans Herz legen. Bitte wähle schlicht irgendeine der dort genannten Möglichkeiten, um einen ganz kleinen ersten Schritt raus aus der Spirale zu nehmen. Schon ein kleiner Schritt – wie der Anruf bei deinem Hausarzt oder das Teilen deiner Situation mit einem Freund – macht *den* entscheidenden Unterschied.

Schritt 10 | Innere Leere

Du bist einfach fertig, fühlst dich komplett ausgebrannt und schaffst es morgens nicht aus dem Bett. Es ist dir auch alles irgendwie egal geworden. Das, was du noch schaffst, erledigst du in einem Funktionsmodus, der keinen Bezug mehr zu dir selbst hat. Ab und zu kommt der Wunsch, aufzutanken, noch in dir auf, und du stürzt dich in vermeintlich regenerierende oder aktivierende Action, vielleicht auch gepaart mit Drogen und Aufputschmitteln, One-Night-Stands oder sinnlosen Abenteuern. Doch jeder Effekt hält – wenn er überhaupt eintritt – nur sehr kurz an. Panikattacken oder Phobien sind an diesem Punkt häufig die einzigen Gefühlsaufwallungen. Insgesamt gerätst du in einen Zustand der Gefühllosigkeit.

Schritt 11 | Depression

Der Kampf fühlt sich verloren an, und dir ist nun wirklich alles egal. Die einzigen Empfindungen, die du noch wahrnimmst, sind Verzweiflung, Hoffnungslosigkeit und unendliche Müdigkeit. Der Weg des immer weiteren Ausbrennens hat dich in eine Depression geführt, und dein Feuer/dein Antrieb ist erloschen. Du möchtest eigentlich nur noch schlafen und hast die Hoffnung auf Besserung verloren. Du denkst vielleicht auch darüber nach, dir das Leben zu nehmen.

Schritt 12 | Völlige Burnout-Erschöpfung

Die Erschöpfung hat auf der ganzen Linie – geistig, emotional und körperlich – Besitz von dir ergriffen. Dein Selbst scheint sich zusammen mit den vorherigen Leistungszwängen aufgelöst zu haben. Damit siehst du keinen Sinn mehr darin, weiterzuleben. Auch körperlich ist vielleicht mit dem Zusammenbruch deines Immunsystems der absolute Tiefpunkt erreicht. Dieser Zustand ist eine lebensgefährliche Krise und ein absoluter Notfall. Dringend benötigst du psychiatrische Hilfe, um dein Leben zu retten. Erst nach Monaten wirst du dich so weit erholt haben, um mit therapeutischer Unterstützung dein Selbst und den Sinn in deinem Leben zurückerobern zu können. Bis du wieder arbeitsfähig bist, wird eine lange Zeit verstreichen.

Uff, ganz schön heftig, oder? So genau will man es vielleicht gar nicht wissen, stimmt's? Vielleicht gehörst du zu den vielen Menschen, denen mindestens die ersten drei Schritte in der Burnout-Spirale bekannt vorkommen. Dann erschreckst du vermutlich, wenn du liest, was die nächsten Stationen auf dem Weg sind, der sich an diese Schritte anschließt. Das verstehe ich sehr gut, glaube mir. Ich erinnere mich persönlich noch an das Gefühl der Unverwundbarkeit und an den Trugschluss der unerschöpflichen Stärke, die mich zu lange in der Fehleinschätzung gewogen haben, „einfach so weitermachen" zu können. Tatsächlich wusste ich es damals nicht anders. Das kannst du besser machen.

Zwei Punkte sind entscheidend, um sich besonders in den Anfängen der Abwärtsroute zum Burnout sicherer aufzustellen:

1. Wissen! Wie ich oben schreibe: Ich wusste zu wenig über die Gefahren und habe naiv die Energie ausgebeutet, die ich hatte, ohne mir Gedanken über die Nachhaltigkeit meiner eigenen Ressourcen zu machen. Heute investiere ich immer noch viel Energie in meine Arbeit. Interessanterweise ist es nicht weniger als früher. Allerdings begleiten mich dabei eine Leichtigkeit, die ich früher nicht hatte, und meine gute, alte Gelassenheit auf dem Weg. Du kannst einen

entscheidenden Unterschied für dich erzielen, wenn du informierte, bewusste und verantwortungsvolle Entscheidungen für dich triffst. Das bringt mich zum zweiten Punkt:

2. Verantwortung! Du trägst sicher sehr viel davon. Und sehr häufig wird dich deine Verantwortung für andere(s) davon abhalten, auf dich selbst und deine Kräfte zu achten. Nimm es mir bitte nicht übel, wenn ich an dieser Stelle ganz deutlich sage: Auf den ersten Metern der Burnout-Abwärtsroute hin- und hertrippelnd ist es unverantwortlich, fest die Augen vor dem zu verschließen, was auf deine aktuelle Situation folgen kann. Du kennst vielleicht den Vergleich mit den Sauerstoffmasken im Flugzeug. Dort wird dir erklärt, im Notfall zuerst dir selbst deine Sauerstoffmaske aufzusetzen, bevor du dich um andere kümmerst. Du hilfst niemandem mehr, wenn du bewusstlos auf dem Boden liegst. Ganz genauso verhält es sich zum Thema Stressbelastung. Gerade *weil* du so viel Verantwortung trägst, bist du in der Pflicht, die Verantwortung für deine persönliche Energiebilanz zu übernehmen.

Nun ist dieser hier skizzierte abwärts laufende Weg ins Burnout natürlich ein theoretisches Modell. Das bedeutet, dass dieser Weg im echten Leben nicht streng chronologisch und linear verläuft. Du kannst dich sehr lange in einem Schritt befinden und einen nächsten gleichzeitig mit dem übernächsten gehen. Auch die Zwei-Schritte-vor-und-einen-zurück-Entwicklung ist möglich. Ebenso kann es passieren, dass du zum Beispiel durch veränderte Umstände direkt ein paar Schritte überspringst. Das soll dich bitte nicht dazu verleiten, die Streckenführung in ein Burnout zu ignorieren und für dich zu denken: „Bei mir ist das anders. Das gilt für mich nicht!" Der hier dargestellte Verlauf zeigt dir eine Richtung. Auch wenn du lange in Schritt 2 und 3 aushältst, ändert das nichts an der Richtung, in der du unterwegs bist.

Die gute Nachricht ist, dass du jetzt, da du die Schrittfolge kennst, schauen kannst, an welchem Punkt du dich befindest. Egal wo das ist, es gibt immer eine alternative Route. Ehrlich, ganz besonders wenn du das Gefühl hast, nicht anders agieren zu können, gibt es kleine Abzweigungen, über die du jederzeit die Richtung ändern kannst, ohne alles hinzuschmeißen. Versprochen! Wenn du es nicht abwarten kannst, mehr darüber zu erfahren, wo du diese kleinen Abzweigungen findest, dann blättere direkt vor zur *Packliste: Wissen für den Weg aus dem Stress*.

WARNSIGNALE UND TÜCKEN

Bestimmt hast du schon einmal von dem Mythos gehört: Ein Frosch, den man in einen Topf mit heißem Wasser setzt, versuche angeblich, sofort wieder herauszuspringen. Setzt man ihn in einen Topf mit kaltem Wasser und erhitzt dieses langsam, bliebe er allerdings angeblich tatenlos sitzen und ließe sich ohne jeden Fluchtversuch zu Tode kochen.

Natürlich ist diese Geschichte genau das – ein Mythos. Walter Wimmer vom NABU hat prägnant erläutert, dass Frösche längst alle gestorben wären, wenn sie kein Empfinden für zu heißes (oder auch zu kaltes oder trockenes) Klima hätten und sich entsprechend in andere Temperaturen retten würden. Der Frosch „weiß nämlich, was gut für ihn ist – und was nicht".[22]

Die Frage ist: Wissen wir Menschen immer, was gut für uns ist – und was nicht? Oder verlieren wir es auf den ersten Schritten Richtung Burnout aus den Augen? Einerseits nehmen wir dann die gesundheitlichen Risiken oftmals gar nicht wahr, und andererseits tritt eine oberflächliche Gewöhnung an immer neue Zustände des Unwohlseins ein. Unzureichend informiert, sehen wir um uns herum so viele Kollegenfrösche im immer heißer werdenden Wasser hocken, dass in uns als Herdentier das Frühwarnsystem einfach nicht anspringt.

Wir sind durchhalte- und anpassungsfähig. Wir nehmen die gesundheitliche Gefahr im Stress nicht wahr, weil es zu lange „noch irgendwie geht".

Durch eine ungesunde Stressbelastung entsteht sehr schnell eine Tunnelperspektive. Was im gesunden Eustress noch fokussierter Flow war, wird zu Scheuklappen. Da hast du dann nur noch Leistung im Fokus und blendest störende „Ablenkungen" wie Gesundheit, Familie, Freundschaften, Hobbys und Weiteres aus. Dadurch ist es sehr schwer, allein zu bemerken, dass dein eingeschlagener Kurs gefährlich ist. Und meistens schlägt sich solch konzentrierter Einsatz besonders in den ersten Schritten auch noch positiv auf deine Karriere nieder. Du erhältst verantwortungsvollere Projekte, eine Gehaltserhöhung oder wirst sogar befördert. Das scheint dir in deinem Leistungstunnel natürlich recht zu geben. Nun wirst du dieses Leistungslevel nur leider nicht dauerhaft aufrechterhalten können, wenn du deine Ziele nicht außerhalb der Burnout-Gefahrenzone weiterverfolgst.

Wenn dir also deine Freundinnen, Kollegen oder ganz besonders deine Familie schon länger in den Ohren liegen, dass du gestresst scheinst, dann wische diese Rückmeldungen bitte nicht länger genervt beiseite. Betrachte sie stattdessen als die Perspektive, die dich deine Situation aus einem umfassenderen Blickwinkel betrachten lässt. Nutze diese Perspektive, um deinen Weg und auch deine Karriere langfristig und persönlich nachhaltig zu gestalten. Du darfst anderen vertrauen. Dein Wohlergehen liegt ihnen am Herzen. Und du darfst Hilfe annehmen oder darum bitten. Tue das frühzeitig, denn mit jedem weiteren Schritt Richtung Burnout wird es zunehmend schwerer, aus eigener Kraft umzudrehen.

Im Stresstunnel merken wir selbst oft als Letzte, dass wir im roten Bereich laufen. Nimm um dich besorgte Mitmenschen ernst und lasse dich bei einer Kurskorrektur unterstützen.

„Okay", wirst du dich nun vielleicht fragen: „Meine Familie liegt mir in den Ohren, aber woran kann ich denn konkret festmachen, ob sie recht hat und mein Stresspegel im ungesunden Bereich liegt?" Für diese Frage findest du hier typische erste Anzeichen dafür, dass du auf den Abwärtskurs Richtung Burnout geraten bist und es einer Kurskorrektur bedarf. In der Betrachtung der Stresslandschaft im ersten Kapitel findest du ausführliche Erläuterungen zu stressbedingten Symptomen. Wenn du dir die dazugehörende umfassende Checkliste noch nicht heruntergeladen hast, kannst du das auch hier kostenlos tun: https://gelassenmitkatrinhormann.de/stresssymptome_tun.

Für eine erste, grobe Richtungsorientierung kannst du einen Blick auf die folgenden Fragen werfen:

Wie fühlst du dich?

Erste Anzeichen einer Burnout-Gefährdung, die du selbst wahrnehmen kannst, wenn du dir etwas Beachtung schenkst, sind innere Unruhe und Nervosität. Der Begriff Burnout hat sich wohl auch deshalb etabliert, weil er das Gefühl des „Ausgebranntseins" treffend umfasst. Wenn du öfter das Gefühl hast, völlig erledigt zu sein, alles gegeben zu haben und innerlich leer zu sein, dann ist das ein deutliches Warnsignal einer zu hohen Stressbelastung.

Was geht dir im Kopf herum?

Auch Konzentrationsprobleme und ein ermüdendes Gedankenkarussell sind erste Warnsignale. Du findest das „alles nicht mehr lustig", büßt deinen Humor ein und ersetzt ihn vielleicht mit Zynismus.

Was machst du?

Wenn dein Privatleben auf Pause geschaltet ist, du ständig Familie und Freunde vertröstest und dein Leben zunehmend ungesund gestaltest (ungesunde Ernährung, mangelnde Bewegung, Alkohol und Co.), dann nimm das bitte nicht auf die leichte Schulter und rede dir ein, dass du dich später darum kümmerst. Auch dabei handelt es sich um Warnsignale vor einer gefährlich werdenden Stressbelastung.

Diese Anzeichen spielen sich auf der emotionalen, gedanklichen und verhaltenstechnischen Ebene ab. Das ist eine Ebene, die oftmals schon ganz schön schwer zu greifen ist, wenn man mit Hochgeschwindigkeit im Stresstunnel unterwegs ist. Vielleicht fällt es dir leichter, eine kleine körperliche Bestandsaufnahme zu machen? Löst diese Betrachtung Sorgen aus, dann nimm dir die Checkliste der Stresssymptome aus Kapitel 1 zur Hand und schaue umsichtig genauer hin.

Wie geht es dir körperlich?

Ständige Muskelverspannungen, Infekte, Verdauungsstörungen, Magenschmerzen oder Schlafstörungen? Das sind nur ein paar der häufigsten Warnsignale, die unser Körper uns sendet, wenn der Stresspegel dauerhaft zu hoch ist. Meiner Erfahrung nach haben wir alle unsere eigenen körperlichen Stresswarner in uns. Wie ein eingebautes Warnlicht springt bei dem einen der Magen an, wenn der Stress sich in den ungesunden Bereich bewegt, und bei dem anderen sind es die

Schultermuskeln. Ein Dritter fängt an, nachts mit den Zähnen zu knirschen, und ein Vierter bekommt Kreislaufprobleme.

Natürlich sind das medizinisch betrachtet psychosomatische Beschwerden. Aber dieser Einordnung fehlt sowohl die praktische Relevanz als auch die Wertschätzung für die unermüdliche Warnerfunktion, die unser Körper für uns übernimmt. Er meldet quasi eifrig Gefahr im Verzug: „Gefahr!!!" Und wir? Wir ignorieren diese Meldungen oder schalten sie mit Tabletten ab. Etwas später sind wir dann ganz betroffen über die sehr ernsten Stressfolgeerkrankungen (siehe Kapitel 1). Ich weiß, es ist sehr schwer, die zigste Erkältung dankend als Warnsignal anzunehmen und dir wirklich die Ruhe und den Ausgleich zu gönnen, den du offensichtlich brauchst. Es ist einfach so viel zu tun, da kannst du nicht rasten. Glaube mir, ich weiß wirklich, wie schwer das ist. Aber ich weiß auch, dass es nicht nur vergebens ist, das Warnlicht zu ignorieren (es kommt so lange mit zunehmender Vehemenz wieder, bis du es ernst nimmst), sondern auch fahrlässig (siehe oben zu den Stressfolgeerkrankungen). So wie du das Öllämpchen in deinem Auto nicht ignorierst, ignoriere bitte nicht die Warnsignale, die dein Körper dir bei zu hoher Stressbelastung anzeigt.

Du hast ein exzellentes, körperliches Frühwarnsystem installiert. Nimm es verantwortungsbewusst ernst und schalte es nicht mit symptombekämpfenden Tabletten, Alkohol oder Ähnlichem stumm.

NOTFALLKONTAKT-LISTE: WAS TUN UND WOHIN WENDEN?

Okay, nun hast du vielleicht bemerkt, dass du an einem unschönen, ungesunden oder sogar gefährlichen Punkt stehst. Welcher Punkt auch immer das ist – er kann sich ganz schön ausweglos anfühlen. Du hast dein Bestes gegeben und dich wirklich immer sehr bemüht, und nun steckst du in dieser Klemme. Egal, ob es *nur* darum geht, dir etwas mehr Pausen zuzugestehen, oder ob du Angst hast, in eine Depression gerutscht zu sein, du würdest es ja anders machen, wenn du bloß wüsstest, wie. Du hast vermutlich wenig Zeit und Kraft, dir den so wichtigen ersten Schritt raus aus der Gefahrenzone zu suchen.

Das verstehe ich sehr gut und nehme dir gern diese Arbeit ab. Deine Leistung besteht an diesem Punkt vor allem darin, ehrlich mit dir selbst zu sein und aus einer Akzeptanz deiner aktuellen Situation heraus neue und andere Entscheidungen zu treffen. Das ist an sich schon ganz schön knackig, weshalb viele einfach die Augen fest wieder zukneifen und hoffen, dass es schon irgendwann von allein besser wird. Es ist großartig, dass du das anders und besser machst. Allein mit dieser Ehrlichkeit und mit dieser Entscheidung hast du den wichtigen ersten Schritt hin zu einem gesunden Alltag, in dem du dich wohl und lebensfroh fühlst, bereits gemacht. Darauf kannst du stolz sein und vielleicht schon eine erste, kleine Entlastung spüren.

Im Folgenden findest du Koordinaten und Orientierung, in welche Richtung du dich wenden kannst. Ganz konkret gebe ich dir Adressen und Telefonnummern, über die du Unterstützung findest. Diese Liste ist nach Eskalationsstufen sortiert. Je weiter du dich schon ins Burnout-Terrain verlaufen hast, desto weiter unten findest du die für dich vermutlich passenden Kontakte.

Hier kannst du dir kostenlos ein übersichtliches *Template* herunterladen und für dich personalisiert ausfüllen. So kannst du dir abgesichert weiter deinen Weg suchen.

https://gelassenmitkatrinhormann.de/notfallkontakte/

>>ESKALATIONSSTUFE I
VORSORGE IST BESSER ALS BURNOUT

Dir ist bewusst, wie viele Stressoren unser Alltag oft für uns bereithält, und du möchtest gewappnet sein für die nächste anstrengende Phase.

Dieses Buch

Großartig! Du bist hier mit meinem Buch genau richtig unterwegs. Du sorgst vor und kannst dich mit der *Packliste* aus Kapitel 3 wunderbar in Ruhe vorbereiten für die Reise ins Land größerer Gelassenheit. Damit bist du verantwortungsbewusst und umsichtig unterwegs. In unserem schnellen und komplexen Arbeitsleben ist das meines Erachtens unerlässlich – nur leider noch nicht selbstverständlich.

Denkanstöße

Für wiederkehrende Impulse und Erinnerungen an die Erkenntnisse, die du dabei gewinnst, lade ich dich herzlich in meine E-Mail-Community ein. Darüber erhältst du regelmäßig Gedankenanstöße, Tipps und Tricks, um gelassen zu bleiben, auch wenn um dich herum Stressstürme wüten. Melde dich einfach hier an: https://www.katrinhormann.de/kostenlos/

Die folgenden Kapitel und die Rastplätze geben dir einfache Antworten und konkrete Travel-Tipps, mit denen du dein Ziel gut und sicher erreichst.

>> ESKALATIONSSTUFE II
ERSTE ZWEIFEL

Du stellst fest, dass du immer wieder Phasen hast, in denen dir alles zu viel wird, und du bist nicht sicher, ob du nicht schon die ersten Schritte in ein Burnout gehst.

Dieses Buch und weitere

Je eher du deinen aktuellen Standort ehrlich beurteilst und gegebenenfalls direkt gegensteuerst, desto leichter. Schiebe diese innere Verunsicherung also auf keinen Fall beiseite, sondern nimm sie zum Anlass, deinen Weg bewusst zu gestalten. Dafür stehen dir mehrere Wege offen. Wenn es dir liegt, dir mit Lektüre selbst zu helfen, und du es allein schaffst, kleine Gewohnheiten zu verändern, dann kannst du ausprobieren, wie weit dir die intensive Lektüre dieses Buches und vielleicht des einen oder anderen weiteren hilft (s. Quellenverzeichnis im Anhang zur Anregung).

Kurs oder Training

Auch ein Kurs oder Training kann dir vielleicht gute Unterstützung sein. Beim Lesen dieses Buches wirst du vielleicht schon herausfinden, in welche Richtung es in diesem Kurs gehen sollte. Würde dir ein sportliches Training guten Ausgleich bescheren, ist es vielleicht Yoga oder Tai-Chi, was zu dir passen würde? Ein Achtsamkeits- oder Genusstraining? Vielleicht auch ein Kochkurs? Wenn dir dieses Buch die von mir für dich bezweckten Anregungen bietet und du Unterstützung dabei gebrauchen kannst, die Erkenntnisse dauerhaft in deinen Alltag zu integrieren, dann ist mein *Stress-lass-nach!-Onlineselbstlernkurs* sicher auch etwas für dich. Als Leser meines Buches erhältst du das komplette Workbook zum Kurs gratis direkt in Deinen Briefkasten. Schreibe mir dafür einfach eine E-Mail an: mail@katrinhormann.de. Hier findest du alle Infos zum Kurs: https://gelassenmitkatrinhormann.de/sln/

Besonders in der Stressbelastung vergessen wir oft, dass wir nicht allein nach einer Lösung suchen müssen. Ich bin auch durch meine persönliche Erfahrung ein großer Fan davon geworden, sich frühzeitig professionelle Hilfe zu suchen. Wenn zum Beispiel deine Magenschmerzen, deine

Rückenschmerzen, deine Infektanfälligkeit (ergänze deinen persönlichen körperlichen Warner, s. Kapitel *Warnsignale und Tücken*) eine medizinische Diagnose ergeben hätten (statt dass du nur ergebnislos von Arzt zu Arzt gelaufen bist), dann würdest du einen Gastroenterologen/Orthopäden/ Immunologen aufsuchen. Bei stressbedingten Beschwerden, die dich immer wieder plagen, lege ich dir wärmstens ans Herz, das Gespräch mit einem der folgenden Ansprechpartner zu suchen:

Hausärztin/Hausarzt

Teile deine Sorgen mit deiner Ärztin oder deinem Arzt. Versuche, dich nicht hinter körperlichen Symptomen zu verstecken, nur um über ein paar Tage Krankschreibung eine kleine Atempause zu bekommen. Schildere ehrlich, wie es dir geht und wo du stehst. Sicher hat deine Ärztin Ideen für dich. Es gibt zum Beispiel tolle Programme und Angebote mancher Krankenkassen. Vielleicht ist ja etwas Hilfreiches für dich dabei. Verlieren kannst du nichts, nur gewinnen: eine helfende Hand, eine weitere Perspektive und vielleicht sogar eine passende Route, auf die du abbiegen kannst, um ein Burnout zu vermeiden.

Coaching

Coaching ist eine tolle Möglichkeit, für ein Problem, das du mit dir herumschleppst, deine persönliche Lösung zu erarbeiten. Es gibt viele gute Coaches, und ich empfehle dir, dich von deinem Bauchgefühl leiten zu lassen, welcher für dich passt. Du solltest immer ein unverbindliches Gespräch führen dürfen, um herauszufinden, ob du dich der Person anvertrauen kannst (ohne Vertrauen kannst du es auch lassen). Außerdem frage umsichtig das Spezialgebiet des Coaches ab. Vertrauen ist das wichtigste Element. Das zweitwichtigste ist die Expertise des Coaches. Es macht einen Unterschied, ob du mit einem Bewerbungscoach, einem Leadership Coach oder einem Burnout-Präventionscoach sprichst.

Beratung

Es gibt Beratungsstellen, an die du dich sehr unkompliziert und oft sogar kostenlos wenden kannst. Das ist vielleicht für dich interessant, wenn du dich zu einem Coaching (noch) nicht durchringen kannst oder dich vielleicht wegen der Kosten sorgst.

In sehr vielen großen Städten gibt es zum Beispiel Familienberatungsstellen, die sehr umfassend weiterhelfen können. Und nein, dabei muss es sich nicht unbedingt um ein Problem zwischen Familienmitgliedern oder um Erziehungsthemen handeln. Wobei – wenn wir mal ehrlich sind – sich jede Stressüberlastung immer auch negativ auf die Familie auswirkt. Mit der stressbedingt „kurzen Lunte" wird gemotzt, geschrien, übersehen, ignoriert, verbal ausgerutscht … Über die Suchmaschinen im Internet wirst du sicher fündig, wenn du „*Beratungsstelle + Deine Stadt*" eingibst. In großen Städten könntest du deine Suche mit Begriffen wie *„psychologisch"*, *„psychotherapeutisch"* oder *„psychosozial"* ergänzen, um die passenden Beratungsstellen schneller aus der großen Auswahl herauszusuchen.

Außerdem gibt es in jeder etwas größeren Stadt einen *Sozialpsychiatrischen Dienst,* den du findest, wenn du im Internet *„Sozialpsychiatrischer Dienst + Deine Stadt"* eingibst.

Leider gibt es auch etliche unprofessionelle Schnellschussinformationen über Burnout im Internet, die sich scheinbar die Eile und Zeitnot Betroffener zunutze machen, um mit einem Dünn-drüber-ohne-Substanz-Angebot Informationen und Dienstleistungen an die Frau und den Mann zu bringen. Das halte ich bei jedem Thema für gefährlich. Machst du dir Sorgen um deine Stressbelastung, dann meide bitte alle unfundierten Quellen und Angebote. Du brauchst keine fragwürdigen Umwege, sondern klare, professionelle Unterstützung von Fachpersonal, das adäquat ausgebildet ist.

Wenn du dich lieber in einer Gruppe austauschen und in einer lockeren Atmosphäre mit anderen Menschen sprechen möchtest, die vielleicht an einem ähnlichen Punkt stehen wie du oder die eine eigene Burnout-Erfahrung gemacht haben und nun ihr Wissen über Prävention und Umgang weitergeben, dann schaue dir die *Anderes Burnout Cafés* an. Dort bietet der *Bundesverband Burnout und Depression e. V.* kostenlose Informations- und Austauschveranstaltungen an.[23]

Freunde und Familie

Es sollte auf der Hand liegen. Fieserweise verliert man diese Säule der Unterstützung bei einer zu hohen Stressbelastung sehr schnell aus den Augen. Deshalb schreibe ich es dir hier noch einmal ganz deutlich auf: Wenn du dir unsicher bist, ob du auf einem gesundheitsgefährdenden Level unterwegs bist, dann sprich mit einem guten Freund oder einer vertrauten Person in deiner Familie. Wer kennt dich gut und bringt gleichzeitig etwas Verständnis für deine berufliche Situation mit, ohne dabei eine eigene Agenda zu haben? Bitte diese Person um eine ehrliche Einschätzung. Rufe sie an! Du hast dich sehr lange nicht gemeldet, eben weil du in Arbeit versinkst? Glaube mir, das wird keine Rolle spielen, wenn du um Unterstützung bittest.

Du musst da nicht allein durch. Es gibt Menschen, bei denen du Unterstützung erhältst!

>> ESKALATIONSSTUFE III
MÜDE UND ERSCHÖPFT

Du fühlst dich immer öfter erschöpft und müde, findest aber keine Ruhe, und die ersten drei Schritte auf dem Weg ins Burnout kommen dir nur zu bekannt vor.

ACHTUNG – BURNOUT-GEFAHR!

Hausärztin/Hausarzt

Auf der vorherigen Eskalationsstufe *Erste Zweifel* ist der Gang zum Arzt eine Option. Auf dieser Stufe III empfehle ich dir ein vertrauensvolles Gespräch mit einem Arzt dringend. Idealerweise ist das deine Hausärztin oder dein Hausarzt. Die Person kennt dich schon eine Weile. Wenn du keinen Hausarzt hast, mache es nicht unnötig kompliziert. Vereinbare einen zeitnahen Termin, wo du schnell einen bekommst, und lasse dich auch krankschreiben, wenn der Arzt das für richtig hält. Dann lasse bitte den Rechner auch wirklich aus und lege das Telefon zur Seite. Auf diese Weise kurz aus der Gefahrenzone zu kommen, kann dir den Kopf schon freier machen. Du kannst etwas auftanken, schlafen und vielleicht mal eine Runde spazieren gehen. Vielleicht reicht das schon, um für dich klar zu sehen, welche Änderungen es in deinem Alltag braucht, um wieder auf einen gesunden Kurs zu kommen. Nutze die Krankschreibung, um direkt die Weichen dafür zu stellen.

Beratung

Die oben genannten Beratungsstellen helfen dir dabei, die für dich richtige Kombination an Veränderungen herauszufinden. Wenn du mit deinem Arzt keine konkreten Maßnahmen besprichst, dann nutze bitte diese Beratungsmöglichkeit, um dich unterstützen zu lassen. Ein paar Tage krankgeschrieben zu Hause rumzusitzen ist ohne daraus entwickelte Ideen für mehr Ausgleich in deinem Alltag nur ein Tropfen auf den heißen Burnout-Stein. Wenn du es dabei belässt und danach weitermachst wie bisher, verlängerst du das Problem lediglich.

Beratungsstellen können dir helfen, einzuschätzen, welche Maßnahme dich zurück auf sicheres und gesundes Terrain bringt. Tipps zum Finden einer passenden Beratungsstelle in deiner Nähe liest du oben unter *Eskalationsstufe II*.

Psychotherapie

Lasse mich raten: „Therapie brauche ich nicht, bin ja nur 'n bisschen überarbeitet", denkst du möglicherweise? Das kann ich nachvollziehen. Die gesellschaftliche Schublade, in die Psychotherapie leider immer noch oft gesteckt wird, ist schnell mit „hat einen an der Klatsche" beschriftet. Und hey, du bist natürlich topfit im Oberstübchen! Und die paar Problemchen, die sich in letzter Zeit eingeschlichen haben, die möge um Gottes Willen niemand bei der Arbeit erahnen, sonst ist deine Reputation dahin.

Vielleicht bist du schon erschöpft genug, um diese Stereotypen ignorieren zu können. Falls du noch Restenergie in dir hast, um Widerstand und Ausreden für einen Termin bei einem Psychotherapeuten zu entwickeln, wirf doch einfach einen Blick auf die nächsten Etappen deiner aktuellen Route. Es wird nicht lustiger. Je eher du dich kompetent beim Abbiegen begleiten lässt, desto besser.

Die Arbeit mit einem Psychotherapeuten kann sehr gewinnbringend für dich und dein gesamtes Leben sein. Ich möchte dich wirklich dazu ermutigen, diese wohltuende, stützende und klärende Hilfe in Anspruch zu nehmen. Suche dir eine passende Therapeutin und nutze die Chance, für dich wichtige Punkte zu klären.

Apropos passender Therapeut: Du benötigst für eine Psychotherapie keine Überweisung[24] von deinem Hausarzt. Eventuell hat er eine Empfehlung für dich. Falls nicht, kannst du zum Beispiel hier selbst auf die Suche nach einem Psychotherapeuten gehen: Psychotherapeutensuche bei der *Deutschen PsychotherapeutenVereinigung e. V.*[25]

Hast du einen Therapeuten gefunden, der dir passend erscheint, und innerhalb eines vertretbaren Zeitraums einen Termin bekommen (nicht so einfach und auch laut Deutsche PsychotherapeutenVereinigung e. V. spätestens seit Corona wieder mit deutlich längeren Wartezeiten verbunden[26]), dann startest du mit einem ersten Gespräch, der sogenannten Psychotherapeutischen Sprechstunde. Darin stellt der kassenärztlich zugelassene Psychotherapeut fest, ob und wie zeitnah du eine von der Krankenkasse bezahlte Therapie machen kannst. Außerdem hast du nach diesem Gespräch die Wahl, ob du die Therapie bei diesem Therapeuten machen möchtest oder ob die Chemie für dich nicht stimmt und du dich noch einmal neu auf die Suche machst.

Heilpraktikerinnen für Psychotherapie

Auch Heilpraktikerinnen – wohlgemerkt mit der psychotherapeutischen Ausbildung – können dir bei entsprechendem Spezialgebiet und für dich passender Therapieform eine gute Begleitung zurück zu einem gesunden Umgang mit Belastung sein. Die Chancen, dass die Krankenkasse die Kosten übernimmt, sind sehr gering.

Fündig wirst du zum Beispiel über diese Suchfunktion des Bundes Deutscher Heilpraktiker (BDH): Therapeutensuche.

Coaching

Burnout-Präventionscoaches, Stressmanagementcoaches oder Resilienzcoaches mit einer fundierten Aus- und Weiterbildung im Bereich Stressbewältigung können dir eine wertvolle Unterstützung sein. Jeder Coach arbeitet dabei natürlich etwas anders. Die Betonung sollte an diesem Punkt auf dem Wörtchen *etwas* liegen. Ich halte es für fast schon fahrlässig, auf dieser Eskalationsstufe „einfach draufloszucoachen" und zum Beispiel wie in einem Businesscoaching an Zielen arbeiten zu wollen. Es sind doch genau die persönlichen Ziele, Wünsche und Bedürfnisse, die du gerade aus den Augen verlierst. Die Coachin, die hier wirklich fundiert weiterhelfen kann, hat deshalb bitte konkrete Entlastungs- und Entspannungsübungen in ihrem Methodenkoffer. Sie sollte außerdem in der Lage sein, sicher abzugrenzen, ob ein Coaching als Maßnahme passend ist oder zum Beispiel auch psychotherapeutische oder neurologische Begleitung erforderlich ist.

Um dir eine Vorstellung zu geben, wie das aussehen kann, erzähle ich dir von einigen wichtigen Eckpfeilern meiner Arbeit an einem solchen Ausgangspunkt: Wenn du erschöpft und müde zu mir kommst und mir erzählst, dass du eigentlich gar keine richtigen Pausen machst, nicht mehr runterkommst und auch gar nicht so richtig weißt, was du jetzt brauchen könntest, dann …

- nehme ich mir viel Zeit für die sogenannte Anamnese. Das heißt, ich stelle dir viele Fragen zu deinem Befinden, der Entwicklung deines Befindens, deinem Alltag, deinem sozialen Umfeld, deiner körperlichen Gesundheit, deiner Fitness u. v. m.

- nutzen wir gegebenenfalls einen wissenschaftlich validierten, diagnostischen Test, um zu eruieren, an welchem Punkt der Burnout-Spirale du tatsächlich stehst.

- greife ich auf mein diagnostisches Wissen als Heilpraktikerin für Psychotherapie zurück, um auf psychische oder psychosomatische Beschwerden aufmerksam zu werden bzw. diese ausschließen zu können.

- entlasse ich dich aus dem ersten Gespräch nicht ohne konkrete erste Notfallmaßnahmen, mit denen du deiner Erschöpfung sofort begegnen kannst.

Welche Art der Unterstützung du wählst, ist weniger wichtig, als dass du dir Unterstützung holst. Verschwende keine weitere Energie darauf, durchzuhalten, oder auf den Versuch, dir selbst etwas zu überlegen. Wähle eine der Möglichkeiten oben und dann los! Wenn du dich in Unentschiedenheit verhedderst, rufe jetzt deine Hausärztin an und vereinbare einen zeitnahen Termin.

>> ESKALATIONSSTUFE IV
AUF MESSERS SCHNEIDE

Du weißt nicht mehr, wo dir der Kopf steht, und spürst, dass irgendetwas ganz und gar nicht stimmt.

Auf dieser Eskalationsstufe gilt das Gleiche wie auf Stufe III, nur doppelt so dringlich. Außerdem möchtest du in Bezug auf die Wegbegleitung die mögliche Kombination aus Coaching und Therapie umgekehrt denken. Während du auf Stufe III noch ein Coaching als Basismaßnahme nutzen kannst, die gegebenenfalls psychotherapeutisch begleitet werden sollte, empfehle ich dir auf dieser Stufe, dir zuerst psychotherapeutische Hilfe zu suchen.

Eine gute Coachin (Kriterien s. oben) kann dir helfen, eine eventuelle Wartezeit auf einen Therapieplatz zu überbrücken. Auch kann sie dich während der Therapie bei praktischen Themen des Alltags begleiten oder dir nach einer eventuell längeren Krankschreibung beim Wiedereinstieg in den Job helfen.

Wenn du dich immer weiter in dich selbst zurückziehst, immer mehr Angst hast, dass andere bemerken, wie es dir wirklich geht, wenn du es schon lange nicht mehr bei dem einen Glas Wein belässt oder regelmäßig etwas „einschmeißt"', um deine Leistung zu pushen, zunehmend nicht mehr weißt, wo oben und unten ist, dir alles wichtig erscheint und der Druck, alles auf deinen Schultern zu haben, dich fertigmacht, dann schnellstmöglich ab zum Arzt! Besprich mit deiner Ärztin, wie es dir geht, und lasse zu, dass sie dich krankschreibt.

>> ESKALATIONSSTUFE V
KAMPF VERLOREN

Du fühlst dich orientierungslos und hast die Hoffnung auf einen Ausweg aufgegeben.

Die Welt scheint dir aus den Fugen, und du kennst Dich selbst nicht mehr, hast vergessen, was dir wichtig ist, und fühlst dich innerlich restlos leer. Du findest keine Bezugspunkte mehr, an denen du dich orientieren könntest und hast vielleicht Panikattacken oder andere schwere Angstzustände erlebt. Jetzt ist dir einfach alles egal geworden – du willst nur noch schlafen.

Geh zum Arzt!

Raffe dich auf und lasse dir einen Termin für **HEUTE** geben. Danach weißt du, wie ein Ausweg aussieht, kannst dich hinlegen und ausruhen.

Psychotherapie

Du findest, wie oben beschrieben, großartige Hilfe bei Psychotherapeutinnen. Auf dieser Eskalationsstufe in der Burnout-Gefahrenzone lasse dich gut von deiner Hausärztin beraten, ob es eine ambulante oder eine stationäre Therapie sein soll. Beides hat seine Vor- und Nachteile, und die Entscheidung hängt stark von deinen persönlichen Rahmenbedingungen, Bedürfnissen und der aktuell von der Hausärztin gestellten Diagnose ab. Die Frage, *ob* dir eine Psychotherapie helfen könnte, braucht dir an diesem Punkt kein Kopfzerbrechen zu bescheren. Stelle die Frage, *welche Form* der Therapie am geeignetsten ist.

Welche Möglichkeiten und auch gegebenenfalls welche Kliniken für dich in Betracht kommen, kannst du zum Beispiel auch mit der Unabhängigen Patientenberatung Deutschland (UPD) besprechen. Du findest Kontaktmöglichkeiten über die Website *Unabhängige Patientenberatung Deutschland*.

Telefonseelsorge

Gerade geht es dir richtig schlecht. Du brauchst jemanden zum Reden. Die Beziehung zu Familie und Freunden trägt vielleicht durch die Belastungen der letzten Zeit nicht sicher. Oder du brauchst jemanden, der dir mit einem neutralen Blick, nur für dich allein, zuhört. Die Telefonseelsorge ist nicht ohne Grund eine der vermutlich bekanntesten Beratungsstellen. Du musst nicht in der Kirche sein, um dort jeder Zeit unter der 0800 111 0 111 und 0800 111 0 222 anrufen zu können. Krisen wie die, in der du aktuell steckst, spitzen sich oft in den Abendstunden zu, wenn kein Hausarzt mehr erreichbar ist. Es gibt mit der Telefonseelsorge trotzdem Ansprechpartner, die du dann erreichst. Du hast dort jemanden am Telefon, der dir zuhört und dich auch beraten kann, welche weiteren Ansprechpartnerinnen und Wege für dich infrage kommen.

>> ESKALATIONSSTUFE VI
ALARMSTUFE DUNKELROT

Du bist endlos erschöpft und siehst keinen Sinn mehr im Leben. Dein Immunsystem, Kreislauf oder andere körperliche Funktionen brechen zusammen.

Du befindest dich in einer Notfallsituation! Halte dich fern von Beruhigungsmitteln, Alkohol, Schlaftabletten und Ähnlichem. Zögere nicht, eine einem Notfall entsprechende Nummer zu wählen:

Ärztlicher Notdienst unter der Telefonnummer **116 117** für Zeiten, in denen deine Hausarztpraxis geschlossen ist.

Sozialpsychiatrischer Dienst, die Nummer findest du im Internet, wenn du *„Sozialpsychiatrischer Dienst + Deine Stadt"* in die Suchmaske eingibst. Idealerweise hast du sie schon auf deiner persönlichen Notfallkontakt-Liste parat.

Notfallaufnahme in einer Klinik

Als Sofortmaßnahme besteht die Möglichkeit, eine Notfallaufnahme einer Klinik für Psychiatrie und Psychotherapie aufzusuchen.[27] Die nächstgelegene Klinik dieser Art hast du auf deiner persönlichen Notfallkontakt-Liste vermerkt oder erfragst sie akut über den Ärztlichen Notdienst.
https://gelassenmitkatrinhormann.de/notfallkontakte/

Rettungsdienst

Besteht akute Gefahr für dich oder andere, dann ist der Anruf beim Rettungsdienst unter der 112 die richtige Entscheidung, die du in einem solchen Fall bitte schnell triffst.

Dieses Verzeichnis verdeutlicht den Ernst der unterschiedlichen Lagen. Dieses Wissen halte ich für wichtig und verantwortungsvoll. Gleichzeitig soll es dir bitte keine Angst machen, sondern aufzeigen, dass es auf jeder Stufe Ausstiegstüren gibt, die du nehmen kannst. Gerade auf den ersten Eskalationsstufen meint man schnell, die Unterstützungsmöglichkeiten beiseiteschieben zu können, und vergibt damit die Chance, niedrigschwellige Änderungen einzuleiten und eben nicht in der Klinik zu landen und Monate zu brauchen, um ansatzweise wieder arbeitsfähig zu sein.

Du musst nicht warten, bis gar nichts mehr geht!
Biege vorher ab!

Du bist gar nicht selbst betroffen, sondern sorgst dich um einen lieben Menschen? Befürchtest du, dass er bereits kritische Punkte überschritten hat? Wenn du mit möglichen Notfallsituationen oder Akutkrisen rechnest oder auch die nächste Gelegenheit für ein unterstützendes Gespräch vorbereiten möchtest, empfehle ich dir, die entsprechenden Anlaufstellen in der Nähe bereits jetzt herauszusuchen. Speichere dir die wichtigsten Notfalltelefonnummern und Adressen der Region im Handy. Lade dir das Template herunter, um die Notfallkontakt-Liste für Dich persönlich auszufüllen und parat zu haben. So bist du vorbereitet und kannst deine eigene Was-wenn-Sorge entlasten.

PRÄVENTION

Jetzt waren wir lange genug bei „So isses!". Jetzt geht's mal zu „Wünsch dir was!". Denn während die vorherigen Kapitel aufgezeigt haben, dass es immer einen Ausweg gibt, ist sicher auch deutlich geworden, dass du Stressüberlastung nicht auf die leichte Schulter nehmen und ein Burnout auf jeden Fall umgehen möchtest.

Das Zauberwort dafür lautet Prävention. Du möchtest einem Burnout vorbeugen, also jetzt, wo es alles irgendwie noch so geht, passende Maßnahmen ergreifen, um gar nicht erst auf die schiefe Burnout-Bahn zu geraten. Dabei ist es zum Thema Stressbelastung gar nicht so einfach zu sagen, was konkret vorbeugend getan werden kann, richtig? Willst du Karies vorbeugen, gehst du zur Prophylaxe zum Zahnarzt. Willst du Hautkrebs vorbeugen, machst du regelmäßig ein Screening.

Und um Burnout vorzubeugen, machst du ... was? Es gibt viele Ratschläge und Tipps, die auf den unterschiedlichsten Ebenen ansetzen:

Entspanne dich mal! Schalte mal einen Gang runter! Du brauchst Urlaub! Gehe doch mal mit zum Yoga! Ernähre dich gesünder!

Um nur ein paar der gängigen Ratschläge zu nennen, die du als Betroffener erhältst. Während dir diese vielen Möglichkeiten das Hirn vernebeln, fragst du dich selbst insgeheim: Soll ich kündigen? Mich scheiden lassen? Komplett umsatteln? Oder auswandern?

Sei beruhigt und schalte das Fragenkarussell in deinem Kopf aus. Deine Lösung liegt dazwischen und ist ganz persönlich deine eigene. Du wirst sie finden und für dich ganz persönlich passend machen. Das heißt aber nicht, dass du ganz allein darauf kommen musst. Auf den folgenden Seiten zeige ich dir, wie du deine persönliche Route durch das Alltagsterrain findest: deine persönliche Route, die dich gesund an Leib und Seele hält und dich deine Aufgaben mit Leichtigkeit, Freude und Gelassenheit angehen lässt.

AUFTANKEN UND RASTEN

Durchatmen

Wusstest du, dass wir unseren Herzschlag zwar (wie auch zum Beispiel unsere Verdauung) nicht direkt beeinflussen können, über einen kleinen Trick indirekt aber durchaus?

Aufregung, Nervosität und Stress gehen häufig mit Herzklopfen oder Herzrasen einher. Durch die seit Urzeiten in uns angelegte Stressreaktion bereitet sich unser Organismus auf körperliche Leistung vor, was zu diesem Herzklopfen führt, unsere Verdauung bremst und neben noch anderen Effekten (s. Kapitel 1) auch unseren Atem flacher werden lässt. Ist dir schon einmal aufgefallen, dass du unter Anspannung manchmal den Atem fast komplett anhältst?

Da hat uns der Stress ganz schön im Griff. Wie würde es dir gefallen, den Spieß einfach mal umzudrehen und mit der Atmung den Stress in den Griff zu kriegen? Hast du Lust? Na, dann los!

So geht's:

Setze dich bequem, aber aufrecht hin, die Füße am Boden. Dann achte mal auf deinen Atem. Kannst du wahrnehmen, wie er in deinen Körper strömt – durch Nase oder Mund? Bis wohin fließt er in deinem Körper, wo kannst du beim Einatmen eine Ausdehnung deines Oberkörpers wahrnehmen? Spürst du den Wechsel von Einatmung zu Ausatmung? Hörst du deinen Atem und spürst, wie sich deine Bauchdecke oder dein Brustkorb zusammenzieht, während der Atem aus deinem Körper strömt?

Jetzt hole tief Luft und fülle deine Lunge ganz mit Luft. Nimm den Moment der Umkehr wahr, in dem der Wechsel zwischen Ein- und Ausatmung stattfindet.

Und dann atme lange aus. Ziehe deinen Bauchnabel richtig nach innen, sodass alle Luft entweicht. Atme deutlich länger aus, als du eingeatmet hast. Wenn es dir schwerfällt zu schätzen, dann atme zum Beispiel auf vier Zählzeiten ein und auf sechs oder acht Zählzeiten aus.

Wiederhole diese Atemzüge dreimal.

Wie fühlst du dich jetzt?

Deshalb funktioniert's:

Eine längere Aus- als Einatmung wirkt sehr entspannend auf unseren gesamten Organismus. Diese Atmung ist so kraftvoll, dass sie sogar bei Panikattacken hilft, dich zu beruhigen. Sportler lernen sie, um den Puls, also die Herzfrequenz, zu beeinflussen — nervositätsbekämpfend nach unten und leistungsfähigkeitsfördernd nach oben. Auch Redner wenden diese Atemmethode gerne vor dem Gang auf die Bühne an, um mit ausreichend Luft entspannt sprechen zu können.

Auf die physiologischen Zusammenhänge möchte ich hier nicht eingehen. Halten wir einfach fest, dass wir bewusst entscheiden können, unserem in Aufruhr geratenen Körper über die Atmung eine Botschaft zu schicken: „Alles gut, du kannst dich entspannen. Flucht oder Kampf sind nicht nötig. Wo tief ausgeatmet werden kann, kann die Lebensgefahr nicht so groß sein."

Denke doch das nächste Mal ans Atmen, wenn du dich schon seit Stunden in eine Excel-Tabelle verbissen hast und dein Atem nur noch ein ganz flaches Minimum ist. Atme bewusst, bevor du in das wichtige Meeting gehst, das du arbeitsintensiv vorbereitet hast. Erinnere dich vor einem Konfliktgespräch daran und löse deine Anspannung damit. Atme regelmäßig zwischendurch tief – für ein deutlich entspannteres Weiterarbeiten.

3. PACKLISTE: WISSEN FÜR DEN WEG AUS DEM STRESS

AUSGLEICH – DIE ERSTEN SCHRITTE

Weißt du, was das wirklich Gute ist? Über die allerersten Schritte raus aus dem Stress brauchst du überhaupt gar nicht mehr nachzudenken. „Wieso nicht?", wirst du fragen. „Es muss doch endlich etwas passieren, es muss einen großen Ruck geben, der mich aus der aktuellen Stressfalle befreit." Vielleicht suchst du nach einem Anfang und hast das Gefühl, völlig ideenlos zu sein. Das Gute ist, dass du mit dieser Suche und diesem Gefühl des ratlosen Gefangenseins nicht mehr hadern musst.

Die ersten Schritte raus aus dem Stress bist du schon gegangen, jawohl! Du bist schon unterwegs ins Land der Gelassenheit, und das darfst du an diesem Punkt einfach auch zur Kenntnis nehmen.

Der allererste Schritt

Der allererste Schritt auf deinem Weg liegt vielleicht schon etwas zurück. Das war der Moment, als du hingeschaut hast und ehrlich mit dir selbst wahrgenommen hast, an welchem Punkt du stehst. Vielleicht bist du diese Bestandsaufnahme analytisch angegangen und hast Fakten kombiniert, die für eine Überlastung sprechen. Vielleicht hattest du auch einen Moment, in dem dein Bauchgefühl kurz zu dir durchgedrungen ist und du gespürt hast, dass es dir so, wie es ist, nicht gut geht. Das ist ein aufrichtiger und mutiger Moment, stimmt's? Wir haben die Dinge gerne im Griff. Das Störgefühl, dass etwas nicht in Ordnung ist, zuzulassen und wahrzuhaben, ist sehr ungewohnt. Am liebsten wollen wir die Augen schnell wieder zumachen oder – um im Bild zu bleiben – den Kopf einschalten, um uns das Bauchgefühl auszureden: „Ach, wird schon irgendwie gehen! Bis zum Urlaub halte ich noch durch, und dann wird es eh besser! Jetzt nur nicht locker lassen, nur die Harten kommen in den Garten!" Also, ganz schön tricky, dieser Moment der Wahrheit. Deshalb vermeiden wir den lange.

Du bist schon anders unterwegs. Du hattest diesen Moment der Wahrheit, und du hast beschlossen, ihm eine Handlung folgen zu lassen. Du liest dieses Buch!

Der zweite Schritt

Das ist schon der zweite Schritt raus aus dem Stress, und du gehst ihn bereits! Du hattest nicht nur eine Ahnung davon, was nicht gut ist, du hast bereits eine erste Entscheidung getroffen. Du hast dich entschieden, dieses Buch zu lesen und deine Stressmanagement-Kompetenzen auszubauen. Du sammelst Ideen und Informationen für eine Veränderung, die dich aus dem Stress führt. Du kannst aufhören, dich verzweifelt zu fragen, wie du aus dieser Stresssituation herauskommst. Du *bist* bereits auf dem Weg aus dem Stress. Die ersten Schritte bist du bereits gegangen.

Bevor du weitergehst

Bevor du nun weitergehst, möchte ich dir dafür eine wichtige Technik an die Hand geben. Oben habe ich beschrieben, wie schwierig es sein kann, eine Veränderung einzuleiten. Wir neigen alle dazu, auf bekanntem Terrain zu verharren. Schaffen wir es, uns aus dieser Starre zu lösen, stürzen wir uns häufig regelrecht in Aktionen, von denen wir uns Veränderung erhoffen. Das funktioniert oft eher weniger gut, und wenn wir doch einen Effekt erzielen, verpufft der wieder, wenn wir nach einiger Zeit in alte Muster zurückfallen. Woran liegt das? Das liegt daran, dass wir uns keine Gelegenheit geben, in Ruhe zu überlegen, was wir *wirklich* brauchen.

„Wie soll das gehen? Ruhe habe ich nicht, in der ich überlegen könnte. Das ist ja genau das Problem!", wirst du vielleicht einwenden. Das verstehe ich und möchte dir zu diesem Zweck die 4-A-Strategie vorstellen. Als ich das vor einer Weile für einen Klienten tat, der von Beruf Pilot ist, sagte er: „Das ist genau das, was wir Piloten im Flugzeug machen, wenn die Info kommt: Das Triebwerk brennt!" Ich war begeistert und teile diesen kleinen Austausch mit dir, um über diese kleine Denkblockade („Dafür habe ich keine Zeit!") hinwegzukommen. Wofür in einer derart stressgeladenen, akuten Gefahrensituation im Flugzeug Zeit ist, lässt sich sogar in deinem Alltag unterbringen.

Die 4-A-Strategie[28]

Die 4-A-Strategie ist für den akuten Stressnotfall konzipiert. Sie ist sehr leicht zu merken und anzuwenden und funktioniert auch aus diesem Grund für die vielen kleinen Alltagssituationen, in denen dir „die Hutschnur hochgeht" oder du „in die Tischkante beißen" möchtest. Gleichermaßen kannst du sie auch für die größeren und vielleicht schon eher chronischen Notlagen nutzen, um deinen Kurs abzustecken. Durch die Anwendung der 4-A-Strategie gewinnst du Kontrolle über die Situation und damit Handlungsfähigkeit zurück.

AKZEPTANZ

Im ersten Schritt der Strategie geht es darum, anzunehmen und zu akzeptieren, wie es gerade ist. Du hast dich in der Stresslandschaft verlaufen. Genauso, wie wenn du dich in einer fremden Stadt verläufst, ist es wichtig, dies zu akzeptieren. Wenn du auf die fremde Stadt und die blöd angelegten Straßen und Häuserblöcke, die alle gleich aussehen, schimpfst oder wenn du nicht wahrhaben willst, dass du wohl schon länger nicht mehr in dem Stadtteil bist, in den du eigentlich willst, wird es schwierig werden, dein Ziel zu erreichen.

Auch in einer Stressüberlastung ist der allererste Schritt – den du schon gegangen bist – das Annehmen der Situation: Du darfst dir eingestehen: „Mein Stresspegel ist zu hoch. Es geht mir nicht gut."

Dabei gibt es zwei Akzeptanztricks:

1. Nimm die Stresssignale, die dein Körper, dein Geist/deine Gedanken und deine Gefühle dir senden, möglichst früh wahr. Wisse um die Chancen, die du mit jedem Weggucken vergibst, und schaue dir den Stress an, sobald er sich zeigt.

2. Triff eine bewusste Entscheidung, zu akzeptieren, dass du gerade in einer Stressüberlastung steckst. Damit erlangst du Klarheit und verschwendest keine wertvolle Energie damit, mit der Realität zu kämpfen: „Wenn doch nur meine blöde Chefin nicht immer XYZ!",

„Wenn ich endlich mal richtig was wegschaffen würde!" oder „Mein Partner ist schuld. Der müsste viel mehr …!".

Akzeptanz bedeutet, die Situation so anzunehmen, wie sie jetzt als Teil deines Jobs und als Teil deines Lebens ist. Mit Akzeptanz für die Situation ermöglichst du dir eine konstruktive Auseinandersetzung mit dem Stress. Du öffnest die Tür zur Stressbewältigung.

Nur zur Sicherheit und damit wir uns nicht missverstehen, erwähne ich ganz deutlich, dass Akzeptieren und Annehmen nicht das Gleiche sind wie Aushalten und Hinnehmen. Natürlich folgen dem ersten A der Strategie weitere. Die Akzeptanz bereitet allerdings überhaupt erst den Boden, auf dem die weiteren Schritte Halt finden.

ABKÜHLEN

Obacht! Dieser Schritt ist wichtig. Vielleicht hast du ihn bei deinen allerersten Schritten auf dem Weg zu mehr Gelassenheit bisher ausgelassen. Dann lies hier besonders aufmerksam und gehe diesen Schritt unbedingt als Nächstes, bevor du die weiteren folgen lässt.

Beim Abkühlen geht es darum, sich zu sammeln und bei sich selbst einzuchecken. Das möchtest du unbedingt tun, um für die nächsten Schritte das volle Potenzial deiner intelligenten Lösungsfähigkeit ausschöpfen zu können. Warum? Wenn du dein Gehirn direkt aus der

Stressbelastung heraus bemühst, wirst du sicher schon einmal festgestellt haben, dass du nicht die besten Ergebnisse erzielst, stimmt's? Das liegt stark vereinfacht daran, dass dein Gehirn im Stress in eine Art Überlebensmodus schaltet und dich damit gut für einen Kampf oder eine Flucht wappnet – die uralte Säbelzahntiger-Situation. Dieser Überlebensmodus findet hauptsächlich in unserer linken Gehirnhälfte statt. Um gute Lösungen für komplexe Probleme zu finden, benötigen wir allerdings unsere andere, die rechte, Gehirnhälfte. Wie blöd, dass wir ausgerechnet zu der dann so schwer Zugang finden. Wenn wir versuchen, direkt aus dem Überlebensmodus heraus auf lösungsorientierte Ideen zu kommen, ist das ungefähr so, als wenn dein Vorfahr, umzingelt von Säbelzahntigern, versucht hätte, eine gute Partie Schach zu spielen – kein gutes Spiel.

Du brauchst also einen Umschalter von der Nutzung der linken zur rechten Gehirnhälfte. Im Kapitel zur mentalen Fitness wirst du dazu noch viel mehr finden. Zum Zweck der 4-A-Strategie brauchst du vorerst lediglich eine kurze, gezielte Übung, um den „Kopf frei zu kriegen". Die kleinste Einheit einer solchen Übung ist das Durchatmen. Schaue mal auf dem Rastplatz *Durchatmen* vorbei. Dort findest Du Anregungen dafür. Was du auf jeden Fall in jeder Situation unterbringen kannst, ist mindestens einmal, idealerweise dreimal tief einzuatmen und mindestens so lange auszuatmen, wie du eingeatmet hast. Damit lässt du Dampf ab oder hörst auf, in der Anspannung die Luft anzuhalten. Durch die bewusste Konzentration auf das Atmen signalisierst du deinem Körper: Wir werden nicht in der nächsten Sekunde gefressen. Wir können in den Lösungsmodus im Gehirn schalten.

Vielleicht kennst du Situationen, in denen du dich zum Beispiel riesig aufregen kannst über eine doofe E-Mail eines Kollegen. Und vielleicht wird dir an diesem Beispiel direkt klar, wie wertvoll es sein kann, erst eine Runde um den Block zu gehen oder eine Nacht darüber zu schlafen, bevor du eine Antwort schickst. Ohne eine Abkühlung könnte deine E-Mail-Antwort möglicherweise wutentbrannt und der Sache weniger dienlich ausfallen. Mit einem klaren Kopf fällt deine Reaktion reflektierter und professionell aus.

Zur Erinnerung: Wenn das selbst der Pilot in der akuten Notfallsituation im Flugzeug kann, dann kannst auch du diesen Schalter finden und dir wertvolle Abkühlung gönnen, bevor es in den nächsten A-Schritt geht.

ANALYSE

„Analyse", magst du denken, „das dauert mir viel zu lange!" In der akuten Stresssituation geht es selbstverständlich nicht darum, lange Pro- und Contra-Listen zu erstellen und Recherchen durchzuführen. Wenn du keinen akuten Handlungsdruck hast, dann darfst du dir natürlich ausgiebig Zeit für eine tiefgehende Analyse nehmen. Je nachdem, wie deine Persönlichkeit gestrickt ist, wird dir das mehr oder weniger wichtig sein. Du darfst das genau so angehen, wie es dir entspricht und wie es sich für dich richtig anfühlt.

Das Minimum an Analyse bietet dir die folgende Variante innerhalb der 4-A-Strategie. Dabei nutzt du deinen abgekühlten Kopf, um dich zu fragen:

1. Kann ich momentan etwas tun, um mich zu entlasten?
2. Und wenn ja, ist es mir die Sache auch wert?

Die ergänzende zweite Frage ist wichtig, weil du Kurzschlusshandlungen oder überzogene Reaktionen vermeiden möchtest. Kaluza schreibt dazu: „Nicht jede erkannte Handlungsoption muss man auch nutzen."[29] Dem Verfasser der doofen E-Mail oben mal so richtig die Meinung zu geigen, kann eine mögliche Reaktion sein. Du möchtest allerdings mit klarem Kopf abwägen, ob der kurzfristig befreiende Effekt die sicher verkomplizierenden Beziehungsblessuren wert ist.

Nach der Analysephase weißt du, was im nächsten Schritt zu tun ist.

AKTION ODER ABLENKUNG

Hat deine Analyse ergeben, dass du aktuell nichts tun kannst, was die belastende Stresssituation im Außen verändert, oder du zwar etwas tun könntest, es dir aber die Sache nicht wert ist – wenn du dich also nicht um die Situation kümmern kannst oder willst, dann kümmere dich um dich selbst.

Du darfst dir Ablenkung gönnen und damit für dich selbst sorgen. Bringe etwas Abstand zwischen dich und das, was dich stresst. Im Kapitel zum *Entspannungstyp: Was brauchst du wirklich?* findest du viele Vorschläge, wie du das persönlich ganz konkret anstellen kannst. Grundsätzlich gute Ablenkungsmanöver sind kleine Spaziergänge, das Lieblingslied auf die Kopfhörer, ein paar Tagträume, den Blick schweifen lassen und die Gedanken gleich mit.

Hast du dir die Fragen in der Analyse mit Ja beantwortet: „Ja, ich kann momentan etwas an der Situation verändern, und ja, es ist es mir auch wert", dann darfst du jetzt in die Aktion gehen. Das kann natürlich sehr unterschiedlich aussehen. Die Klassiker sind: Aufgaben zu delegieren, Grenzen zu setzen, Nein zu sagen, Termine abzusagen, Deadlines zu verschieben.

In der Aktions- oder Ablenkungsphase darf deine volle Lösungsorientierung und Handlungsfähigkeit, die aus deiner rechten Gehirnhälfte heraus entsteht, strahlen. Das kann sie, weil du alle vorherigen Phasen der 4-A-Strategie durchlaufen hast. Seien wir doch mal ehrlich: Nur allzu oft nehmen wir ein Problem wahr und springen dann sofort in die Aktion. Du weißt nun, dass du für dich wertvollere Ergebnisse erhältst, wenn du Akzeptanz voranstellst, eine fokussierte, kurze und knackige Analyse vornimmst und dir vorher vor allem bitte Zeit zum Abkühlen nimmst!

Die für dich wertvollsten Ergebnisse erzielst du, wenn du alle vier Schritte der 4-A-Strategie durchläufst, besonders wenn gerade das Triebwerk brennt!

QUICK WINS

Kennst du das Konzept der sogenannten Quick Wins[30] aus dem Businesskontext? Um das Budget und die Genehmigung für ein Projekt zu erhalten oder zu behalten, sind frühe und gut sichtbare Projekterfolge oft Gold wert. Dabei werden gerne Dinge umgesetzt, die schon länger auf der Man-müsste-mal-Liste stehen und für die es aber bisher an Ressourcen, Kapazitäten oder Fokus fehlte.

Soweit der Businesskontext. Aber was hat das jetzt mit der Stressbewältigung zu tun? Ganz einfach: Klientinnen, die zu mir kommen, sind meist ziemlich am Boden. Sie haben sich körperlich und seelisch über eine lange Zeit verausgabt. Aus zwei Gründen suche ich gemeinsam mit ihnen noch in der ersten Session nach Quick Wins:

1. Die Akkus laufen im roten Bereich. Am Auftanken und Ausgleichen werden wir arbeiten. Aber meistens ist Erholung so dringend nötig, dass sie nicht so lange auf sich warten lassen sollte, bis wir gemeinsam alle Stressoren beleuchtet haben und den passenden Umgang damit gefunden haben. Nein. Es braucht schnell spürbare, kleine Entlastungen, die einfach zu generieren sind und sofort in jeden Alltag passen.

2. Die eigenen Stressmanagement-Fähigkeiten auszubauen und den Weg aus der Stresslandschaft zurück in gesundes Terrain zurückzulegen, beinhaltet immer auch Arbeit. Reflexionsarbeit, Mut, Ehrlichkeit, Bereitschaft zur Veränderung … Wie viel bequemer wäre es, dich stattdessen mit Netflix auf die Couch zu knallen und dir einzureden, dass das an Entspannung reicht? Deshalb ist es mir in meinen Coachings sehr wichtig, dass meine Klienten früh erste Entlastung erfahren. Da brauche ich dir nicht zu erzählen, wie viel besser du dich fühlen wirst, wenn du dir Ausgleich in deinen Alltag holst. Da helfe ich dir lieber dabei, das ganz schnell und mit Haut und Haaren zu erleben. Nichts motiviert dich mehr, auf dem Weg zu mehr Gelassenheit zu bleiben.

Also, her mit den Quick Wins! Hast du jetzt selbst Lust, ohne viel Aufwand ein paar der niedriger hängenden Entspannungsfrüchte zu ernten? Na, dann los!

Hole dir deinen persönlichen Quick Win

Was ist es, was du diese Woche gerne mal (wieder) machen würdest, aber nicht dazu kommst? Bitte horche in dich hinein und lasse dich nicht ablenken vom Gedanken, dass dafür ja sowieso wieder keine Zeit ist, dein Mann oder deine Frau dazu keine Lust hat oder die aktuelle Coronalage es unmöglich macht. Es geht mit der Frage nicht darum, dich jetzt auf etwas festzulegen, dass dir nur noch mehr Umsetzungsstress verursacht. Vielmehr geht es darum, dass du dich erinnerst, was dir guttut. Vielleicht hast du sofort eine Antwort auf die Frage, vielleicht musst du auch etwas überlegen. Wenn du nicht gleich auf etwas kommst, was dir richtig Freude bereiten würde, weil es einfach zu lange her ist, dass du etwas einfach nur für dich gemacht hast, dann erinnere dich daran, was dir früher Spaß gemacht hat. Oder vielleicht beobachtest du eine Freundin, einen Nachbarn oder eine Bekannte dabei, wie sie oder er etwas tut, was du auch gerne machen würdest? Vielleicht hilft es dir in der Überlegung, die Bedenken auf später zu vertrösten. Darum kümmern wir uns noch. Vorerst darfst du dich fragen:

QUICK-WIN-GENERATOR | STUFE 1

Was würdest du diese Woche gerne machen, wenn Zeit, Geld und Verantwortung dich nicht beschränken würden?

Ich höre hier oft: mal wieder laufen gehen, Musik hören, Sport machen, ein gutes Buch lesen, lecker kochen, etwas Handwerkliches machen, in der Badewanne entspannen. Nun ist es ja so, dass du diese eine Sache derzeit nicht oder zu selten unterbekommst, auch wenn sie gar keine so große Sache ist, stimmt's? Das liegt daran, dass du sie in deiner Sehnsucht so groß denkst, dass sie tatsächlich schwer in deinen Alltag passt – schon gar nicht regelmäßig. Du wünscht dir, mal wieder Sport zu machen? Ich tippe mal darauf, dass du früher recht viel Sport gemacht hast und nun den gleichen umfänglichen Anspruch an dich und deinen Zeitplan stellst? Oder würdest du gerne mal wieder ein gutes Buch lesen? Ich vermute, dass du in deiner Vorstellung stundenlang in deinem Sessel sitzt, mit einem frischen Heißgetränk deiner Wahl und den dicken Wälzer, der seit Ewigkeiten auf deinem Nachttisch Staub ansammelt, in einem Schwung durchliest. Okay, das war jetzt etwas dick aufgetragen. Aber bleiben wir mal bei dem Buchbeispiel. Und wenn deine Generator-Stufe 1 so viele Wünsche ergeben hat, dass du eine ganze Woche füllen könntest, dann darfst du dich einfach kurzerhand für einen Wunsch entscheiden, um den es zuerst gehen soll.

QUICK-WIN-GENERATOR | STUFE 2

Was hältst du für realistisch, wie viel du von deinem Wunsch in dieser Woche umsetzen kannst?

Nun hast du Klarheit für dich, was dir guttun würde. Du hast dir etwas überlegt, was du gern tun würdest und kannst die Hätte-könnte-sollte-würde-Gedanken auf Pause drücken, die dir unnötige Gehirnkapazität rauben. Du fokussierst dich nun auf diesen einen Wunsch. Sagen wir beispielhaft, du möchtest mal wieder ein Buch lesen. Dann schaue dir nun deine Woche an und überlege, wie viel Zeit du zum Lesen realistisch unterbringen kannst, wenn du das Lesen wirklich priorisierst. Und ja, damit meine ich auch, vielleicht deinem Partner oder deinen Kindern zu sagen: „Ich möchte jetzt lesen. Bitte stört mich nicht." Und ich meine auch, dass der Rechner dann vielleicht mal einen Abend ausbleiben muss und Mails auf den nächsten Tag warten müssen. Schon für die 4-A-Strategie hast du dich mit dem Gedanken angefreundet, auch mal Nein zu sagen und Grenzen zu ziehen. Das darfst du für deine Quick Wins ebenso üben.

KLEINER EXKURS ZUM NEINSAGEN:

Ich weiß, dass es ganz schön schwierig sein kann, Nein zu sagen. Besonders wenn wir Verantwortung für andere tragen. Da kenne ich das Bestreben, für alle da sein und es allen recht machen zu wollen. Das ist aller Ehren wert. Nur geht das – wenn wir mal ehrlich sind – dauerhaft nicht auf, oder? Mal ganz davon ab, dass niemand *immer* Kraft für *alle* hat und das Vorhaben schon allein deshalb nicht realistisch ist, führt ständiges Jasagen auch zum Gegenteil dessen, was wir im Sinn haben. Wir meinen, dass wir aus Liebe oder zumindest Sympathie für andere handeln. Und so sagen wir Ja, Ja, Ja. Irgendwann sind wir sehr beansprucht, und das Maß an Dankbarkeit und Anerkennung, das wir – wenn überhaupt – zurückerhalten, steht in keinem Verhältnis zu unserer Beanspruchung. Das fühlt sich nicht gut an und lässt uns innerlich ungnädig mit den Empfängern unserer Jas werden. Wir werden immer widerwilliger mit unserer Fürsorge, und insgeheim sind wir immer öfter sauer auf das undankbare Pack. Dann zählen wir die Kollegin an oder schreien mit den Kindern. Das Ergebnis, das uns ständiges Jasagen beschert, kann also schnell das Gegenteil dessen sein, was wir anstreben: Wut und Frust statt Liebe und Harmonie.

Du willst es mit dem Jasagen also halten wie mit den Sauerstoffmasken im Flugzeug. Bei Druckabfall in der Kabine setzt du zuerst dir selbst die Maske auf, um überhaupt in der Lage zu sein, anderen hilfsbedürftigen Personen zu helfen. Ohnmächtig im Gang hilfst du niemandem. Also, sage öfter mal Ja zu deinen eigenen Bedürfnissen. Ein freundliches, klares Nein an andere ist in den meisten Fällen ein wohltuendes Ja für dich selbst.

Also, wie viel Zeit meinst du, wirst du rausschwitzen können, um zu tun, was dir Freude bereitet? Eine Stunde? Eine halbe? Zwanzig Minuten? Lasse es bitte eine Dauer sein, die du auf jeden Fall einbauen kannst. Klar machst du dafür dein Vorhaben kleiner. Du liest natürlich nicht das ganze Buch durch, sondern so viele Seiten, wie in deine realistisch angesetzte Zeit passen. Auch das Heißgetränk am Sessel muss es vielleicht (noch) nicht sein. Aber auf jeden Fall nimmst du dir vor, diese Woche zum Beispiel zwanzig Minuten zu lesen.

QUICK-WIN-GENERATOR | STUFE 3
Mache es noch mal kleiner!

Wenn du dich mit dir selbst geeinigt hast, wie viel Zeit du erübrigen kannst, dann nimm nun diese Zeit und halbiere sie. Im Beispiel die Hälfte von den in Stufe 2 angedachten zwanzig Minuten: zehn Minuten. Verkleinere dein Vorhaben ruhig so lange, dass es fast lächerlich klein wird und du denkst: „Na, dann kann ich es auch lassen!"

QUICK-WIN-GENERATOR | STUFE 4
Natürlich könntest du es auch lassen, weil der direkte Effekt nicht so groß sein wird. Aber du machst es einfach trotzdem!

Das Vorhaben, zehn Minuten zu lesen, klingt nicht nach viel. Du benötigst auch nicht viel dafür – nur zehn Minuten an irgendeinem Tag dieser Woche und ein Buch. Und doch ist es so wertvoll, weil du mit dem Quick-Win-Generator einen Weg gefunden hast, etwas wieder in deinen Alltag zu holen, was zu lange nicht oder zu selten stattgefunden hat. Die zehn Minuten schaffst du diese Woche mit Leichtigkeit. Da machst du das direkt nächste Woche wieder.

QUICK-WIN-GENERATOR | STUFE 5
Das war so einfach, das machst du jetzt einfach regelmäßig!

Von dem Gedanken kommend, „das wäre so schön, aber dazu komme ich einfach nicht", hast du dir direkt in der ersten Woche bewiesen, dass der Weg zu deinem Vorhaben nicht ganz verbaut ist. Du kannst erste kleine Schlupflöcher finden und nutzen. Dies tust du nun regelmäßig. Nach der gleichen Vorgehensweise wie eben überlegst du dir eine passende Regelmäßigkeit und entscheidest dich dann klar und bewusst für die Umsetzung.

Weißt du, was das Wunderbare an diesen Quick Wins ist? Erstens lernt dein Umfeld mit dir. Du wirst folglich in der dritten Woche merken, dass es selbst dein Fünfjähriger versteht, dass du gerade liest und in ein paar Minuten wieder für ihn da bist. Zweitens kannst du nun sagen: „Ich lese wieder Bücher! Ich nehme mir die Zeit dafür." Allein dieses Gefühl ist doch großartig, oder? Was meinst du, was dieses Gefühl für Wunder in der Stressbewältigung bewirkt und wie viel Entlastung dein gesamter Organismus allein durch diese kleine Veränderung erfährt. Und hey, wenn es sich dann ergibt, dass du fünfzehn Minuten sitzen bleiben und lesen kannst, genieße es. Nur lasse es keine Ausrede sein, das Lesen dann nächste Woche ausfallen zu lassen.

Das funktioniert für mein Vorhaben nicht

Ach so, du bist nicht so der Büchertyp? Für dich wäre es eher das Laufen? „Aber dazu gibt es ja keine Quick Wins", denkst du?

Na klar, die gibt es auch für dich und das Laufen. Du würdest also gerne mal wieder laufen gehen, aber hast einfach keine Zeit dafür? Natürlich hast du im Kopf, dass du früher immer eine Stunde unterwegs warst und dabei zig Kilometer abgerissen hast. Aber seien wir mal ehrlich, das würdest du momentan sowieso nicht durchhalten. Dafür müsstest du deine Fitness erst mal wieder aufbauen – und genau darum geht es auch mit den Quick Wins: die ersten kleinen Erfolge, nicht den Marathon. Vielleicht entscheidest du, dass du diese Woche dreißig Minuten Laufen unterbringen könntest. Dann machst du es auf der Stufe 3 des Generators nochmal kleiner und nimmst dir vor: dreißig Minuten inklusive Stretching und Duschen. Nur als Beispiel: Ich habe mal mit jemandem gearbeitet, für den es in der ersten Woche darum ging, zehn Minuten zu investieren, um die Laufschuhe im Keller zu suchen. In der zweiten Woche wurden dann die Laufschuhe angezogen und damit eine Runde um den Block gegangen und Stretching gemacht. Du kannst es dir denken: Nach kürzester Zeit ging es auf kurze Joggingstrecken, die immer länger und regelmäßiger wurden.

Selbstverständlich gibt es dabei immer wieder mal Wochen, in denen die etablierte Joggingrunde nicht stattfindet. Versuche dann, nicht wieder auf null zu fallen, sondern auf die Stufe 4 des Generators.

Weil du es verdienst, weil du es dir wert bist und weil du es dir selbst versprichst. Und wenn du doch mal wieder auf null fällst, dann bitte sei gnädig mit dir. Du kannst jederzeit einfach wieder starten und dich mit neuen Quick Wins auf den Weg machen.

Hole dir deine persönlichen Quick Wins in der Stressbewältigung. Du wirst merken: Da geht doch was! Nichts ist motivierender.

DREI WEGE AUS DEM STRESS

Es würde mich überraschen, wenn sich mit deinen Quick Wins nicht das Gefühl einstellen würde, Blut geleckt zu haben – gleichzeitig zu merken, wie sehr dir etwas gefehlt hat im Alltag, und festzustellen, dass du viel, viel mehr davon willst! Ich habe nicht wenige Menschen gesprochen, die sich aus Angst vor genau diesem Gefühl des intensiven Bedürfnisses erst gar keine Zeit für (Mini-)Ausgleichsaktivitäten nehmen. „Katrin, wenn ich mich jetzt hier in den Sessel setze, habe ich Angst, dass ich nie wieder daraus aufstehe!" Diese Aussage habe ich so und so ähnlich oft gehört. Das ist unser Gehirn im Überlebensmodus, das da spricht. Dieser Modus, in dem wir auf Rennen und Kämpfen ausgerichtet sind, erfordert die Einfachheit von Schwarz oder Weiß, ganz oder gar nicht. In diesem gedanklichen Modus haben wir keinen Zugang zu kreativen Lösungen. Ich verstehe diesen Modus und kann mich noch selbst gut daran erinnern, wie er einen gefangen hält in der Misere, in der man gerade noch so durchhält.

Ebenfalls aus eigener Erfahrung heraus kann ich mit dir teilen, dass wir in der Stressüberlastung entweder frühzeitig die Pausen im Sessel machen oder irgendwann in eine Zwangspause stürzen. Es erinnert mich an die Fahrt auf der Autobahn unter Zeitdruck, bei der die Tankanzeige bereits im roten Bereich ist. Entweder fährst du an der nächsten Tankstelle raus und investierst zehn Minuten deiner kostbaren Zeit oder du fährst, bis der Sprit leer ist, bleibst liegen, musst auf den Abschlepper oder eine Benzinlieferung warten und kannst den Termin, zu dem du so eilig musstest, sicher komplett absagen. Das rechtzeitige Auftanken des Autos ist uns lästig, aber sonnenklar. Auf unser persönliches rechtzeitiges Auftanken vernebelt uns der Überlebensmodus die Sicht.

Ein weiterer Grund, nicht mit der Stressbewältigung zu beginnen, ist oft die gefühlte Ausweglosigkeit und Ideenlosigkeit, wie das gehen könnte. Deshalb habe ich hier gleich drei Wege für dich, über die du aus dem Stress herauskommst. Alle drei Wege[31] kannst du jederzeit selbst beschreiten. Du musst nicht auf besseres Wetter oder günstigere Umstände warten. Du kannst einen Weg wählen und draufloslaufen.

Der Weg des instrumentellen Stressmanagements

Dieser Weg aus dem Stress verläuft auf einer sehr operativen Ebene. Es geht um die Frage der Stressoren, auf die du kommst, wenn du dich fragst:

Was genau stresst mich?

Hast du die Stressoren identifiziert, gehst du beim instrumentellen Stressmanagement sehr *hands-on* und pragmatisch daran, sie zu reduzieren oder ganz auszuschalten. Ideen dafür zu generieren, fällt uns oft für andere leichter als für uns selbst. Bitte gern Freundinnen um Ideen oder frage dich selbst: „Was würde ich reduzieren, wenn ich meine beste Freundin wäre?"

Für manche instrumentellen Bewältigungsansätze mag möglicherweise dein aktuelles Wissen oder deine aktuelle Kompetenz nicht ausreichen. Auch wirst du für die Umsetzung der einen oder anderen Idee mit anderen (Kollegen, deiner Chefin, der Personalabteilung, deiner Familie ...) in den Austausch gehen wollen sowie sie um Unterstützung und Mitwirkung bitten.

Konkrete Beispiele[32], welche Lösungsideen auf dem Weg des instrumentellen Stressmanagements liegen, sind:

- Informationen suchen
- Aufgaben delegieren
- Zeitplanung verändern
- Fortbildung besuchen
- Nein sagen
- Unterstützung suchen, Netzwerk aufbauen
- Klärungsgespräche führen

- Arbeitsaufgaben (um-)strukturieren
- persönliche/berufliche Prioritäten definieren

Der Weg des regenerativen Stressmanagements

Auf diesem Weg steht der Ausgleich im Vordergrund. Erinnere dich an die 4-A-Strategie. Wenn du dich entscheidest, dass du die Situation aktuell nicht ändern kannst oder es dir die Sache nicht wert ist, dann kümmerst du dich um dich. Du gleichst Stressoren, die existieren, aus und setzt ihnen ausreichend Entspannung entgegen. Auf diese Weise bleibt dein Wohlbefinden im Gleichgewicht, auch wenn es gerade hoch hergeht.

Wie bereits im Kapitel über die Stresslandschaft beschrieben, brauchen wir Stressreize für unsere Leistungsfähigkeit. Ohne Stressreiz keine Aktivierung, ohne Aktivierung keine Leistung, ohne Leistung kein Beitrag unsererseits – und das ist in den allermeisten Fällen unser Wunsch: einen positiven Beitrag auf dieser Welt mit unserer Arbeit für unser Umfeld zu leisten. Nun ist es so, dass jede Aktivierung mit einem Stressreiz einen Entspannungsausgleich benötigt, damit unsere Akkus nicht langfristig leerlaufen. Wir Menschen funktionieren durch das Wechselspiel von Anspannung und Entspannung. Dabei können wir das mit der Anspannung und der Leistung meistens ganz gut. Nur leider vergessen wir die ausgleichende Entspannung und zehren damit langfristig unsere eigenen Energiereserven auf. Dann geht die Leistungskurve sehr schnell sehr steil nach unten, und es geht gar nichts mehr.

Dem beugst du auf dem Weg des regenerativen Stressmanagements vor. Dafür fragst du dich zuerst:

Wie reagiere ich, wenn ich Stress habe?

Du kannst Stressreaktionen auf der körperlichen, der emotionalen Ebene, der Ebene der Gedanken oder des Verhaltens beobachten. Mehr dazu findest du im Kapitel *Checkliste: Stresssymptome*. Stellst du eine Stressreaktion an dir fest, dann gilt es, ihr etwas Ausgleichendes entgegenzusetzen.

Kurzfristig können das sein:

- ablenken (Netflix, rausgehen, einkaufen …)
- abreagieren durch körperliche Aktivität
- entlastende Gespräche führen, Trost und Ermutigung suchen
- kurz entspannen, bewusst ausatmen
- dir selbst etwas Gutes tun

Langfristig regenerative Wirkung haben:

- ein Hobby
- Freundschaften pflegen

- in einem sozialen Netzwerk aktiv sein (und damit meine ich nicht jeden Tag drei Stunden in den sozialen Medien zu scrollen, sondern echte Netzwerke wie Freundeskreise, Vereine, Nachbarschaft usw.!)
- regelmäßige Entspannungsübungen
- Sport

Der Weg des mentalen Stressmanagements

Zur Rekapitulation: Instrumentell geht es darum, die Stressoren zu reduzieren, also den äußeren Ursachen für unseren Stress zu begegnen. Auf der regenerativen Ebene gleichen wir den Stress, der entstanden ist, aus und setzen ihm die nötige Entspannung entgegen. Auf diesen beiden Ebenen bleibt allerdings die Frage offen, warum mich zum Beispiel ganz andere Sachen stressen als dich.

Fragst du dich manchmal, warum ein Kollege sich so aufregt, wenn die zigste Anforderungsänderung vom Kunden reinkommt? Dir selbst macht das keinen Stress, du arbeitest die geänderte Anforderung ein und gut ist. Oder andersherum fragst du dich, wie die Kollegin so ruhig bleiben kann, wenn sich die Mails zum Projekt im Posteingang überschlagen, du schon nicht mehr durchsteigst, welcher Input nun der neueste ist und deine Hände schon ganz schwitzig sind vor lauter Mühe, alles im Blick zu behalten?

Scheinbar reagieren wir durchaus unterschiedlich auf Stress. Das hat mit den persönlichen Stressverstärkern zu tun, denen du auf die Schliche kommst, indem du den Satz zu Ende führst:

Ich setze mich selbst unter Druck, indem …!

Deine persönliche Ergänzung dieses Satzes hängt mit deinen Motiven, deinen Einstellungen und deinen Denkmustern zusammen. Und hier wird es so richtig spannend. Dieser Weg zur Stressbewältigung ist voller Power. Hier liegt die Macht über deinen Stress komplett bei dir. Für Entlastung bist du nicht auf eine Veränderung der Rahmenbedingungen angewiesen. Du kannst selbst einen riesigen Einfluss darauf ausüben, wie hoch deine individuelle Stressbelastung ausfällt.

Im Bereich der mentalen Stressbewältigung sind die Klassiker unter den Themen:

- perfektionistische Leistungsansprüche überprüfen
- eigene Grenzen akzeptieren lernen
- Schwierigkeiten nicht als Bedrohung, sondern als Herausforderung sehen
- innere Distanz zu alltäglichen Aufgaben im Job aufbauen
- den Blick für das Wesentliche trotz der vielen täglichen Kleinigkeiten bewahren/zurückgewinnen
- den Fokus auf Positives richten und Dankbarkeit üben
- sich nicht in Verletzungen oder Ärger verheddern, sondern

loslassen und verzeihen lernen
- weniger feste Vorstellungen und Erwartungen an andere haben
- die Realität akzeptieren
- sich selbst weniger wichtig nehmen und falschen Stolz ablegen

Oha, eine ganz schön gepfefferte Beispielliste, was? Es ist kein Pappenstiel, unsere eigenen Bewertungsmuster überhaupt wahrzunehmen, dann ohne selbstvernichtende Kritik anzunehmen, kritisch und konstruktiv zu reflektieren und schließlich in stressreduzierende Denkmuster zu transformieren. Damit sind wir nicht auf andere oder Rahmenbedingungen angewiesen, aber puh …! Dafür braucht es eine ordentliche Portion Bereitschaft, Ehrlichkeit und Mut. Das ist nichts für schwache Nerven.

Ich weiß, dass du die starken Nerven hast, die nötig ist, um deine mentale Fitness zu trainieren – schaue dich nur mal um und zurück, was du alles jonglierst und was du schon alles ganz wunderbar hingekriegt hast. Deshalb freue ich mich wie Bolle darauf, dir im Kapitel *Nachhaltig reisen: Mentale Fitness* ganz konkret zu zeigen, wie du hier mit regelmäßigen kleinen Übungen deine mentale Stärke auf ein ganz neues Level heben kannst. Innerhalb kurzer Zeit wirst du feststellen, dass dich äußere Stressoren lange nicht mehr so belasten und du viel öfter eine wunderbare Gelassenheit genießt. Wenn du es gar nicht mehr abwarten kannst, damit anzufangen, dann blättere direkt vor zum fünften Kapitel. Ich werde bis dahin im Folgenden noch ein paar wichtige Fragen und Themen aufgreifen, die mich immer wieder erreichen.

Für den Weg aus dem Stress stehen dir immer drei Routen zur Verfügung: Du kannst die instrumentelle Route einschlagen und den äußeren Stressoren zu Leibe rücken, die regenerative Route nehmen und den Stressoren ordentlich Entspannung entgegensetzen oder du wählst die Königsroute und trainierst deine mentale Fitness. Auf dass dich bald nichts mehr so schnell aus der Ruhe bringt!

SELBSTTEST ENTSPANNUNGSTYP: WAS BRAUCHST DU WIRKLICH?

Bevor du dich an die Regeneration machst, möchte ich mit dem verbreiteten Irrglauben aufräumen, dass Entspannungsmethoden für alle gleichermaßen funktionieren. Dem ist nicht so!

Im Gegenteil. Nur weil die Kolleginnen zum Ausgleich alle zum Yoga gehen, heißt das noch lange nicht, dass das auch dir einen nennenswerten Entspannungseffekt beschert. Vielleicht geht dir sogar erst recht der Stresspegel nach oben, weil du zusammen mit anderen zu einer bestimmten Zeit an einem bestimmten Ort zu sein hast. Oder du kannst partout nicht entspannen, wenn du den Yogi neben dir so schnaufen hörst. Oder du denkst, dass du zum Ausgleich mal wieder richtig Sport machen solltest und verausgabst dich dann beim Tennis so sehr, dass du völlig erledigt bist, deinem Immunsystem den Rest gibst und noch sehr lange etwas von der Zerrung im linken Oberschenkel hast. Nicht besonders regenerierend.

Vielleicht hast du schon geahnt, dass die ganzen Tipps und Ideen, die links und rechts an dich herangetragen werden, nicht immer der Weisheit letzter Schluss für dich sind. Das liegt daran, dass Entspannung nicht nach einem One-size- fits-all-Ansatz funktioniert. Es gibt verschiedene Entspannungstypen, und jeder hat seine eigenen Strategien, mit denen er am effizientesten Stress ausgleicht.

Vor lauter Terminen und To-dos kann es ganz schön schwierig sein, allein darauf zu kommen, was dir jetzt guttun würde, stimmt's? Da helfe ich dir gerne mit meinem kurzen Selbsttest zur Frage, welcher Entspannungstyp du bist. Der Test funktioniert ganz einfach kostenlos für dich: https://gelassenmitkatrinhormann.de/entspannungstyp

Im Folgenden stelle ich dir die drei Grundtypen der Entspannung kurz vor. Du wirst feststellen, dass sie sich stark voneinander unterscheiden. Natürlich gibt es Mischformen, das ist ja klar. Und selbstverständlich kannst du dir auch jederzeit eine Entspannungsmethode von einem anderen Typ aussuchen. Wenn wir allerdings vor lauter Stress kaum noch klar denken können, kann es uns sehr schwerfallen, auf eine passende Aktivität zu kommen – wir wissen ja noch nicht mal, wann genau wir die in den prall gefüllten Kalender bringen sollen. Für diese Situation brauchst du nicht lange abzuwägen: Du gehst einfach nach deinem Entspannungstyp und räumst dir subito für eine dazu passende Aktivität Zeit ein.

Bei aller Individualität hinsichtlich unserer Entspannung funktioniert eine Methode zum Stressabbau für uns alle gleichermaßen gut und verlässlich: Bewegung! Keine Sorge, damit meine ich nicht Sport. Damit meine ich, zwanzig Minuten zügig spazieren zu gehen. Die lege ich dir wärmstens ans Herz. Mit der Empfehlung bin ich übrigens nicht allein. Ganz offiziell empfiehlt die Bundeszentrale für gesundheitliche Aufklärung in ihrem Sonderheft „Nationale Empfehlungen für Bewegung und Bewegungsförderung"[33] Erwachsenen „möglichst mindestens 150 Minuten/Woche ausdauerorientierte Bewegung mit moderater Intensität". Klingt wichtig, ist es auch! Und bevor du den Gedanken an regelmäßige Bewegung sofort wieder verwirfst, weil 150 Minuten in der Woche dir aktuell völlig unrealistisch erscheinen, sei ganz beruhigt: Die offizielle Empfehlung enthält die Erlaubnis, die Bewegungseinheiten in kleine zehnminütige Einzeleinheiten aufzuteilen. Das ist machbar, stimmt's?

Solltest du noch einen kleinen zusätzlichen Schubser in die Bewegung gebrauchen können, dann habe ich etwas für dich: Die Experten haben in dieser Studie herausgefunden, dass das Sterblichkeitsrisiko von aktiven Personen um 30 Prozent niedriger ist als das von inaktiven Personen. Wow! Das ist doch mal eine Zahl, die man für das nächste Mal im Kopf haben will, wenn der innere Schweinehund einen auf die Couch ziehen will, obwohl man eigentlich noch einen Spaziergang um den Block machen wollte! Wir reduzieren mit regelmäßiger, moderat intensiver Bewegung unser Risiko, draufzugehen, um ein Drittel.

Schwenken wir unsere Aufmerksamkeit zurück zu dem konkreten Teil-aspekt unserer Gesundheit, um den es uns gerade geht: Stress. Warum ist Bewegung auch speziell bei hoher Stressbelastung so wichtig? Das liegt daran, dass die in uns angelegte Stressreaktion den Adrenalinpegel im Blut steigen lässt. Da ein dauerhaft hoher Adrenalinspiegel allerhand unangenehme Folgen hat (s. Kapitel *Experteninterview: Auswirkungen und Folgekrankheiten* und nicht zuletzt unsere eigene Sterblichkeit), wollen wir also bitte zusehen, dass das Adrenalin auch wieder abgebaut wird. Das passiert am zuverlässigsten und schnellsten durch körperliche Bewegung. Wir könnten tagelang auf dem Sofa chillen und nicht den gleichen regenerierenden, Adrenalin abbauenden Effekt erzielen.

Entspanne dich, so wie es dir passt, und schau, dass du genügend moderat intensive, kleine Bewegungseinheiten in deiner Woche hast.

Entspannungstyp Sportliche Power

Das mit der Bewegung muss ich dir nicht erzählen, wenn du zum Ausgleich am liebsten „Dampf ablässt", indem du dich so richtig auspowerst. Du kennst den entspannenden Effekt eines ordentlichen Workouts. Du möchtest gegebenenfalls auf der instrumentellen Ebene (s. Kapitel *Drei Wege aus dem Stress*) schauen, dass du deinen Sport auch in deinen Kalender bekommst. Außerdem erinnere ich dich bei der Gelegenheit gerne, dass kleine Einheiten ohne persönliche Bestleis-tung um Längen besser sind als sporadische Hochleistungseinheiten.

Entspannungstyp Geistige Kreativität

Du kannst richtig abschalten, indem du in einer Beschäftigung oder einem Hobby aufgehst. Egal ob du liest, Sprachen lernst, fotografierst, bastelst, nähst, werkelst, modellbaust – du genießt die geistige Herausforderung, und deine Konzentration liegt während deiner Beschäftigung einzig und allein auf deinem aktuellen Hobbyprojekt. Da ist dann schlicht kein Platz mehr im Kopf für das stressende Gedankenkarussell über To-dos und Termine. Mihály Czíkszentmihályi sprach von *Flow*[34], und du kennst dieses Gefühl wahrscheinlich gut. Es beschert dir wunderbaren Ausgleich zu Stress und Anspannung. Besonders über die Nähmaschine gebeugt oder in den Onlinesprachkurs vertieft, denke bitte einfach daran, ein paar Bewegungseinheiten (s. oben) einzubauen.

Entspannungstyp Seeliger Genuss

Genussvoll im Moment zu sein, gelingt dir gut. Bei einem guten Essen, einer wohltuenden Massage oder zum Beispiel einem tollen Film kannst du loslassen, was gestern war, und was morgen kommt, spielt gerade mal keine Rolle. Das ist das Grundprinzip von Achtsamkeit, und nicht umsonst wird darüber im Zusammenhang mit Stress so viel gesprochen. Du bist in der Lage, dir durch kleine Genussoasen wertvolle Auszeiten vom Alltag und damit Ausgleich zum Stress zu schaffen. Wenn du das jetzt noch zum Beispiel mit einem Spaziergang an der frischen Abendluft verbindest, machst du alles richtig mit der Regeneration.

STRATEGIEN FÜR VOLLE TERMINKALENDER UND TO-DO-LISTEN

Was nutzt dir das beste Wissen darüber, wie du aus dem Stress herauskommst, wenn du gar nicht weißt, *wann* du das tun sollst. Stimmt's? Die Frage nach dem Wann ist eine der größten ersten Hürden, die sofort auftauchen, wenn wir uns mehr Entspannung und Ausgleich ins Leben holen wollen.

Unsere Reaktion auf Stress beinhaltet unter anderem eine ganz schön fiese Falle: den Tunnelblick. Unsere Wahrnehmung verengt sich zunehmend, und alles, was nicht direkt mit der Erledigung unserer Aufgaben zu tun hat, blenden wir tatsächlich aus. Dann sind die To-do-Listen, wie sie sind (überfüllt), und der Kalender wird doppelt gelegt und ausgeklügelt jongliert (ohne Pausen, versteht sich). Das Gute ist, dass du alles hast und weißt, um aus diesem Tunnel herauszukommen und Möglichkeiten zu finden, deine Entspannung in deiner Woche unterzubringen. Du brauchst dich lediglich an die Basics des Zeitmanagements zu erinnern und sie anzuwenden, um Zeiten für dich zu finden.

Schon von Stephen R. Covey konnten wir lernen, dass nicht der Terminkalender priorisiert, sondern unsere Prioritäten terminiert gehören. Vielleicht kannst du dich noch an *Habit* 3 von 7 auf dem Weg zur Effektivität erinnern, mit der er uns erklärt, wie es gelingt, „das Wichtigste zuerst zu tun".[35]

Bevor wir uns daran machen, das Wichtigste zu priorisieren, schalten wir uns zuerst aus dem Tunnelblickmodus und machen den Kopf frei. Zu diesem Zweck empfehle ich dir, einen Gedanken-Download zu machen.

Schritt 1: To-do-Download

Du brauchst

- ein paar Blätter Papier
- einen Stift
- fünfzehn, zwanzig oder auch dreißig Minuten Zeit, idealerweise an einem Sonntagnachmittag oder -abend oder direkt als Erstes montags morgens

Nun lädst du alle To-dos, die dir im Kopf herumschwirren und dir immer wieder in die Quere kommen („Eigentlich müsste ich auch noch …!") aus deinem Kopf herunter auf das Papier. Du schreibst immer weiter und weiter, bis die Zeit zu Ende ist oder dir wirklich nichts mehr einfällt, was noch erledigt werden müsste. Das ist hoffentlich ein buntes Sammelsurium aus beruflichen und privaten Aufgaben, Einkaufslisten, Projekttätigkeiten etc. Auch der Geburtstag von Tante Hilde sollte seinen Platz in deiner Download-Datei (deinem Zettel) erhalten.

Und natürlich gehört auf den Zettel, was du gerne für deinen Stressausgleich tun würdest. Vergiss das nicht!

Mit dieser großen Download-Datei an To-dos kommen wir zurück zu Covey[36].

Schritt 2: Reflektiere deine Mission und deine Rollen

Damit meint Covey, dass wir uns an das erinnern, was uns wirklich wichtig ist – in unserer Rolle in unserer Familie, in unserer Rolle als Managerin, in unserer Rolle im Verein und für uns selbst.

Hier darf dein Vorhaben, mehr Entlastung und Entspannung zu genießen, als deine persönliche Mission für sich selbst stehen.

Schritt 3: Grobterminierung nach Dringlichkeit

Dieser Schritt ist keine Empfehlung von Covey, dessen Strategie sich auf die einzelnen Wochen fokussiert. Er ist allerdings wichtig, um das To-do-Gedankenkarussell, das uns im Stress ganz schön plagen kann, zu beruhigen.

Teile dir einen Zettel quer in vier Spalten ein. Du kannst diesen Teil auch elektronisch machen, während der Gedanken-Download am besten handschriftlich funktioniert.

In die erste Spalte sortierst du alle Aufgaben aus deinem Download, die diese Woche passieren sollen.

In die zweite Spalte kommen alle Aufgaben, die in den nächsten zwei Wochen erledigt werden müssen.

Die dritte Spalte ist für alles, was in den kommenden sechs Wochen ansteht.

Die vierte Spalte ist deine Warmhalteplatte, auf die alles kommt, was nicht konkret oder zeitnah ansteht, was du aber nicht vergessen möchtest.

Natürlich gehören deine Quick Wins für mehr Entspannung direkt in die erste Spalte.

Schritt 4: Choose the *Big Rocks*

So nennt Covey die großen, wichtigen Blöcke pro Rolle, die wir im Leben haben. Nimm dir einen kurzen Moment, um zu überlegen, was dir diese Woche in deinen verschiedenen Rollen jeweils wichtig ist. Was ist jeweils die eine wichtigste Sache, die du diese Woche in dieser Rolle erreichen möchtest? Vielleicht hast du die Verantwortung für ein großes Onlinemeeting, und der *Big Rock* dazu sind die Abstimmung, Erstellung und der Versand der Agenda. Oder dein Sohn schreibt eine Mathearbeit, und du möchtest mit ihm dafür üben.

Dein Ausgleich, deine Quick-Win-Aktivität, ist ein *Big Rock*.

Schritt 5: Plane deine Woche

Mit dem Überblick und der Klarheit, die du außerhalb deines Stresstunnels gewonnen hast, machst du dich nun daran, deine Woche zu planen. Du terminierst ganz konkret Zeit für deine *Big Rocks* dieser Woche. Am Montag stimmst du dich mit den Akteuren des Onlinemeetings ab, für Dienstag blockst du dir eine halbe Stunde, um die Agenda zu erstellen, und am Mittwoch versendest du sie mit der Einladung zum Meeting. Mathe machst du 45 Minuten am Dienstag und 45 Minuten am Donnerstag. Alle anderen *Big Rocks* terminierst du ähnlich wie in diesen Beispielen.

Solltest du feststellen, dass du nicht alle *Big Rocks* in dieser Woche unterkriegst, gilt es, noch eine Reflexionsrunde zu drehen: Welches sind die jeweils wichtigsten *Big Rocks* pro Rolle? Welchen *Big Rock* könnte auch jemand anders übernehmen? Was lässt sich schieben?

Hast du dann gegebenenfalls nach etwas Überlegung die *Big Rocks* dieser Woche definiert und terminiert, dann organisierst du den ganzen Rest an kleineren Kieselsteinen. Wichtig ist, dass du aus deinem Wochenplan keine Kiesgrube voller kleiner Kieselsteinchen werden lässt, sondern die *Big Rocks* platziert hast, bevor der Wahnsinn der Woche losbricht. Selbstverständlich sind die *Big-Rock*-Termine im Kalender flexibel – aber absolut nicht verhandelbar! Damit meine ich: Klar kannst du die Erstellung der Agenda auch auf Mittwoch schieben, solange sie nicht von vielen kleinen Kieselsteinen aus der Woche verdrängt wird.

Montag, Mittwoch und Freitag gehst du jeweils zwanzig Minuten abends spazieren.

Dein Mann oder deine Frau darf gerne mitkommen ;-)

Sollte Ausgleich nicht entspannter zu haben sein?

Kennst du die Sehnsucht, einfach mal gar nichts machen zu müssen? Ich vermute, dieser Wunsch, sich mal um nichts kümmern zu müssen, ist dir nicht fremd. In der Stressbelastung rennen und schaffen wir und sehnen uns nach einer Pause vom dauernden Organisieren und Managen. Und jetzt komme ich und sage: „Mach mal einen Plan anhand einer fünfschrittigen Strategie." „Menno!", magst du denken: „Das ist doch zusätzliche Arbeit!" Das stimmt. Nur leider stellt sich die Entspannung in unserem erwachsenen Alltag nicht mehr „einfach so" ein, weil wir ihr keine Gelegenheit dazu geben. Würden wir zwischen zwei Tätigkeiten Lücken lassen, hätte die Entspannung eine Chance, sich über den in der Lücke entstehenden Pfad einzustellen, den die Langeweile ihr schlägt. Tatsächlich ist es aber so, dass wir alles andere so eng getaktet terminieren und organisieren und jede kurze Wartezeit mit dem Handy füllen, dass die Entspannung keine Chance hat, „von selbst" zu kommen.

Da hilft es nichts, da müssen wir bewusst nachhelfen, planen und – ja in der ersten Zeit mit Disziplin – am Ball bleiben. Zum Glück kannst du gut planen und managen. Ich bin also sicher, dass du das hinkriegst! Wenn es sich schwieriger gestaltet als gedacht, lasse dich dabei unterstützen. Eine neutrale Planungssicht von jemandem, der sich mit dir zusammen deine To-dos und Termine anschaut, kann wunderbare Klarheit bringen.

Mit diesen fünf Schritten planst du Entspannung in jeden noch so vollen Terminkalender ein: 1. To-do-Download, 2. an deine Mission pro Rolle erinnern, 3. Grobterminierung nach Dringlichkeit, 4. *Big Rocks* definieren und 5. deine Woche planen, bevor sie angefangen hat.

EXPERTENINTERVIEW: SPORTLICH AUS DER ANSPANNUNG – BEN GÖLLER

Von Ben kannst du lernen, Höchstleistung sportlich zu nehmen.

Ben Göller ist Sportpsychologe und Coach. Er arbeitet mit Sportlerinnen und Sportlern sowie in Unternehmen. Er begleitet und leitet auf dem Weg zu mentaler Stärke. Dabei zeichnet ihn seine Kombination aus einem Background als Profihandballer und einer scharfsinnigen und empathischen Aufmerksamkeit aus. Mit Ben zu arbeiten ist gleichermaßen fordernd wie wohltuend – wie ich aus erster Hand durch ein gemeinsam gehaltenes Seminar weiß. Ben und ich verfolgen die gleiche Mission: dich auf dem Weg zu mehr mentaler Stärke und Gelassenheit zu begleiten. Wir haben uns ausgetauscht über die verschiedenen Perspektiven, aus denen wir Gelassenheit betrachten – ein spannendes Gespräch!

Herzlichen Dank, Ben, dass du dir die Zeit nimmst und wir über mentale Stärke, Leistung und Entspannung sprechen. Das freut mich wirklich sehr. Auf unserem Weg ins Land der Gelassenheit haben wir gerade wichtiges Wissen für den Weg aus dem Stress in den Rucksack gepackt. Gleich geht's auf die erste Wanderung, die 7-Burgen-Route „Resilienz". Das ist mal so ein erster Nachmittagsausflug – ohne sportlichen Anspruch, einfach mal so zum Reinkommen. Kannst du das persönlich nach deinen Jahren im Profisport? Den Anspruch rausnehmen und schlendern statt powern?

Wie schön, die Frage lässt mich selbst nochmal reflektieren. Zum Glück liegt die Antwort im Auge des Betrachters. Was dem einen gemütliches Schlendern, ist für den anderen zügiges Gehen. Meine Antwort lautet aber trotzdem: Ja, das kann ich unbedingt. Aber das war nicht immer so. Es war ein Entwicklungsprozess über die Zeit und die Erfahrungen, die ich machen durfte.

Meine Ambition für Tempo war durch den Leistungssport sehr ausgeprägt. Doch habe ich durch meine Reisen und Unternehmungen mit anderen gelernt, das Tempo ganz bewusst zu bestimmen. Heute finde ich es schön, den Gang selbst zu wählen. Ich kann bewusst hochschalten und zurückschalten, wie ich es für richtig halte.

Das bringt uns schon zum Thema mentale Stärke, weil das für mich stark mit Bewusstsein zu tun hat. Auf meinem Weg zur Gelassenheit war das eine wichtige Facette, dass ich gelernt habe, mich selbst bewusst zu steuern. Du hast ja im Buch gerade von den drei Wegen aus dem Stress gesprochen und den persönlichen Stressverstärkern, die uns antreiben. Am Ende meiner sportlichen Profikarriere hatte ich mir als einen Weg aus dem Stress einen wertvollen Erlaubersatz erarbeitet: „Ich muss niemandem mehr etwas beweisen, besonders mir selbst nicht." Der hat mich sehr entspannt und mich im Reinen mit mir sein lassen – auch bei der Antwort auf mehrere Angebote von interessanten Vereinen.

Durch mein Bewusstsein über das gesamte Spektrum meiner Möglichkeiten entsteht die Fähigkeit, zu steuern. Das bringt mir eine Gelassenheit, die ich mir in meiner sportlichen Karriere antrainiert habe und von der ich heute in ganz vielen Stresssituationen profitiere.

Wenn ich über mentale Stärke spreche, dann sage ich immer direkt dazu, dass es dabei nicht nur um die mentale Komponente geht, sondern auch um die emotionale. Beides hängt sehr eng miteinander zusammen und wird um die physische Komponente ergänzt. Mentale Stärke bedeutet für mich das Lenken- und Steuernkönnen meiner inneren Welt und das Kontrollieren meiner äußeren Erscheinung. Darüber können wir unsere bestmögliche Leistung selbst erzeugen.

Das Beste daran: Mentale Stärke ist trainierbar! Sie ist sehr persönlich und auch individuell beeinflussbar und erlernbar.

Was sind deiner Erfahrung nach die Gemeinsamkeiten und die Unterschiede zwischen Leistungssport und High Performance im Job?

Das Erste, was mir dazu sofort als Gemeinsamkeit einfällt, ist das Thema Druck. Der eigene Druck, den wir uns machen, aber auch der äußere Druck. Im Leistungssport herrscht starker medialer Druck und Erwartungsdruck. Im Unternehmenskontext ist es eher der Erwartungsdruck durch den Chef oder das obere Management.

Eine nächste große Gemeinsamkeit von Sport und Business ist natürlich das zeitliche Abliefern *on point*. Du musst deine Leistung auf den Punkt abrufen können. Für beides – den Leistungssport und den Job – solltest du dafür deine Emotionen regulieren können. Du musst bei dir selbst bleiben können, um deine Leistung auch abzurufen, wenn um dich herum viel passiert. Sowohl im Leistungssport als auch im Job können wir uns darauf vorbereiten – auf den Wettkampf, das Meeting, den Pitch. Alles kann mental und emotional geübt und trainiert werden.

Was High Performance im Unternehmenskontext für mich vom Leistungssport unterscheidet, ist, dass Stress im Sport weniger negativ behaftet ist. Sportwissenschaftlich betrachtet, braucht der Muskel Stress. Er braucht einen Stimulus, also einen Stressreiz, um überhaupt wachsen zu können. Als Sportler brauchst du diesen Stressreiz immer wieder, um adaptieren zu können und deine Leistung zu steigern. Diese Tatsache ist wichtig, um zu definieren, von welchem Stress wir denn sprechen. Sie erinnert den Sportler daran, dass der Stressreiz willkommen ist und eine Trainingseinheit liefert. Im Job ist das ähnlich. Allerdings haben wir dort erst mal eine negative Assoziation, wenn wir Stress hören.

Das Bild des zu trainierenden Muskels gefällt mir sehr gut. Klar, als Sportlerin trainiere ich meine Muskeln und kann auch schön Erfolge spüren und sehen. Welcher Muskel wächst, wenn ich mich beruflich immer wieder angemessenen Stressreizen aussetze?

Der mentale und emotionale Muskel wird durch berufliche angemessene Stressreize trainiert. Dieser ist weniger gut sichtbar als der physische Muskel, aber wir können lernen, ihn innerlich wahrzunehmen und zu spüren. Über den können wir unsere Komfortzone wachsen lassen.

Auch unsere Lern- und die Panikzonen verändern sich durch einen stärkeren mentalen Muskel. Wenn ich Stressreize bewusst nutze, werde ich dadurch resilienter. Dann kann ich meine Stärken stärken und meine Schwächen umwandeln. Ich weiß, es wird oft gesagt: Konzentriere dich darauf, deine Stärken zu stärken. Finde ich super. Trotzdem bin ich auch stark dafür, sich an die eigenen Schwächen heranzuwagen. Und das am besten mit Unterstützung und Begleitung.

Ich gebe mal ein Beispiel aus dem Tennis: Wenn du in ein Spiel gehst und dir immer wieder sagst: „Boah, ich hasse den Tie Break." Dann ist das ein persönlicher Stressverstärker. Wenn du diesen Satz in dir hast, dann ist es klar, dass du jeden Tie Break, der kommt, hasst. Und dann bist du auch nicht gut darin, weil du deinem Körper so nichts abverlangen kannst. Wenn du diesen Satz aber umwandelst und aus diesem Glaubenssatz einen Erlaubersatz machst, kannst du deine Einstellung verändern und damit Einfluss auf deine Leistungsbereitschaft nehmen. Wie wäre es zum Beispiel mit einem: „Ich freue mich auf Tie Breaks"? Wenn du diesen Satz häufig genug übst, dann kannst du etwas verändern. Zum einen wird sich deine eigene Einstellung verändern. Zum anderen änderst du mit deinen Emotionen sogar die Situation an sich. Klar, dafür braucht es Mut. Aber das lohnt sich, weil du darüber weiterkommst. Du veränderst deine innere Verfassung und deine Sicht auf die Dinge.

Emotionen im Businesskontext sind ja ein schwierigeres Thema. Warum sollten wir auch und gerade im Business trotzdem über Emotionen reden?

Emotionen sind das Spiegelbild dessen, wie es uns innerlich geht. Sie sind unsere Möglichkeit, ins Gespräch mit unserem Kopf zu gehen. Wenn wir uns das bewusst machen, können wir die Signale wahrnehmen, die uns unsere Emotionen immer wieder liefern. Wie über ein Kontrollinstrument können wir erkennen, wo wir Bedürfnisse haben, die befriedigt sind oder eben nicht. Darüber kannst du auch einen ersten Check laufen lassen, ob deine Grundbedürfnisse erfüllt sind. Das ist der erste Vorbereitungsschritt, um Leistung abliefern zu können.

Das ist im Business genauso wie im Sport. Wenn wir wirklich unsere gesamte Leistungsfähigkeit abrufen wollen, dann brauchen wir einen bewussten Umgang mit unseren Emotionen, um fokussiert, mental stark im Hier und Jetzt agieren zu können. Im Sport fällt es möglicherweise schneller auf, wenn bestimmte Bedürfnisse unerfüllt sind. Handball ist ein gutes Beispiel dafür – du hast nur Millisekunden, um eine Entscheidung zu treffen. Wenn da dein Kopf an ist und an Bedürfnisse denkt, ist die Situation schon vorbei. Aber auch wenn es im Business nicht so direkt auffällt, macht es einen Riesenunterschied im erreichbaren Leistungsniveau. Deshalb sollten wir den Emotionen auch im Businesskontext mehr Raum geben und uns mehr dafür öffnen, darüber zu sprechen.

Das Thema Mentaltraining ist im Sport seit Jahren etabliert. Im Businesskontext wird meiner Beobachtung nach häufig noch rumgeeiert, ob das Thema aufgegriffen wird. Und wenn ja, scheint oft schon die nächste Entscheidung schwierig: Welchen Namen geben wir dem Ganzen: psychische Gesundheit, Resilienz, Stressbewältigung, Mental Health oder noch ganz anders? Was denkst du, warum fällt das

Unternehmen oft schwer?

Das hat sicher auch mit den Assoziationen zu tun, die mit den Begriffen und Themen noch einhergehen. Da sagt jeder: Emotionen? Nein, wir sind hier auf der professionellen Ebene, und hier möchte ich nichts Privates von mir preisgeben. Diese Abwehrhaltung macht es natürlich schwierig. Statt zu schauen, welcher Mehrwert darin steckt. Im Sport spielt Vertrauen eine große Rolle, und damit geht einher, sich so zeigen zu können, wie die eigene Persönlichkeit ist.

Interessant ist, dass du fragst, warum das Thema im Sport etablierter ist als im Business. Dabei denke ich als jemand, der viel in der Sportwelt unterwegs ist, dass sich Mentaltraining auch im Sport noch in der Entwicklung befindet. Letztlich war es Jürgen Klinsmann, der 2004 die Sportpsychologie mitgebracht hat. Die Reaktionen darauf waren auch eher: Was macht der da? Auf welche Ideen kommt der denn? Und das ist noch überhaupt nicht lange her. Ich merke, dass auch in meiner Arbeit mit Sportlern noch viel Luft nach oben ist und es noch mehr Raum braucht. Andere Länder sind da schon weiter. Ich denke beispielsweise an die USA und an Olympia, wo die Turnerin Simone Biles sich öffentlich zu ihren emotionalen Bedürfnissen und mentalen Problemen geäußert hat. Sie hatte den Mut, sogar den Wettkampf zu verlassen. Ein wichtiges und wertvolles Zeichen in vielerlei Hinsicht.

Über die Branchen und Länder hinweg ist das meines Erachtens aber auch ein Generationending. In unserer Generation ist es bereits viel normaler geworden, sich Unterstützung zu holen, zur Therapeutin zu gehen, sich einen Coach zu suchen. Noch in der vorherigen Generation gab es dafür wenig Raum. Gerade deshalb ist die Kommunikation darüber so wichtig. Da dürfen wir offener werden und deutlicher sagen: Auch Emotionen dürfen sein und haben ihren Raum verdient.

Wenn wir uns das in Bezug auf die drei Komponenten mentaler Stärke anschauen – emotional, mental, physisch –, haben wir die Möglichkeit, dies zu trainieren. Über die Emotionsregulation lernen wir zu wissen: Aha, das ist eine Emotion, die gibt mir Kraft und Energie. Oho, das wiederum ist eine, die raubt mir meine Energie. Und welche Emotion brauche ich nun? Zu lernen, selbst die Fäden in der Hand zu haben, befähigt uns dazu, unser volles Potenzial auszuschöpfen. Es hilft beim Pitch, bei der Präsentation und im Sportumfeld.

Außerdem besteht natürlich ein Zusammenhang zwischen unserer körperlichen Konstitution und Belastung und unserer Gesundheit. Das ist im Business genauso wie im Sport. Dabei ist ein Zuviel im Sport der Bereich des Übertrainings. Das ist vielleicht noch ein eher sanfter Begriff. Im Beruf sprechen wir dann vom Burnout. Für beides gilt es, eine Balance zu finden. Wie viel Stress ist notwendig und gut und wann ist es zu viel? Der Gradmesser dafür sind wieder unsere Emotionen, die uns signalisieren: Hier brauche ich gerade eine Pause. Im Sport kommt dieses Signal viel direkter vom Körper. Da signalisiert der Körper durch Krankheit oder Verletzung, dass es zu viel war. Und dann kannst du ziemlich direkt deine Leistung nicht mehr abrufen.

Was ist dabei der Unterschied zwischen Beruf und Sport?

Ich glaube, dass der Punkt, an dem du im Sport nicht mehr an deine eigentliche Leistung anknüpfen kannst, früher kommt. Im Beruf sagst du vielleicht länger: „Ja, na ja, läuft nicht optimal, aber passt schon."

Kann es sein, dass man als Sportler feinere Antennen für die Signale des Körpers hat, weil man viel stärker mit seinem Körper arbeitet? Vielleicht bringt man die Signale deshalb schneller in Verbindung mit dem, was jetzt zu viel war. Ich spreche mit meinen Klientinnen ganz viel über körperliche Warnsignale, die in der Stressüberlastung im Business entstehen – ob das jetzt der Tinnitus ist oder die Rückenverspannungen, der Drehschwindel oder etwas anderes. Viele bringen das oft lange nicht mit der Überlastung in Verbindung. Dann kümmern wir uns um körperliche Probleme später – jetzt fordern wir erst mal noch weiter kognitive Leistung von uns ab –, ohne zu verstehen, dass das eine mit dem anderen zusammenhängt. Ist das vielleicht ein Unterschied zwischen Business und Sport?

Es gibt natürlich auch Sportler, bei denen die Signale des Körpers nicht ankommen. Das kommt immer wieder vor. Mir fällt das Beispiel Marathon ein, bei dem Läufer trotz einer Magenverstimmung an den Start gehen und dann nach zehn Kilometern aufgeben müssen.

Bei Sportlerinnen, die einen hohen Bewusstseinsgrad haben, glaube ich, dass die körperlichen Signale deutlich früher erkannt werden. Als Sportler arbeite ich körperzentriert, was mich meinen Körper viel eher wahrnehmen und spüren lässt. In meiner Begleitung der Sportler helfe ich diesen auf dem Weg dahin. Für sie geht es ebenfalls erst mal darum, den Raum für ihre Emotionen zu öffnen. Wie gesagt, auch viele Sportlerinnen lernen diese Wahrnehmung noch. Im Sport schöpfen die allerwenigsten bisher die Potenziale mentaler Stärke aus.

Danke, das ist gut, dass du das für uns einordnest. Sonst entsteht schnell der Effekt: Das Gras ist immer grüner auf der anderen Seite. Da guckt dann der Manager auf den Sportler und denkt: Für den ist das ja viel leichter. Wobei die Sportlerin das mit Blick auf die Herausforderungen im Management-Meeting andersherum ähnlich denkt.

Ein weiterer Unterschied zwischen dem Sport und dem Business ist die körperliche Beanspruchung. Dabei ist das Entscheidende, was hormonell durch die intensive Bewegung passiert. Körperliche Betätigung baut Stresshormone wunderbar ab. Das ist nicht vergleichbar mit kognitiver Betätigung, also der Denkarbeit der meisten Bürojobs.

Mit einem Augenzwinkern gilt es zu erwähnen, dass im Business wesentlich mehr Geld steckt als in vielen Sportarten. Auch wenn die Beweggründe und damit die innere Motivation für einen Job im Sport oder im Business sicher sehr unterschiedlich sein können, ist das durchaus ein Aspekt, der sich auswirkt auf das individuelle Belastungsgefühl. Ich kenne nicht wenige Menschen, die einem Bürojob nachgehen, den sie eigentlich gar nicht mögen und trotzdem weiterverfolgen. Das ist ein Riesenstressmoment. Und im Sport ist in den meisten Fällen der Sport erst mal die schönste Sache der

Welt, und daraus entwickelt sich die Profikarriere.

Interessant, dass du die Aspekte fast gleichzeitig aufbringst: Beweggründe und Bezahlung. Da habe ich Sportler vor Augen, die sagen: „Okay, die Kohle ist zwar nicht fantastisch, aber ich mache es trotzdem, weil es meine Passion ist." Im Business treffe ich wiederum Manager, die sagen: „Ich mache den Quatsch hier eigentlich nicht mehr gerne, aber es gibt so viel Geld, da halte ich durch!" Das macht natürlich jeweils etwas mit uns, wenn wir uns für so ein starkes Ungleichgewicht entscheiden zwischen innerer Motivation und Bezahlung unserer Leistung. Da darf sich jeder selbst die Frage stellen: Wie lange kann und will ich das aushalten? Meine nächste Frage an dich wäre allerdings, was sich die Managerin von der Sportlerin abschauen kann, wenn es um Regeneration geht?

Auf jeden Fall das körperzentrierte Arbeiten. Als Sportlerin oder Sportler arbeite ich ganz extrem mit meinem Körper. Da ist Regeneration extrem wichtig. Dafür können wir ganz viel tun – als Managerin genauso wie als Sportlerin.

Erholung kann aktiv und passiv erfolgen, die Bedeutung steckt bereits in den Begriffen. Passive Erholung holen wir uns über ausreichend Schlaf, Ruhephasen etc.

Während wir für die aktive Erholung *aktiv* werden. Da können sich Managerinnen und Manager vom Sport das ein oder andere gut abgucken. Auslaufen, Dehnen, Yoga, Massage, Kältebecken, bewusste Nahrungszufuhr sind elementare Bestandteile des sportlichen Alltags. Ein weiteres tolles Thema ist die Atmung. Die wird gerne völlig unterschätzt. Wir können unsere Atmung stark nutzen, um unsere Energiespeicher wieder aufzufüllen.

Außerdem sind Gegenwelten wichtig für die Regeneration. Im Sport sprechen wir davon, dass du nicht nur eins hast, auf das du dich fokussierst, sondern auch eine Gegenwelt schaffst. Typisches Beispiel dafür sind die Fußballer, die gerne Golf spielen. Es muss natürlich nicht Golf sein. Es geht darum, etwas zu finden, was einen auch mental etwas runterbringt. Dabei ist es egal, ob die Gegenwelt aktiv und bewegungsintensiv ist oder das wirkliche Gegenteil zur beruflichen (Sport-)Karriere. Von Puzzeln über Kochen, Klettern, Yoga, Ehrenämtern oder eben Golfen kann das alles sein. Hauptsache, es passt dir, bringt Freude und gibt dir Energie.

Gewinne ich mit der gleichen mentalen Stärke Wettkämpfe, mit der ich auch erfolgreich ein Projekt pitche oder eine Budgetverhandlung führe?

Ja, absolut. Da geht es ja genauso um das Bewusstsein und Verständnis der eigenen Fähigkeiten und dem, was ich mitbringe. Wenn ich das habe, kann ich ganz anders in diese Situationen reingehen und eine ganz andere Gelassenheit entwickeln. Wenn ich mental stark bin, dann passt für mich alles. Auch wenn eigentlich gar nichts passt. Widrigkeiten von außen bringen mich dann nicht aus der Ruhe. Der Trick für beide Settings – Beruf und Sport – ist, dass wir uns vorher damit beschäftigen, um in der Situation dann von der mentalen Stärke zu profitieren.

Wir fühlen uns ja nicht immer mental stark. Manchmal fühlen wir uns auch schwach, und auch das Gefühl von mentalem Elend und Erschöpfung ist in unserer menschlichen Gefühlspalette vorhanden. Die meisten von uns kennen diese Seite der Skala und wünschen sich ein paar mehr Punkte in Richtung mentaler Stärke. Was würdest du Leserinnen und Lesern mit diesem Wunsch nach mehr mentaler Stärke für den Moment mit auf den Weg geben?

Zuerst würde ich sagen, dass jeder jederzeit anfangen kann.

Du darfst dir bewusst machen, dass es zum Leben dazu gehört, sich auch mal erschöpft oder elend zu fühlen. Versuche, diese Gefühle zu begrüßen und dir zu sagen: „Mensch, schön, dass es mir auffällt." Denn damit bist du schon beim ersten Schritt der Bewusstheit. Der gibt dir die Wahl. Du kannst dich suhlen in deinem Elend oder du fasst einen Entschluss und sagst: „Jetzt reicht's mir. Ich verändere etwas."

Im nächsten Schritt kann es sehr hilfreich sein, auch mal aus der Gesamtsituation herauszugehen. Im Sport hält man sich dann mal zwei, drei Tage nicht an den Trainingsplan, sondern tut etwas ganz anderes. Darüber kann man wieder etwas Lockerheit gewinnen, Spaß und Freude. Diese Gefühle sind dann auch wieder andere Reize, die einen aus der Negativspirale in eine Positivspirale bringen können. Schon nach einem Wochenende, das deinen Energietank etwas aufgeladen hat, kann sich die sehr kraftvolle Frage anschließen: Was kannst du tun, damit deine nächste Woche anders aussieht?

AUFTANKEN UND RASTEN

*Doping für die
Sinne — Emilie Rabe*

Herzlich willkommen auf dieser wunderbaren Raststation. Was würdest du sagen, wenn ich dir vorschlage: Du kannst dich – ganz legal und sogar gesundheitsförderlich statt -bedenklich – dopen, um einfach mal tief durchatmen zu können und dich leichter zu entspannen? Du bist skeptisch? Dann bist du auf diesem Rastplatz genau richtig angekommen. Hier geht es ums tiefe Durchatmen mit Doping-Faktor durch Unterstützung mit Düften. Duftstoffe aus reinen, ätherischen Ölen sind eine Wohltat für die Sinne und für den Körper, den Geist und die Seele.

Emilie Rabe ist eine hochgeschätzte Kollegin und Aromacoach. Sie berät auch mich in der Unterstützung meines Alltags und meiner Gesundheit mit den fantastischen dōTERRA®-Ölen. Ihr Erfahrungsschatz zu den vielen tollen Ölen ist riesig und ihr richtiger Riecher für die Aromabedürfnisse ihrer Kundinnen und Kunden verblüffend. Deshalb bin ich sehr froh, dass Emilie speziell für diesen Rastplatz drei Rituale für mehr Ruhe und Entspannung für dich zusammengestellt hat. Lasse dich von ihr neugierig machen. Und keine Sorge: Wenn du die Öle dann am liebsten sofort ausprobieren möchtest, hat Emilie ein Geschenk für dich. Emilie, ich danke dir herzlich und übergebe an dich:

So geht's:

Drei Rituale für mehr Ruhe und Entspannung von
Emilie Rabe

Jedes ätherische Öl hat seine ganz spezifischen Eigenschaften. Eine ganze Menge ätherischer Öle haben Eigenschaften mit einem positiven Einfluss auf dein Wohlbefinden und dein Stressempfinden. Aus dem Volksmund kennst du sicherlich die entspannungsfördernden Eigenschaften von Lavendel. Auch Zedernholz oder Vetiver (Lebensbaum) haben ähnlich beruhigende Eigenschaften und wirken erdend und ausgleichend auf deine Stimmung. Das ist auch mein erstes Ritual für eine bessere Balance für dich.

1. Dein Ritual „Atmen und durchatmen"

Als Businessfrau und Mutter habe ich einen recht vollen Terminkalender, und kein Tag vergeht ohne Pfefferminze. Minzhaltige ätherische Öle helfen besonders gut, einmal wieder tief durchzuatmen. Sie unterstützen dich dabei, deinen Geist zu zentrieren und den Fokus wiederzufinden. Gerade im Businessalltag unterstützt dich das klare ätherische Öl der Pfefferminze. Es öffnet die Atemwege und lässt dich wieder auf frische Gedanken kommen.

Atme hierfür direkt aus dem Ölfläschchen dreimal tief ein oder tropfe zwei Tropfen Pfefferminze in einen Diffuser. Du kannst auch einen Tropfen Pfefferminze auf die Brust oder in den Nacken auftragen.

2. Dein Ritual „Schlafen und durchschlafen"

Guter Schlaf ist ein elementarer Bestandteil gelungener Stressbewältigung. Leider schlafen allerdings 80 Prozent der Erwerbstätigen schlecht, was ca. 34 Millionen Menschen in Deutschland[37] ausmacht. Wenn du auch dazugehörst, kannst du dir bei Schwierigkeiten, den Kopf abzuschalten, den Tag loszulassen und die To-do-Liste ruhen zu lassen, mit einem Ölritual etwas wunderbar Gutes tun.

Tief durchzuatmen mit Lavendel in der Nase hilft dir vor dem Schlafengehen dabei, abzuschalten. Die ätherischen Botenstoffe im Lavendel senken den Stress auf der körperlichen Ebene, sodass du mental und emotional runterfahren kannst. Du kannst einen Tropfen Lavendel auf dein Kopfkissen träufeln und bist beim Einschlafen von wunderbarer Entspannung umhüllt. Gegen Schlafunterbrechungen in der Nacht hilft es, wenn du zwei Tropfen Lavendel in den Diffuser träufelst und ihn über Nacht laufen lässt.

3. Dein Ritual „Entspannungsdoping für zwischendrin"

Kennst du den frischen Duft von Apfelsinen? Musst du auch lächeln, wenn du ihn riechst? Dann ist mein drittes Ritual genau richtig für dich: Alle Zitrusdüfte sorgen für gute Laune, machen munter und fördern die Konzentration. Am besten ist es, wenn du dich mehrmals am Tage mit einer „Nase Wild Orange" unterstützt. Hierfür kannst du ebenfalls einfach direkt an der Flasche riechen und tief einatmen. Alternativ kannst du dir auch einen Tropfen in die Handinnenfläche träufeln, ihn verreiben und ebenfalls mehrmals tief einatmen. Auf die Handgelenke oder auf das Brustbein aufgetragen, sorgt ein Tropfen dafür, dass dich der Duft langanhaltender mit kleinen Motivationsschüben begleitet.

Deshalb funktioniert's:

Die unterstützende Wirkung der ätherischen Öle kannst du dir über viele kleine Tricks und Kniffe ganz einfach in deinen Alltag holen. Ganz leicht und mit viel Spaß kannst du dein Wohlbefinden darüber positiv beeinflussen. Leicht und einfach ist es auf alle Fälle, da du für dich immer den richtigen Riecher hast. Also immer der Nase nach: Sie hilft dir dabei, zu entspannen.

Klar, über das Riechen werden Duftstoffe aufgenommen. Aber wusstest du auch, dass unsere Körperzellen Duftrezeptoren haben? Das Riechen beginnt in der obersten Etage der Nase. Auf fünf Quadratzentimeter Nasenschleimhaut befinden sich zwanzig Millionen Riechzellen. Wissenschaftler der Rockefeller University in New York haben nachgewiesen, dass der Mensch rund eine Billion verschiedener Gerüche unterscheiden kann. Damit ist die Nase besser als das Ohr, das „nur" 340 000 Töne unterscheiden kann, und sogar besser als die Augen, die 7,5 Millionen Farben auseinanderhalten können. Erreicht ein Duftmolekül die Nase, melden es die Riechzellen an das Gehirn – an das limbische System, das für Gefühle zuständig ist. Es umfasst den Hippocampus und den Hypothalamus und ist für die Steuerung des endokrinen Systems verantwortlich. Es reguliert also dein Hormon- und Nervensystem und überträgt die Signale an deinen gesamten Körper. Diesen Weg kannst du schnell und einfach mit den richtigen „Duftsignalen" für Entspannung und Wohlbefinden nutzen.

Dabei ist die Qualität der Öle entscheidend. Die meisten Aromaöle sind synthetisch hergestellt und verursachen eher Kopfschmerzen oder Übelkeit und reizen dein Nervensystem. Verwende aus diesem Grund immer reine ätherische Öle. Ich arbeite mit den Ölen von dōTERRA®.[38] Das sind 100 Prozent reine ätherische Öle.

Außerdem empfehle ich, darauf zu achten, dass du wirklich das passende Öl für deine Situation findest. Eine gute Aromatherapeutin ist hier die beste Unterstützung. Du möchtest eine alltagstaugliche Routine für dich finden, damit du sie auch wirklich nutzt. Zum Starten empfehle ich dir den direkten Weg des Riechens am Fläschchen. Wenn du einen Diffuser besitzt oder Lust hast, dir einen anzuschaffen, dann ist auch das bereits zu Beginn eine tolle Anwendungsmethode. Beim Diffusen werden über ganz kleine feine Sensoren die Duftmoleküle in die Luft gestoßen, wo du sie einatmest und sie ihre Wirkung entfalten können.

Wenn du Lust darauf bekommen hast und mehr erfahren möchtest, hast du exklusiv die Möglichkeit, dir eine „Beratung mit Schnupperstunde" zu buchen. Schreibe einfach an Emilie mit dem Verweis auf den Reiseführer ins Land der Gelassenheit: info@emilierabe.de

Viel Spaß dabei und liebe Grüße!

4. DIE 7-BURGEN-ROUTE – RESILIENZ

RESILIENZ – BRAUCHE ICH DAS?

Raus aus dem Stress! Burnout vermeiden! Das sind zwei wirklich lobenswerte Vorhaben. Beide sind allerdings für sich genommen bloße Weg-hier-Bedürfnisse. Was ihnen fehlt, ist ein Ziel, wohin die Reise gehen soll. „Raus hier!" ist eine sehr gute Reaktion auf die Erkenntnis, dass man sich in einem brennenden Haus befindet. Wenn man sich vor die Tür gerettet hat und sich nicht mehr in akuter Lebensgefahr befindet, folgt nach der Erstversorgung körperlicher und seelischer Verbrennungen (Schock, Trauma) irgendwann die Frage: „Und jetzt? Wohin?"

So auch auf deiner Reise aus dem Stress: Großartig, dass du dich entschieden hast, den ausbrennenden Stress zu verlassen. Damit und mit ein paar einfachen, aber kraftvollen Methoden aus der Packliste in Kapitel 3 oder über einen regelmäßigen Rastplatz deiner Wahl kannst du dich aus der akuten Gefahrenzone manövrieren.

Dann stehst du gerettet und erstversorgt da. Nach einer sehr gefährlichen und fordernden Zeit, in der es ums Überleben im vollgepackten Meeting-Marathon eines ganz normalen Change-Wahnsinns ging, hast du endlich den Blick frei auf die Frage:

Was ist dein Ziel? … Ach, weißt du was, ist doch auch egal!

Wovon hättest du gern mehr im Leben? Was soll dein Alltag regelmäßiger enthalten? Welches Ziel möchtest du für deine Reise ins Auge fassen? Ist es mehr Entspannung? Mehr Freude? Mehr Verbindung mit deinen Mitmenschen? Mehr Musik oder mehr Basteln? Mehr Kraft, Fitness oder mehr Gesundheit? Was es auch ist, lasse es etwas sein, wonach du dich wirklich und ganz ehrlich sehnst. Klar, gibt es viele tolle Ziele, aber nur weil gerade alle Urlaub auf Paradise Island machen wollen, heißt das noch lange nicht, dass das auch dein wahrer Sehnsuchtsort ist.

Wenn du schon weißt, wo du nun hinwillst, ist das großartig. Wenn du noch nicht klar denken und fühlen kannst und noch gar nicht weißt, was du dir wirklich wünschst, dann ist das genauso großartig. Du stehst nun an genau dem richtigen Punkt, um das herauszufinden. Du kannst eine grobe Richtung einschlagen und erst einmal noch mehr Abstand zwischen dich und ein Burnout bringen. Dabei darfst du dich mäandernd fortbewegen, immer wieder schauen, wo du stehst, und jederzeit deinen Kurs korrigieren und eine neue Richtung einschlagen.

In meinen Gesprächen mit Klientinnen und Klienten gehen wir der Frage des gewünschten Zielzustands auf den Grund. Dabei treten die unterschiedlichsten konkreten Ziele zutage. Ein Sehnsuchtsort, auf den sich allerdings wohl die meisten einigen würden, ist die Gelassenheit. Weniger hin- und hergetrieben werden von den Stressoren im Büro, mit mehr Ruhe die Dinge an sich abprallen lassen können, mehr inneres Gleichgewicht, mehr innere Kraft, ein Schutzanzug, der den übelsten Stress filtert, größere Fähigkeit, das Positive zu sehen und sich nicht am Klein-Klein aufzureiben, zwischendurch zur Ruhe kommen und mehr Lebensfreude spüren. Was meinst du? Klingt schon mal ganz gut? Dann nimm die Gelassenheit als (Etappen-)Ziel. Alles Weitere wird sich ergeben.

Ernsthaft. Wenn du erst einmal losgegangen bist, wird sich aus dem momentanen Nebel mit jedem Schritt deutlicher ein für dich lohnenswertes Ziel abzeichnen. Sieh mir folgende Plattitüde nach – als Jakobswegpilgerin kann ich einfach nicht anders. Ich habe mit jeder Faser meines Körpers mit jedem Schritt auf den 850 Kilometern meiner Wanderung erfahren (oder sollte ich sagen: erlaufen), wie befreiend und kraftvoll diese Erkenntnis ist:

Der Weg ist das Ziel.

Bleibt die Frage, wie du den Weg gut bewältigen kannst. Was hilft dir auf dem herausfordernden bis überfordernden Terrain deines Alltags? Was brauchst du, um mit den Stressoren gelassen umgehen zu können? Du brauchst Offenheit und Mut, um zu verstehen und zu akzeptieren, was dich stresst. Du brauchst die innere Stärke, diesen Stress zu bewältigen und damit wieder abzugeben. Das ist Resilienz.

Resilienz ist die Fähigkeit, schwierige Lebenssituationen anzunehmen, zu bewältigen[39] und gestärkt aus ihnen hervorzugehen[40].

Resilienz wird oft mit psychischer und physischer Widerstandskraft gleichgesetzt. Bei flüchtiger Beschäftigung mit dieser Definition entsteht der Eindruck, dem Stress mit Kraft Widerstand leisten zu müssen. Dieser Versuch endet allerdings schnell in einer Sackgasse, in der wir erschöpft aufgeben. „Resilienz heißt niemals Widerstand oder Kampf."[41] Resilienz hat weniger damit zu tun, wie wir uns verhalten, als damit, mit welcher Haltung wir dem Leben mit seinen alltäglichen Herausforderungen begegnen. Bezogen auf den Stress, der uns umgibt, verleiht uns unsere Resilienz die Sicherheit: Ich weiß, wie ich damit umgehen kann.

Ja, Resilienz ist eine feine Sache auf der Reise zu mehr Gelassenheit. Dabei ist es übrigens völlig egal, ob du diese innere Haltung und Fähigkeit Resilienz nennst, innere Stärke oder psychische Widerstandskraft. Das sind alles mehr oder weniger sperrige Begrifflichkeiten, die dich bitte nicht davon abhalten sollen, dich für dich ganz persönlich damit auseinanderzusetzen – und vielleicht eine ganz andere für dich passende Bezeichnung zu finden. Ich spreche gerne von mentaler Fitness, weil das leicht und frisch klingt. Der Pfad der mentalen Fitness ist sehr alltagstauglich, weshalb ich ihn dir in Kapitel 5 intensiv vorstelle. Du kannst dich schon darauf freuen, direkt vorblättern oder vorher (quasi zum Aufwärmen) noch die 7-Burgen-Wanderung „Resilienz" mit mir unternehmen.

ANGEBOREN ODER ERWORBEN?

„Na toll …", magst du jetzt denken: „Hätte ich ja gerne, so eine Portion Resilienz! Aber ich würde ja wohl kaum dieses Buch lesen, wenn ich ausreichend davon in die Wiege gelegt bekommen hätte!" Keine Sorge. Resilienz ist nicht nur eine Frage der Ausstattung[42], mit der du zur Welt gekommen bist oder die durch die prägenden Jahre deiner Kindheit entstanden ist.

Vielmehr handelt es sich um ein menschliches Phänomen, das wir alle in uns tragen und zu unterschiedlichen Zeiten unseres Lebens unterschiedlich stark ausgeprägt haben. Wie auf einem Kontinuum starten wir mit unserer Geburt an einem bestimmten Punkt. Besonders wenn du selbst mehrere Kinder hast, erzähle ich dir nichts Neues, dass jedes Kind bereits mit seiner Geburt seine ganz eigene, individuelle Persönlichkeit mitbringt. Ein Teil dieser Persönlichkeit ist die „in die Wiege gelegte" Resilienz. So sind manche Babys von Geburt an weniger ängstlich als andere, neugieriger, emotional ausgeglichener und benötigen weniger Rückversicherung durch die Eltern. Das ist die Grundausstattung, mit der wir alle in die Welt starten und damit an einem bestimmten Punkt auf der Skala des Resilienzkontinuums verortet sind. Wenn du nun vielleicht ein ängstliches, wenig gelassenes Baby warst, heißt das noch lange nicht, dass du nicht heute ganz weit oben auf der Resilienzskala stehen kannst. Die Grundausstattung von Geburt an ist lediglich dein Ausgangspunkt.

Mit unserer jeweiligen Grundausstattung an Resilienz starten wir ins Leben und machen gute und auch weniger gute prägende Erfahrungen in unserer Kindheit. Diese Erfahrungen können als Schutzfaktoren dazu führen, dass unsere Resilienz zunimmt. Häufige negative Kindheitserlebnisse wie Traumatisierungen, Scheidung oder Tod der Eltern und weitere können sich als Risiko- oder Belastungsfaktoren schwächend auf unsere Resilienz auswirken. Zum Glück bist du diesen zwei Faktoren nicht machtlos ausgeliefert. Harte Kindheit gehabt oder in der Grundausstattung nur die Billigversion von Resilienz abgekriegt? Kein Problem. „Resilienz wird […] heute als ein Prozess definiert, der sowohl von vorbestehenden oder sich entwickelnden Resilienzfaktoren als auch von Anpassungsvorgängen getragen wird."[43] Du kannst dich jederzeit darum kümmern, dich selbst mit zusätzlichen Punkten auf der Resilienzskala auszustatten. Du hast es in der Hand – **You've got the power! Go for it!**

An der Stelle ist es mir wichtig, anzumerken, dass die große Eigenverantwortung, die wir hier alle tragen, bitte nicht zu verwechseln ist mit einem gegenseitigen Alleinlassen. Ich weiß nicht, wie du das siehst, aber ich sehe uns alle auch in einer gegenseitigen Verantwortung. In

meinen Vorträgen vor Unternehmensvertretern, Verbänden und/
oder Betriebsräten kommt die anschließende Diskussion oft an den
Punkt: Wer trägt denn nun die Verantwortung für die Stressbelastung
und -bewältigung? Die Vorgesetzten, der Betriebsrat, die Personalabteilung, die Mitarbeitenden selbst …? Meine Antwort darauf lautet:
Am besten alle!

Als erwachsene Individuen tragen wir eine große Verantwortung
in erster Linie für uns selbst und damit für unsere eigene Resilienz.
Gleichzeitig gibt es äußere Rahmenbedingungen, die in strukturelle
Verantwortung gehören. Da ist zum Beispiel der Betriebsrat gefordert,
psychische Gefährdungsbeurteilungen zu begleiten. Da sind Vorgesetzte gefragt, Überstunden ihrer Mitarbeitenden zu managen. Da liegt
es in der Verantwortung der Personalabteilung, wichtige begleitende
Maßnahmen anzubieten, und es liegt an der Unternehmensführung,
eine gesunde Unternehmenskultur „von oben" mit Leben zu füllen.
Dies alles nur als Beispiele. Letztlich geht es darum, dass die Verhältnisse, in denen wir leben und arbeiten, eine Seite der Resilienzmedaille
sind. Am deutlichsten wird das anhand der Extreme im Außen und
Innen. Mit einer guten Portion innerer Stärke komme ich gesund
durch ein stressbelastetes Umfeld. Das hat seine Grenzen zum Beispiel für in Armut oder im Krieg lebende Menschen. In derartigen
Rahmenbedingungen braucht es absolute Superresilienzkräfte, um
sie psychisch und körperlich gesund zu bewältigen.

Nun leben wir hierzulande nicht im Krieg, und wenn du einen stressigen Job hast, ist vermutlich auch Armut für dich kein Risikofaktor, der sich negativ auf deine Resilienz auswirkt. Trotzdem sollten wir die Augen nicht vor den äußeren Bedingungen verschließen, die unsere Resilienz beeinflussen. Dies aus zwei Gründen:

Du kannst mehr verändern und beeinflussen, als du denkst. Schaue hierzu in Kapitel 3 und den instrumentellen Wegen des Stressmanagements vorbei.

Berufliche Umstände, die dich zu viel Kraft kosten, solltest du verlassen. Ernsthaft. Es gibt einen *Tipping Point*, einen Punkt, ab dem es nicht mehr gesund ist, äußere Bedingungen auszuhalten, zu versuchen, sie zu verändern oder sich selbst anzupassen. Sich zu verbiegen, dauerhaft entgegen eigenen Werten zu handeln und ständig mehr zu geben, als dir der Job gibt, ist kräftezehrend und kostet dich mindestens deine Gelassenheit. Du zehrst deine Widerstandsfähigkeit auf, und deine Resilienz leidet.

Bevor du dich nun also im Folgenden verantwortungsbewusst auf den Weg zu mehr persönlicher Resilienz machst, betrachte deine Situation nüchtern – nutze dafür die Analysephase in der 4-A-Strategie im Kapitel *Ausgleich – die ersten Schritte* – und frage dich, ob ein persönliches Resilienztraining zur Stärkung deiner Stressresistenz innerhalb deines aktuellen beruflichen Umfeldes eine Chance zu wirken hat.

7 RESILIENZBURGEN[44]

Resilienz schützt dich gegen Stress. Lasse uns schauen, woraus sich dieser Schutz zusammensetzt. Dafür wandern wir über Pfade, die uns an sieben Burgen entlangführen. Wie mittelalterliche Burgen es so an sich haben, erfüllen sie jeweils ihre ganz eigenen Schutzfunktionen. Wir werden uns auf jeder Resilienzburg umsehen, und du hast sogar jeweils die Gelegenheit, dir im Souvenirshop eine kleine Erinnerung mitzunehmen. Du brauchst nichts weiter als bequeme Neugier und etwas zu trinken. Bereit? Na, dann los. Treff- und Startpunkt ist die Akzeptanzburg.

Burg 1: *Akzeptanz*

Hier befinden wir uns auf einer kleinen, unscheinbaren und sehr schlichten Burg in einem restaurierungsbedürftigen Zustand. Leider gehen öffentliche Gelder unserer leistungsorientierten Gesellschaft in größere, prestigeträchtige und öffentlichkeitswirksamere Projekte. Das ist schade, da diese Burg die Basis bildet. Ohne Akzeptanz verkennen wir unsere Ausgangssituation und verlaufen uns auf unseren Wegen. Deshalb verweilen wir hier einen Moment, um uns zu sammeln und umzuschauen.

Sich umzuschauen und wahrzunehmen, was gerade Sache ist, ist der erste Schritt zur Akzeptanz. Dafür kannst du dich auf die Lehren der Achtsamkeit beziehen – musst du aber nicht. Du kannst auch eine Betriebswirtschaftsbrille aufsetzen, um die Bedeutung von Akzeptanz zu verstehen. Der erste Schritt eines sauber aufgesetzten Change-Prozesses ist eine Ist-Analyse, auch Standortanalyse genannt. Auch als Seglerin oder Wanderer wirst du sofort verstehen, wie wichtig ein Verständnis des Ausgangspunktes ist, wenn du dich auf den Weg zu etwas Neuem machen möchtest. Nicht umsonst gibt es schon allein in jeder Shoppingmall Übersichtskarten mit großen roten Punkten: „Sie sind hier!" Wir können den Food Court nur finden, wenn wir wissen, dass wir uns gerade im ersten Stock hinten links befinden und von dort loslaufen. Wir finden die Herberge am Wegrand nur, wenn wir wissen, dass wir uns gerade auf dem Pilz-Pfad kurz hinter Rüdesheim befinden. Wir können nur in den nächsten sicheren Hafen segeln, wenn wir unsere aktuellen Koordinaten auf hoher See kennen.

Wie die Beispiele schon deutlich machen, geht es bei Akzeptanz nicht darum, sich passiv zu fügen oder unschöne Situationen auszuhalten. Es geht vielmehr darum, eine saubere Vorarbeit für Veränderung zu leisten. Darin besteht der Unterschied zwischen Akzeptanz und Resignation. Die Akzeptanz braucht eine gute Portion Mut und Ehrlichkeit sowie ein Bewusstsein der eigenen Grenzen. Darüber lässt sich die Grütze, in der man vielleicht gerade sitzt, verstehen.

Akzeptanz im Sinne der Resilienz bedeutet also, hinzuschauen. Schaue dir die aktuelle Grütze an und versuche, so viele Orientierungspunkte zu beleuchten wie möglich. Wodurch entsteht dein Stress? Welche Aspekte deines Jobs gehen dir gegen den Strich? Welche Situationen treiben dir den Puls in die Höhe? Wo und wie macht sich der Stress bemerkbar? Wie geht es dir körperlich? Wie verhältst du dich durch den Stress? Wer bekommt es zu spüren, dass du gestresst bist? Wie geht es den Beziehungen, die du hast – zu deiner Familie, deinen Freundinnen, Kollegen? Wie lange ist es her, dass du deinem Hobby nachgegangen bist? Wann hast du das letzte Mal Pause gemacht und wirklich abgeschaltet?

Oha, und dann schaust du mutig hin und stellst fest, dass das eine ganz schön üble Grütze ist, in der du da steckst, und dir ist plötzlich doch nach Resignation zumute. Das ist sehr menschlich und sehr verständlich. Für diesen Fall habe ich einen Gedanken für dich, der vielleicht hilft: Es ist okay. Die Grütze gehört zum Leben dazu. Das Leben ist fifty-fifty. 50 Prozent Gutes und 50 Prozent Schlechtes; plus und minus. Das fängt im Großen an, mit dem Geborenwerden und Sterben, mit Krieg und Frieden, und lässt sich zigfach überall belegen (Tag und Nacht, Ebbe und Flut, Plus und Minus, Gewinnen und Verlieren und natürlich die rote und die grüne Ampel). Wir geraten in Schwierigkeiten, wenn wir mit dieser Realität kämpfen und das Fifty-fifty der Welt nicht wahrhaben wollen. Dann sitzen wir in unserem Loch voller Grütze und bestreiten es. Wir bestreiten, dass es *dieses* Loch ist, in dem wir sitzen. Oder wir bestreiten, dass es ein

Loch ist, in dem wir uns befinden. Oder dass *wir* da hineingeraten sind. Wie, frage ich dich, willst du aus einem Loch kommen, von dem du dir vormachst, es wäre gar nicht da?

Ganz schön rau und wenig komfortabel, diese Burg. Ich weiß. Als Ausgangspunkt für unsere Wanderung ist sie unersetzlich. Bevor wir weitergehen, nimm dir aus dem Souvenirshop diese kleine Erinnerung mit:

Es ist okay.

Auf unserem Weg fallen wir in Löcher.

Atme ein und atme aus.

Schaue dich um und nimm die Wahrheit darüber, wo du stehst, mit auf den Weg raus aus dem Stress. Indem du den Kampf mit der Realität ruhen lässt, sparst du schon wertvolle Energie, die du ganz wunderbar zur Lösung der Situation einsetzen kannst.

Burg 2: *Optimismus*

Der zweiten Burg auf unserer Wanderung nähern wir uns aus Richtung Süden. Wir haben die Sonne im Rücken und blicken auf prachtvoll blühende Büsche und Bäume. Das Mauerwerk ist überwuchert von frischem Grün, die Sonne lässt die Türme und Zinnen freundlich vor dem blauen Himmel erstrahlen, die Vögel in den Bäumen singen, und es duftet nach Wald und – riechen wir da sogar Kaffee aus dem Burgcafé direkt hinter dem großen, einladenden Torbogen?

Diese Streckenführung ist bewusst gewählt. Eine andere Route führt aus Richtung Norden kommend auf die Rückseite der Burg. Dort kommt die Sonne nie hin, es ist dunkel und nasskalt. Das Moos und die spärliche Vegetation können den Verfall des Mauerwerks nicht verdecken. Diese Perspektive auf die Burg lässt einen sofort ahnen, wie hart das Leben im Mittelalter war. Nichts lädt zum Verweilen ein. Die Hoffnung auf eine schöne Kaffeepause ist schnell in den Wind geschlagen, der hier auf der Nordseite übrigens ganz schön pfeift.

Wie auf unserer Wanderung haben wir immer die Wahl, aus welcher Perspektive wir etwas betrachten. Darum geht es beim Optimismus. Wir können nicht (immer sofort) ändern, wo wir gerade stehen. Aber wir können immer entscheiden, aus welchem Blickwinkel wir unsere Burg betrachten. Manche Situationen fühlen sich wirklich düster an, ich weiß. Dann ist der Drang groß, sich in dem Versuch, Schlimmeres abzuwenden, auf das Schlechte und die Gefahren zu konzentrieren.

Verstehe Optimismus bitte nicht falsch als Missachtung oder Verharmlosung einer düsteren Lage. Im Gegenteil geht es darum, genau in einer düsteren Lage aktiv das Gute im Schlechten zu suchen. Es geht darum, das Licht am Ende des Tunnels zu wissen und aktiv zu suchen. Es ist wissenschaftlich erwiesen, dass uns Optimismus gegen Depression schützt, uns zu besserer Arbeitsleistung verhilft und sich positiv auf unsere körperliche Gesundheit auswirkt.[45]

Dafür braucht es häufig nur die Erinnerung daran, dass du dich der Burg auch von der anderen Seite nähern kannst. Für dein stressgetriebenes Gedankenkarussell darfst du dir zu diesem Zweck gern die Interpretation der Lage von jemandem leihen, der dazu etwas mehr Licht am Ende des Tunnels sieht als du – deine Freundin, Kollegin Maier, dein Bruder, dein zehn Jahre älteres Ich. Schon eine minimal in Richtung entspannenden Optimismus verschobene Perspektive wirkt entlastend. Das funktioniert, weil dich der gedankliche Film deines täglichen Kopfkinos genauso beeinflusst wie der tatsächliche Kinofilm, den du schaust. Nach einem herzzerreißenden Drama verlässt du den Kinosaal schniefend und seufzend, während du über eine Komödie noch lange mit deiner Begleitung lachst und dich entsprechend beschwingt fühlst. Die Entscheidung, welchen Film du in deinem Kopfkino spielst, liegt bei dir. So wie die Entscheidung bezüglich der Streckenführung unserer Wanderung kannst du diese Blickwinkelentscheidungen jederzeit aktiv treffen.

So schreibt Barbara L. Fredrickson, Professorin für Psychologie und Expertin für Positive Psychologie: „Eine positive Lebenseinstellung macht uns zu besseren Menschen. Indem wir uns […] öffnen, können wir neue Fähigkeiten, neue Bande, neues Wissen und neue Möglichkeiten […] entdecken, ausloten und aufbauen."[46]

Das ist doch was, oder? Da lohnt sich der Besuch der Optimismusburg doch. Nachdem du nun noch genüsslich den restlichen Kaffee aus deiner halbvollen Tasse trinkst, kannst du im Souvenirshop eine von diesen Panoramapostkarten mitnehmen. Darauf siehst du sowohl die Süd- als auch die Nordseite der Burg, und sie erinnert dich daran, immer aktiv nach positiven Aspekten Ausschau zu halten.

Burg 3: *Selbstwirksamkeit*

An der nächsten Station unserer Wanderung kommen wir an und sehen … nichts. Keine Burg. Nur ein paar Grundmauern, mit viel gutem Willen eine Ruine. Und dabei sind wir mittlerweile schon eine Weile unterwegs, und es hat angefangen zu regnen. Wir haben Hunger und sehnen uns nach einer Möglichkeit, im Trockenen etwas aufzutanken. Und jetzt diese Ruine!

Auf den Alltag bezogen, kennst du solche Situationen vermutlich. Situationen, in denen die Dinge nicht so laufen, wie du es dir vorgestellt hattest. Situationen, in denen du permanent von einer Pause und etwas Erholung abgehalten wirst. Situationen, in denen du dann vielleicht denkst: „Dann weiß ich auch nicht weiter! Ist doch eh alles Mist. Wessen blöde Idee war das überhaupt? Das bringt das Fass zum Überlaufen!" Vermutlich spürst du die mit diesen Gedanken verbundene Kraft- und Mutlosigkeit. Blöderweise führt diese Mutlosigkeit dann auch noch direkt dazu, dass wir leider tatsächlich keine PS auf die Straße kriegen, um die Situation zu lösen. Ist doch so, oder?

Nimm diese Erkenntnis nun bitte nicht zum Anlass zu ausgiebiger Selbstkritik, sondern nutze sie umsichtig und selbstverstehend (im Sinne von: dich selbst nachsichtig verstehend), um deine persönliche Resilienz zu stärken. Du bist in deinem Leben die Person, die die Strippen zieht. Damit ist das, was in deinem Leben passiert, ganz maßgeblich davon abhängig, was du dir selbst zutraust. Dieses Zutrauen in dich selbst hat wiederum direkt mit deinem Selbstbewusstsein zu tun. In der Sprache der Psychologie und beim Thema Resilienz wird von der Selbstwirksamkeit gesprochen. Dabei weiß ich, dass du dir keine aufgeblasene Demonstration von Stärke wünschst, hinter der nichts als heiße Luft steckt. Ich weiß, dass du einfach gern das, was in dir steckt, auch ausschöpfen willst. Damit kannst du den Situationen, die nicht so laufen, gelassener begegnen und etwas dagegen tun.

Wo fängst du also am besten an, wenn du stecken bleibst bei dem Gefühl von Kraftlosigkeit? Am besten fängst du bei dir selbst an und erinnerst dich an das, was dich ausmacht. Was sind deine dir zur Verfügung stehenden Stärken? Was entspricht deinem Stil? Womit hast du schon frühere Krisen bewältigt? Rücke dir ins Bewusstsein, womit du selbst arbeiten/handeln kannst. Dabei darfst du natürlich auch Ideen von anderen abgucken. Bitte überfordere dich aber nicht. Eine gesunde und durchaus wohlwollende und optimistische Einschätzung deiner Stärken ist der Lage am dienlichsten.

Mit dem Fokus auf das, was du selbst bewirken kannst, kommst du aus der Mutlosigkeit in ein Gefühl von – vielleicht zum Beispiel – Hoffnung oder Neugier. Das sind positive Gefühle, die dir Antrieb und Tatkraft bescheren. Damit kannst du deinen Alltag aktiv gestalten, damit er dir besser passt.

Nun zurück zu unserer aktuellen Regensituation an der Ruine: Du erinnerst dich an die ersten Burgen unserer Route, akzeptierst, dass hier gerade weder ein Burgrestaurant noch ein Shuttlebus zu haben ist, und schaust dich mal um, wie die Gegebenheiten auf den zweiten Blick aussehen. Optimistisch rufst du dir selbst und deiner Wanderbegleitung zu: „Ach, kommt! Könnte schlimmer sein. Wird schon. Ein paar Mauern stehen ja noch, da können wir doch was draus machen!" Und dann besinnst du dich darauf, wie man mit Stöcken und Tannenzweigen ein Dach über einen Mauerwinkel bauen kann. Die Idee ist super. Beim Bauen wird allen warm, und schon nach kurzer Zeit betrachtet ihr stolz euer Werk, unter dem es sich erstaunlich trocken und geschützt sitzen lässt, um den mitgebrachten Proviant zu essen.

Einen Souvenirshop gibt es hier nicht. Aber du steckst dir einen kleinen Tannenzapfen in die Jackentasche und weißt, dass er dich immer daran erinnern wird, wie viel Gestaltungskraft in dir selbst liegt.

Burg 4: *Verantwortung*

Auf der Burg der Verantwortung kommen wir an und geraten direkt in eine Art Theateraufführung. „Interessant", denken wir und treten näher. In dem Stück scheint es um Führung zu gehen. Die Szene spielt in einem modernen Büro.

Es scheint um eine Vorgesetzte und ihren Mitarbeiter zu gehen. Die Vorgesetzte, Karla, hat ihrem Mitarbeiter, Tobias, offensichtlich wichtige Bereiche anvertraut. Er scheint einer der Leistungsträger in ihrem Team zu sein. Karla hält ihn für sehr ambitioniert und weiß, dass sie sich immer auf ihn verlassen kann. Er gibt alles, um die von Karla vorgegebenen Ziele zu erreichen. Darüber hinaus bringt er auch immer wieder eigene, sehr gute Ideen ein und hat einige Projekte als „Extrameile" übernommen, was das „Standing" von Karlas Abteilung stärkt. Zufrieden erzählt Karla einer Kollegin beim Kaffee davon.

[Im Zuschauerraum nicken wir uns wissend zu: Kennen wir, diese hochgeschätzten Leistungsträger in Teams, richtig?]

Nächste Szene:

Karla erhält von der Personalabteilung eine Info, dass Tobias mit seinen Überstunden im roten Bereich ist. Sie schaut nach, wann er zum letzten Mal Urlaub gemacht hat, und stellt fest, dass ein richtiger Urlaub bei ihm schon mehrere Jahre zurückliegt. Nun beobachtet Karla ihren Leistungsträger genauer. Ihre Beobachtungen teilt sie bei einem nächsten Treffen wieder mit ihrer Kaffeekollegin: Sie hat festgestellt, dass Tobias für Kollegen und Kunden wie erwartet ein sehr kompetenter und verlässlicher Ansprechpartner ist. Karla hat aber auch beobachtet, dass es Situationen zu geben scheint, in denen sich andere auf seiner Leistung ausruhen oder sich hinter ihm verstecken. Tobias ist spät abends noch online und erklärte auf Rückfrage, dass er noch etwas für seine Projekte erledigen müsse, zu denen er tagsüber nicht gekommen wäre. Auch erzählt Karla ihrer Kollegin mit Sorge in der Stimme, dass sie bemerkt habe, dass Tobias einen guten Teil seiner früheren guten Laune eingebüßt zu haben scheint. Er wirke oft müde und ganz schön gestresst. Bei genauerer Betrachtung haben auch seine Arbeitsergebnisse leicht an Qualität eingebüßt. Es scheint ihm an seiner früheren Begeisterung zu fehlen, und kleinere Fehler nehmen zu. Karla weiß, dass Tobias' Arbeitskraft immer noch wertvoll ist, aber sie merkt, dass sich etwas ändern muss. Auch an ihre Kollegin gerichtet, fragt sie auf dem Sprung ins nächste Meeting: „Was kann und sollte ich als Vorgesetzte tun?"

Damit geht das Theaterstück in die Pause und lässt uns diskutieren, was wir als Vorgesetzte tun würden. Du zögerst nicht und weißt, dass du deiner Führungsverantwortung gerecht werden und mit Tobias sprechen würdest. Die Frage, ob du das aus zwischenmenschlicher Fürsorge heraus oder aus betriebswirtschaftlichem Kalkül tun würdest, stellen wir als irrelevant zurück. Wir sind uns einig: Hauptsache, es findet ein wertschätzendes Gespräch statt. Du sagst, du würdest mit Tobias eine Regelung suchen, wie er seine Überstunden abbauen kann und einen Urlaub plant. Du würdest mit ihm besprechen, welche Projekte und Tätigkeiten seine Aufmerksamkeit brauchen und welche delegiert werden können. Wenn du als Führungskraft richtig gut bist – und das bist du natürlich –, wirst du Tobias den Rücken stärken, öfter mal Nein zu sagen. Und bei dem ganzen Gespräch weißt du natürlich auch, dass deine wertschätzende Haltung dabei essenziell ist. Du trägst die Verantwortung dafür, dass die Arbeitskraft deines guten Mitarbeiters langfristig erhalten bleibt. Ist dir sonnenklar, oder?

Das Theaterstück geht weiter, aber ich frage dich:

Warum gehst du mit dir selbst anders um als mit deinen Mitarbeitern? Vergiss es … das war eine rhetorische Frage. Ich weiß, warum du mit dir selbst anders umgehst und deine Kraftreserven und deren langfristigen Erhalt aus dem Fokus verlierst. Das liegt an unser aller Sozialisierung, unserer Prägung auf Leistungsorientierung und den vielen Ablenkungs- und Betäubungsmöglichkeiten (Alkohol, Endlos-Netflix-Serien, Smartphone …), die sich uns heute bieten. Und das schreibe ich ohne Vorwurf, dafür aber mit einer umso herzlicheren Einladung und Erlaubnis.

Du bist doch nicht der Typ, der an den Ritter auf dem weißen Pferd glaubt. Du weißt doch, dass du es bist, der dein Leben mitgestaltet. Und du bist doch mittlerweile auch lange genug im Geschäft, um zu wissen, dass sich die Umstände nicht von allein ändern. Du hast schon oft genug bewiesen, dass du deinem „Schicksal" nicht still ergeben bist, sondern dass es darauf ankommt, was du daraus machst. Hier auf der Burg der Verantwortung lade ich dich ein, dich selbst als wichtigste Ressource in deinem Leben zu betrachten. Außerdem lade ich dich ein, die volle Verantwortung für dich zu übernehmen. Das schließt ein, auf deine Kraftreserven zu achten.

Ich weiß, das ist gar nicht so einfach, wenn man gewohnt ist, viel von sich zu erwarten. Aber du hast schon so viele Entwicklungsschritte genommen, so viel gelernt in deinem Leben. Irgendwann kommt auf der persönlichen Lernkurve der Punkt, an dem klar wird, dass Energie endlich ist. Irgendwann wird deutlich, dass Akkus aufgeladen werden wollen und ein langes, produktives und zufriedenes, glückliches Leben mit einem nachhaltigen Umgang der eigenen Kraft zu tun hat. Bist du auf deiner Wachstumskurve an diesem Punkt angekommen? Dann fragst du dich vielleicht, wie du damit beginnen kannst. Du bist so beschäftigt damit, die vielen, vielen Bälle in der Luft zu halten. Ich kann sehr gut nachvollziehen, dass es dabei fast unmöglich ist, den Wald vor lauter Bäumen zu sehen:

Du bist Tobias und Karla aus dem Theaterstück. Sei dein eigener Chef und übernimm die Verantwortung. Niemand hat etwas davon, wenn du unter der Last zusammenbrichst – nicht deine Kunden, deine Kollegen, deine Firma, dein Team und deine Familie schon gar nicht. Du darfst dich nicht nur um deine eigene Regeneration kümmern; ich bin sogar der Meinung, dass du als jemand, der große Verantwortung trägt und für vieles so wichtig ist, in der Verantwortung und Pflicht bist, auf dich aufzupassen.

Ich verstehe, es ist immer noch schwer, dir den Raum zu nehmen, den du für deine Erholung brauchst. Eine weitere Perspektive könnte es dir, der etliche Menschen so am Herzen liegen, leichter machen: Welches Vorbild sollen deine Mitarbeitenden in dir sehen? Welches deine Kinder? Bist nicht vielleicht du diejenige in deinem Freundes- oder Kollegenkreis, die den Anfang machen kann?

Übernimm diese Verantwortung.

Und, hey – den Souvenirshop sparen wir uns auf dieser Burg. Wir gehen Backstage und lassen uns Autogramme der Laienschauspieler geben. So ziehen wir weiter, und du hast auf einem Arm „Karla" stehen und auf dem anderen „Tobias". Mit einem Permanentmarker. So hält die Erlaubnis hoffentlich lange an, auf den Tobias in dir zu achten und bei Bedarf die verantwortungsbewusste und fürsorgliche Karla machen zu lassen.

Burg 5: *Netzwerkorientierung*

Die fünfte Burg auf unserer Resilienzroute ist eine stinknormale Burg. Alles so, wie man sich das so vorstellt. Keine Herausforderungen, keine Überraschungen. Wir suchen uns einen Platz im Burgcafé, und es entsteht eine Unterhaltung darüber, was uns Menschen guttut und uns Kraft gibt. Ein Wanderer aus unserer Runde interpretiert die Erfahrungen von der Selbstwirksamkeits- und der Verantwortungs- burg und verkündet: „So ist es doch! Selbst ist der Mann. Wenn ich's nicht mache, macht es niemand. Jeder ist auf sich selbst gestellt." Eine Wanderin widerspricht: „Wir Menschen sind Herdentiere. Wir sind nur in der Gruppe stark und brauchen einander!" Wer hat denn nun recht? Lasse uns die Gelegenheit nutzen und beleuchten, was sich hinter der Netzwerkorientierung als Resilienzfaktor verbirgt. Und ob der für jeden von uns gleichermaßen gilt.

Außer Frage steht: „Gute soziale Kontakte sind für uns lebenswichtig. Als eher zurückhaltender Typ brauchen Sie sich nicht plötzlich in einen perfekten Netzwerker zu verwandeln. Doch Sie stärken Ihre Resilienz enorm, wenn Sie […] Ihre sozialen Netzwerke […] in der Familie, unter Freunden und am Arbeitsplatz, in Berufsorganisationen, bei Freizeitaktivitäten und in Vereinen […]"[47] stärken.

Dabei lohnt es sich zu überlegen, ob du eher introvertiert oder eher extrovertiert orientiert bist. Und bitte verwechsle die Unterscheidung nicht mit der umgangssprachlichen Vereinfachung und Verfälschung in schüchtern oder Partyheldin. Introvertiert schöpfst du viel Kraft aus dir selbst heraus. Du magst und genießt als introvertierte Person Zeit für dich selbst. Als extrovertierter Mensch hingegen spürst du den Wert der Gemeinschaft sehr direkt. Du beziehst deine Kraft aus dem Zusammensein mit anderen. Wie du siehst, sagt diese korrekte Unterscheidung nicht direkt etwas darüber aus, wie viele Freunde du hast oder wie oft du mit anderen unterwegs bist. Introvertiert kannst du sehr viele gute Freundschaften haben. Genauso wie du extrovertiert einen einzigen Menschen einen wirklich guten Freund nennen kannst. Du kannst introvertiert ähnlich wilde Partywochenenden genießen wie als extrovertierter Mensch. Der Unterschied besteht darin, dass du dich extrovertiert am Montag danach kraftvoll und erholt fühlst und eher damit haderst, wie du durch die lange Woche kommen sollst, bis du wieder losziehen kannst, während du als introvertierter Mensch glücklich auf das vergangene Partywochenende zurückblickst und gleichzeitig froh bist, nun Zeit allein zu haben und deine Akkus wieder aufzuladen.

Unabhängig von der Anzahl der Menschen in deinem Netzwerk und der Art des Miteinanders geben uns tragfähige Beziehungen zu unseren Mitmenschen Kraft. Das Wissen um mögliche Unterstützung von Menschen, denen du wichtig bist, macht dich ebenso widerstandsfähiger im Umgang mit Stress wie die Möglichkeit, gemeinsam mit anderen konkrete Lösungen für deine Situation zu suchen.

Es gilt also zu schauen, welches Netzwerk, welche Gemeinschaft dir entspricht. Brauchst du ein paar wenige tiefe und innige Beziehungen? Oder hast du ein Bedürfnis nach einer ganzen Mannschaft bunt gemischter Freunde, mit denen du das Beisammensein genießt? Egal was davon es für dich sein darf – es lohnt sich ein Blick darauf, wo du in deinen Beziehungen gerade stehst. Dafür empfehle ich dir den Selbstcheck von Prof. Dr. Jutta Heller[48]. Für den schnappen wir uns einfach ein Blatt Papier oder notfalls ein paar Bierdeckel und einen Stift.

1. In die Mitte deiner Überlegungen setzt du einen Kreis, der für dich selbst steht. Um dich herum gruppierst du dann Kreise, die für wichtige Personen in deinem Umfeld stehen. Variiere (die Kreisgröße und) die Position der Kreise je nach Wichtigkeit. Verbinde die Kreise (gedanklich) durch Linien mit dem Kreis, der in der Mitte für dich steht.

2. Bewerte die Verbindungen durch Zeichen:

+ + diese Verbindung stärkt dich
+ – diese Verbindung ist neutral
– – diese Verbindung kostet dich Kraft

3. Welche Verbindungen würdest du gern intensivieren? Welche Verbindungen würdest du reduzieren wollen? Und welche neuen Vernetzungen möchtest du aufbauen?

4. Nun überlege, was du konkret tun willst, um deine Beziehungen zu aktivieren oder zu stabilisieren.

Weißt du, was das Gute ist? Du magst das Gefühl haben, dich ewig nicht bei deiner besten Freundin gemeldet zu haben und sie jetzt nicht einfach so anrufen zu können, wenn es dir nicht gut geht. Doch diese Sorge ist unberechtigt – das spürst du sofort, wenn du dir die Situation andersherum vorstellst.

Also, als Souvenir von dieser Burg schnappst du dir den Bierdeckel, auf dem der Name der Person oder Gruppe steht, mit der du direkt diese Woche wieder Kontakt aufnehmen wirst. Rufe sie an! Auch wenn du jetzt denkst, dass du dafür gar keine Zeit hast, mache es trotzdem. Du wirst sehen, wie gut es sich anfühlt, in Verbindung zu sein.

Burg 6: *Lösungsorientierung*

Wir sind auf unserer Resilienzwanderung nun schon eine Weile unterwegs. Ungeübte Wanderer, die wir sind, fangen die Füße an, uns wehzutun. Die Schuhe drücken, und der Rucksack zieht unangenehm an den Schultern. Besonders wenn dein Stresspegel derzeit sehr hoch ist, geht dir die Puste aus. Der nächsten Burg blickst du skeptisch entgegen. Einerseits verspricht sie natürlich genau das, wonach du dich sehnst: eine Lösung für das Stressproblem. Andererseits bist du eigentlich sowieso ein lösungsorientierter Mensch und hast schon viel probiert. Deine Situation ist zu komplex für eine einfache Lösung. Und besonders momentan hast du einfach keine Kraft für noch einen anstrengenden Lösungsversuch, stimmt's?

Der Pfad, auf dem wir wandern, führt aus dem Wald hinaus, und die Bäume geben den Blick frei auf die Burg. Oh man, ist sie riesig, ein Traum von einer Burg! Top in Schuss mit hohen, mächtigen Mauern, Türmen, Zinnen und Flaggen. Wir laufen durch das Burgtor und finden uns auf einem Burgplatz wieder, der so beeindruckend ist, dass uns die Münder offen stehen. Ein kleiner Markt findet gerade statt. Ein Pfeil weist die Richtung zu einem Theatrium, ein anderer in die Burgschänke. Außerdem sind ein Rittersaal, der Thronsaal, die Schlafgemächer, Stallungen und noch viel mehr ausgeschildert. Wir sind auf der perfekten Burg angekommen – sind nur leider viel zu erschöpft, um uns darüber zu freuen. Vielmehr fühlen wir uns überfordert und wissen gar nicht, wohin.

Die Resilienztheorie liefert uns tolle und sehr berechtigte Konzepte und Methoden, um strukturiert Lösungen für Probleme zu finden, vor denen wir stehen. Die Lösungsorientierung ist ein wertvoller Faktor deiner Resilienz. Sie verhilft zu mehr Klarheit und Stärke, da du dich auf die Aufgaben konzentrierst, die dich weiterbringen.[49] Im Kern geht es um die Frage, auf was du deine Aufmerksamkeit richtest – auf das Problem oder auf die Lösung? Nun bin ich mir ziemlich sicher, dass du – wie auch meine Klientinnen und Klienten – beruflich mit einer guten Schippe Lösungsorientierung unterwegs bist. Das Projekt gerät ins Stocken? Du lässt dir etwas einfallen. Es braucht eine Budgeterhöhung? Mit deiner Can-do-Attitude ziehst du los und hast bald grünes Licht dafür. Deshalb erzähle ich dir hier nichts über die Disney-Methode, das Pareto-Prinzip, die 4-Felder-

Matrix zur Priorisierung von Aufgaben. Ich erzähle dir noch nicht mal etwas über Visions- und Zieleentwicklung. Das kannst du alles googeln. Ich erzähle dir von meinen Klientinnen und Klienten, die trotz großer Lösungskompetenz bei hoher Stressbelastung in einem persönlichen Lösungsstau stecken und einfach keine passende Lösung *für sich* sehen. Meiner eigenen Erfahrung nach und der Erfahrung mit meinen Klientinnen braucht es an der Stelle eine Brücke, über die du überhaupt erst wieder Zugang zu deiner eigenen Lösungskompetenz für dich bekommst.

Wie passend, dass wir etwas versteckt in einer Nische der Burg eine kleine Brücke entdecken. Dankbar kehren wir der Überforderung des Großen den Rücken, nehmen die Brücke, die uns über den Burggraben hinaus zu einem kleinen Nebengebäude führt. Hier gibt es Wasser und schlichte Bänke zum Ausruhen. Hier fühlen wir uns an dem Punkt aufgefangen, an dem wir uns gerade befinden. Setze dich, ziehe die Wanderschuhe aus, fülle deine Trinkflasche mit kühlem, erfrischendem Wasser, und ich verrate dir ein Geheimnis:

Ich kann mich noch sehr gut erinnern, als ich vor Jahren in der Stressüberlastung schon spürte, dass ich etwas ändern muss. Ich weiß noch, wie ich anfing zu verstehen, dass ich mich verausgabte und zu wenig Ausgleich hatte. Aus diesem Verständnis heraus, dass ich meine Akkus über lange Zeit nicht mehr richtig aufgeladen hatte, sehnte ich mich nach dem Gegenteil von dem, was gerade war. Ich arbeitete, versorgte kleine Kinder, arbeitete weiter bis spät nachts, schlief zu wenig und machte am nächsten Tag genauso weiter. Ich beneidete den Landschaftsgärtner vor meinem Bürofenster, der stundenlang draußen an der Luft in Erde und Pflanzen wühlte. Ich dachte, mir mit einem Wellness-Retreat quasi eine Druckbetankung an Entspannung zu holen, wäre eine mögliche Lösung. Und ich träumte von einem Sabbatical, in dem ich dann einfach tagelang nur lesen und entspannen würde. In der Realität fand ich noch nicht einmal die Zeit und die Energie, nach Wellness-Hotels zu recherchieren. Was machte ich falsch?

Heute weiß ich, dass ich mit der Richtung meiner Lösung (mehr Ausgleich) zwar goldrichtig lag, mich mit meinen Umsetzungsideen aber selbst überforderte. Diese Ideen waren so groß, dass sie mir eine zusätzliche Last waren, die ich einfach nicht schultern konnte. Das warf mich dann zurück auf meine eingefahrene Strategie vom Prinzip Hoffnung: Wenn ich noch mehr, noch schneller arbeite, habe ich hoffentlich am Wochenende etwas Zeit …

Auf meinem Weg aus dem Stress habe ich entdeckt, dass der Trick darin besteht, nicht das große, ultimativ entspannende Gegenteil zum Stress eines prallvollen, hektischen Alltags in den Kalender pressen zu wollen. Wenn du dein Leben nicht grundlegend verändern möchtest, besteht das Geheimnis der Entspannung darin, kleiner zu denken! „Wie jetzt?", magst du denken: „Mein Stresspegel ist so hoch, da reicht ein bisschen Entspannung nicht!" Das mag sein. Und es gilt bitte, ehrlich aufmerksam zu sein, ob du dich vielleicht schon in wirklich gesundheitlicher Not befindest und tatsächlich eine Notbremsung brauchst. Zum Glück gibt es allerdings vorher viele Möglichkeiten, diese Notwendigkeit gar nicht erst entstehen zu lassen. Dann gilt jeden Tag aufs Neue: Fange klein an.

Du sehnst dich nach Pause und Ruhe? Einfach mal nichts tun? Aber du siehst nicht, wie das gehen soll? Dein Kalender ist proppenvoll, und dein E-Mail-Postfach quillt über? Dann frage ich dich: Finden sich heute irgendwo zehn Minuten in deinem Kalender? Nein? Okay, findest du fünf? Ja, fünf könnten irgendwo rauszuschwitzen sein? Okay! Da ist dein Anfang. Und um sicherzustellen, dass dir nichts dazwischenkommt und du nicht zu optimistisch warst, reduziere noch einmal um gut die Hälfte. Zwei Minuten!

Die Lösung zu dem Teufelskreis aus Stress und Hamsterrad liegt immer darin, heute – jetzt! – mit zwei Minuten anzufangen. Stelle dir ruhig den Timer im Handy und dann mache zwei Minuten das Handy leise, klappe den Rechner zu, lehne dich in deinem Stuhl bequem zurück und mache mal einen Moment … nichts. Hole tief Luft, so richtig tief, und atme dann lang und vollständig aus. Wenn es dir zu langweilig wird in den zwei Minuten ohne Input oder Output, dann bleibe einfach mit deiner Aufmerksamkeit beim Ein und Aus deines Atems. Klar kommen da so Gedanken vorbei wie: „Das ist ziemlich albern. Das bringt auch überhaupt nichts. Zwei Minuten, pff, da kann ich es auch gleich lassen." Das ist okay. Klar, du kannst es auch lassen. Aber zwei Minuten sind so wenig, da kannst du es auch einfach machen. Ziemlich sicher wirst du schon direkt nach dem ersten Versuch eine kleine Veränderung spüren. Vielleicht bist du für ein paar Momente einen Ticken gelassener? Vielleicht machst du etwas fokussierter mit deiner Arbeit weiter? Der Effekt mag sehr klein sein, aber er ist deiner! Du hast den Anfang gemacht. Du hast den ersten Schritt auf deine Brücke gemacht, die dich in die Lage bringt, das gesamte Spektrum deiner Lösungsorientierung und großen Lösungskompetenz überhaupt erst für dich anzuzapfen.

Und weißt du was? Weil dieser Mikroschritt so klein war, kannst du doch morgen direkt den nächsten gehen und wieder zwei Minuten Pause und Nichtstun machen. Schon nach kurzer Zeit wirst du einen deutlichen Unterschied bemerken. Jede Zwei-Minuten-Pause wird dir den Blick etwas freier machen und dich mehr in deine persönliche Lösungskompetenz bringen. Du wirst dir vielleicht nach einer Zeit zehn Minuten Pause einräumen und wissen: Du kannst dich auf dich verlassen, du bist auf dem Weg und hast einen Lösungsweg gefunden, der in deinen Alltag passt. Dieser Anfang ermöglicht den nächsten für dich richtigen Schritt. Dies ist das Geheimnis, das ich hier auf unserer Resilienzroute mit dir teilen wollte.

Merken wir uns das große Tamtam dieser sechsten Burg für später. Sicher wirst du wiederkommen wollen und dir alle Lösungssäle und Ideentürme erschließen. Für heute wandern wir mal weiter. Statt eines Besuchs im sicher prall gefüllten Souvenirshop nehmen wir den Pfad über die Wiese von der Burg weg.

Was du von hier mitnehmen kannst? Das Geheimnis:

Auf dem Weg zu mehr Entspannung und Ausgleich im Leben liegt die wahre Kraft in den kleinen Mikroschritten, die du an den meisten Tagen verlässlich unterbringst. Weitere Anregungen, wie das konkret gehen kann, findest du auf den Rastplätzen und in Kapitel 5.

Burg 7: *Zukunftsorientierung*

So wie die Lösungsburg durch ihre Architektur, ihren Reichtum und ihre Größe glänzt, so kann sich die letzte Burg auf unserer Route ihres imposanten Ausblicks rühmen – die Zukunftsburg. Wir sind müde, aber zufrieden hier angekommen und haben uns erfrischt und gestärkt. Nun stehen wir auf der Burgmauer und genießen die großartige Aussicht. Grüne Hügel und Täler, Wälder, Felder und ein Fluss, der sich durch die Landschaft schlängelt. Weiter hinten ein Städtchen und ein großer See, der in der Sonne glitzert. Wow! Wir erkennen mehrere Pfade, die von dieser Burg weiterführen, und können erahnen, durch welches Terrain sie uns jeweils an welches Ziel führen.

Eine hohe Stressbelastung reduziert uns stark auf die Gegenwart. Und zwar nicht im achtsamen Sinne, sondern indem wir uns nur noch vom jetzt anstehenden Problem zum nächsten hangeln. Was gestern war, haben wir längst vergessen – es sei denn, es gab Kritik, einen Fehler oder Misserfolg. Daran kauen wir lange herum. Aber schon die Frage, was du zu Abend gegessen hast, kann schwierig werden vor lauter Waldbränden, die jetzt gerade um dich tosen. Für die Zukunft hast du keine Zeit, und Veränderungswünsche verschiebst du auf … na, später, in die Zukunft, wozu du ja nicht kommst. Ein Teufelskreis.

Dabei ist der Blick voraus in die Zukunft deine große Chance, die Richtung deines Lebens selbst zu bestimmen.[50] Nur indem du *jetzt* in der Gegenwart, in all dem Alltagswahnsinn, den Kopf hebst und deine Ziele und Wünsche für diese Woche, für diesen Monat, für dieses Jahr anpeilst, kann die Veränderung gelingen, die du brauchst. Dabei darfst du gnädig mit dir selbst sein und in den Zeitabschnitten denken, die du gerade handhaben kannst. Hole das Geheimnis der Lösungsburg hervor und wende die gleiche Taktik an. Verkürze deinen Planungshorizont so lange, bis du dich ihm gewachsen fühlst. Hauptsache, du lässt dich nicht ausschließlich von den Feuern der Gegenwart vereinnahmen und dich dadurch immer weiter in Gebiete treiben, die dir nicht guttun.

Dabei brauchst du nicht die gesamte, vor dir liegende Szenerie zu betrachten. Da weiß man ja vielleicht gar nicht, wo man anfangen soll. Suche dir doch einfach einen Bildausschnitt in dem vor dir liegenden Panorama aus, in dem du zuerst nach wohltuenden Veränderungsmöglichkeiten Ausschau halten möchtest.

Jutta Heller schlägt für diese Vorgehensweise die Unterteilung in fünf Lebensbereiche vor[51]:

- Arbeit und Leistung
- Materielle Sicherheit
- Körper und Fitness
- Familie und soziale Beziehungen
- Sinn und Selbstverwirklichung

Du kannst dir einen dieser Bereiche herauspicken und damit beginnen oder sie der Reihe nach beleuchten. Stelle dir jeweils die Frage:

Was hast du in diesem Bereich in deinem Leben schon alles erreicht? (Haben)

Und was willst du zukünftig erreichen? (Soll)

Du kannst dir eine kleine Bilanz erstellen und pro Lebensbereich deinen Antworten auf die Fragen oben einen Wert auf einer Skala von 1 (mangelhaft) bis 10 (ideal) zuweisen. Danach möchtest du dir vielleicht den Bereich mit der größten Differenz zwischen Soll und Haben vornehmen. Oder du entscheidest dich für einen Bereich, in dem du die Differenz am leichtesten verringern kannst (Quick Win).

Die Fähigkeit – und das tatsächliche Tun! –, diesen regelmäßigen Abgleich zwischen deinem aktuellen Standort und deinen Wünschen vorzunehmen, stärkt ganz wunderbar deine Resilienz. Du weißt jederzeit: So wie es jetzt ist, muss es nicht bleiben. Ich kann meinen Blick heben, die Szenerie betrachten und mich entscheiden. Jeden Tag aufs Neue.

Kommen wir zum Abschluss unserer Resilienzwanderung noch einmal gedanklich auf die Burgmauer der Zukunftsburg. Lasse vor deinem inneren Auge noch einmal den Ausblick entstehen, den wir genießen. Was siehst du? Schaue genau hin und versuche, kleine Details zu bemerken wie die Baumarten, die in einem Wald stehen, auf den du schaust, oder die Felder in deinem Panorama – sind sie abgeerntet oder steht das Getreide hoch? Sind es vielleicht Rapsfelder? Siehst du Wasser? Gebäude? Welche Farben dominieren, in welcher Jahreszeit bist du? Wenn du alles genau vor deinem inneren Auge hast, verrate ich dir einen Techniktrick, den mein Sohn mit fünf Jahren perfektioniert hat, als er als Einziger in der Familie noch keine eigene Kamera hatte. Darüber war er manchmal etwas betrübt. Auf Versuche, ihn zu trösten, prägte er für unsere Familie den Ausspruch: „Ich mache ein Foto in meinem Kopf. Das ist sowieso besser, weil ich es mir immer anschauen kann, wenn ich will!" Dazu blinzelte er einmal, als ob er auf einen Auslöser drücken würde und hat uns Älteren damit so viel beigebracht.

Als letztes Souvenir deiner Resilienzwanderung blinzele einmal mit den Augen und mache ein Foto in deinem Kopf. Das kannst du jederzeit betrachten und dich daran erinnern, dass du kurz den Kopf hebst und dein nächstes Ziel anpeilst.

RESILIENZ STÄRKEN UND GESUND MIT STRESS UMGEHEN

Die Burgstationen unserer Resilienzwanderung haben dir hoffentlich eine Vorstellung davon vermittelt, woraus sich Resilienz zusammensetzt. Aus dem Intro zu dieser Wanderroutenbeschreibung weißt du, dass es dabei nicht darum geht, resilient zu sein oder nicht zu sein. Vielmehr halte ich es für hilfreich, die Resilienzburgen zu kennen, um zu wissen, wo und wie du dich stärken kannst. Vielleicht hast du auch beim Besuch der Burgen gemerkt, wo deine Achillesferse ist. Vielleicht war Optimismus noch nie so dein Ding. Macht ja nichts. Du könntest diese Erkenntnis oder Erinnerung zum Anlass nehmen, ein Mü mehr Optimismus auszuprobieren. Oder vielleicht hast du festgestellt, dass deine Lösungsorientierung in letzter Zeit einer Resignation („Bringt doch eh alles nichts!") gewichen ist, und du möchtest dir erste kleine Facetten deiner Lösungskompetenz zurückerobern.

Resilienz ist keine statische Eigenschaft. Jede einzelne Komponente deiner psychischen Widerstandskraft unterliegt zeit deines Lebens Schwankungen. Dabei ist es natürlich schön, wenn du im Zeitverlauf zunehmend an Stärke gewinnst. Es ist genauso in Ordnung, wenn dir deine Resilienz durch Schicksalsschläge oder auch einen Erschöpfungsprozess flöten geht. Du kannst immer und jederzeit auf jedem Niveau ansetzen und zum Beispiel auf den Grundmauern oder der Ruine deiner persönlichen Optimismusburg aufbauen und deine Resilienz stärken.

In Anlehnung an meine Plattitüde oben – Der Weg ist das Ziel! – erwähne ich an dieser Stelle sehr gerne, dass sich die Wissenschaft übrigens nicht darüber einig ist, ob Resilienz ein Einflussfaktor für die erfolgreiche Bewältigung von Stress ist – oder das Ergebnis![52] Das finde ich persönlich sehr spannend. Und bis die Psychologie-Experten unserer Zeit sich zu der Frage geeinigt haben, antworte ich mit einem herzhaften: „Sowohl als auch!" Denn diese Antwort ist doch die einzige, die uns ganz persönlich etwas nutzt:

Achte darauf, regelmäßig einen Blick auf deine Resilienzburgen zu werfen. Stärke sie beizeiten, dann bist du gewappnet, wenn psychische Belastungen zunehmen. Kommt es einfach zu dicke und haut dich um, dann sei dir gewiss: Du wirst aus diesem Loch wieder herauskommen und kannst auch dadurch an Resilienz gewinnen!

AUFTANKEN UND RASTEN

*Ab unter die —
kalte! — Dusche*

Hach, endlich! Ein Rastplatz. Das vierte Kapitel hat es ganz schön in sich. Sieben Einflussfaktoren auf deine Stressbewältigungskompetenz sind ganz schön viele. Da weißt du möglicherweise gar nicht, wo du anfangen sollst. Mal ganz davon ab, dass alle Resilienzfaktoren einiges an innerer Klarheit und Entschlossenheit fordern. Vielleicht ist gerade das aktuell schwierig. Oder vielleicht bist du auch sowieso mehr so der tatkräftige Typ und würdest gern wissen, was du konkret tun kannst, um deine Widerstandskraft zu stärken. Wunderbar, für dich und für alle anderen auch ist dies ein kraftvoller Rastplatz!

Mit der folgenden Übung[53] machst du dir die Zusammenhänge von Stressreiz, körperlicher Stressreaktion und mentaler Stärke zunutze – und zwar in deinem persönlichen Sinne. Du drehst den Stressspieß quasi um. Indem du dich ganz bewusst und kontrolliert dem kalten Wasser unter der Dusche aussetzt, stärkst du deine Resilienz – auf erfrischend einfache Art und Weise. Mal ganz zu schweigen von den vielen positiven Effekten auf deine körperliche Gesundheit (deine Gefäße danken an dieser Stelle schon im Vorfeld!).

So geht's:

Probiere eine kleine Challenge mit dir selbst oder einer Person deiner Wahl. Für die nächsten vier Wochen beendest du deine morgendliche

Dusche mit kaltem Wasser. Dabei musst du dich damit nicht schocken oder quälen. Du lässt es einfach ganz langsam und in Ruhe angehen.

Phase 1: Am Ende deiner normalen Dusche stellst du das Wasser auf kalt um. Dann ist der Trick, tief einzuatmen und ausatmend unter den Wasserstrahl zu treten. Bleibe dabei ruhig. Du weißt, du hast dich für das kalte Wasser entschieden. Großes Gejapse und Gehopse ist Drama, das du nicht brauchst. Konzentriere dich vielmehr darauf, möglichst gelassen weiterzuatmen. Natürlich ist das kalte Wasser ein Schock. Aber du bist nicht überrascht. In den ersten Tagen bleibe maximal 15 Sekunden unter dem kalten Wasser. Wenn du dich nach einigen Tagen daran gewöhnt hast, kannst du zu Phase 2 übergehen.

Phase 2: Bleibe eine Woche lang im Anschluss an deine morgendliche Dusche 30 Sekunden unter kaltem Wasser.

Phase 3: Verlängere auf eine Minute kalt duschen am Ende deiner morgendlichen warmen Dusche.

Phase 4: Anderthalb bis zwei Minuten kaltes Wasser im Anschluss an deine morgendliche Dusche.

Solltest du im Anschluss an deine kalte Dusche frieren, dann gib deinem Körper die Chance, dich aus sich selbst heraus wieder aufzuwärmen. Also lieber die Treppen dreimal hoch und runter statt die Kuscheldecke.

Wirklich, wage es! Es lohnt sich so sehr. Finde heraus, welche positiven Effekte der kalten Dusche du besonders schätzt:

- Die kleine Mutprobe zu Beginn des Tages?

- Gegen den Aufwachkick kommt kein Kaffee an!

- Die Stärkung für den Rest des Tages.

- Die Gewissheit, dir und deiner Gesundheit schon etwas Gutes getan zu haben.

- …

Deshalb funktioniert's:

Die kalte Dusche wirkt aus zwei Gründen:

Erstens verengt sich dein Gefäßsystem, um deine lebenswichtigen Organe vor der Kälte zu schützen. Dein Herz schlägt nach der Kälteexposition mit einer niedrigeren Frequenz, was sich direkt positiv auf deine körperliche Stressreaktion auswirkt. Deine Durchblutung wird angekurbelt, das heißt, deine Zellen werden besser mit Nährstoffen versorgt, und du fühlst dich energiegeladener. Schon nach ein paar

Wochen dürfte sich dein Gefäßtonus so weit verändert haben, dass du den Duschhahn ohne körperliche Schockreaktion von warm auf kalt drehen kannst.[54] Diese Effekte passieren auf der körperlichen Ebene automatisch. Sie sind unbezahlbar, und alles, was sie dich kosten, sind ein paar Sekunden unter der kalten Dusche.

Zweitens erfährst du sehr direkt den Resilienz stärkenden Effekt auf deine mentale Stressresistenz. Natürlich ist das Wasser saukalt! Aber du sagst dir: Ich mache das jetzt! Und dann machst du das. Du hast die Power darüber, wie viel du dir zutraust, wie viel du bereit bist, auszuhalten, und wie viel du aushältst. Die positiven Effekte auf dein Wohlbefinden hast du ganz allein herbeigeführt, indem du die kleine Challenge mit dir selbst angenommen und durchgezogen hast.

Ich wäre nicht überrascht, wenn du die kalte Dusche von nun an nicht mehr missen möchtest. Du hast dir fantastische Effekte für deine geistige und körperliche Gesundheit geschenkt. Gut gemacht!

5. NACHHALTIG REISEN: MENTALE FITNESS

DER KÖNIGSWEG ZU MEHR GELASSENHEIT

Im Kapitel *Drei Wege aus dem Stress* findest du Möglichkeiten, *was* du unternehmen kannst, um aus der Stressüberlastung zu kommen. Auch die Resilienzroute aus Kapitel 4 macht konkrete Vorschläge, wo du ansetzen kannst, um dem Alltagsstress besser trotzen zu können. Trotzdem bleibt das *Wie* oft schwierig. Wie *genau* kannst du denn nun anfangen? Was kannst du konkret tun? Und wie – um Himmels willen – kannst du es schaffen, dabeizubleiben?

Hier sind wir nun an dem Punkt angelangt, der den entscheidenden Unterschied für dich und deine Stressresistenz machen kann. Hier stellt sich die Frage, wie du aus dem neu gewonnenen oder aufgefrischten theoretischen Wissen eine tatsächliche Verbesserung in deinem Alltag machen kannst. Das ist wie mit der gesunden Ernährung und dem Salat. Das theoretische Wissen um die positiven Effekte von Salat macht noch keinen Unterschied. Diesen Unterschied kann der Salat erst machen, wenn du ihn auch regelmäßig isst.

Und damit haben wir den Salat. Im Meer der Möglichkeiten eine konkrete Entscheidung zu treffen und diese mit ausreichender Regelmäßigkeit auf die Straße zu kriegen, ist nichts für Anfänger oder Hasenfüße. Zum Glück hast du bei den Reflexionen in den vorherigen Kapiteln schon einiges an Mut bewiesen und bist nach der Lektüre bis hierhin schon längst auf dem Fortgeschrittenenlevel in der Stressbewältigung.

Du wirst folglich nicht überrascht sein, wenn ich dir sage, dass die Erkenntnisse, die du bisher gewonnen hast, nicht ausreichen, um einen besseren Umgang mit dem Stress zu finden. Zusammenhänge zu verstehen und sich selbst auf die Schliche zu kommen, sind wesentliche Schritte auf dem Weg zu einer Verbesserung. Ohne geht es nicht. Die Erkenntnis ist der erste Schritt – ein sehr großer Schritt. Die Erkenntnis, dass du etwas gegen den Stress unternehmen willst, und erste Ideen, wie du das anstellen kannst, sind 20 Prozent des Weges zu mehr Gelassenheit. Das ist schon einmal ordentlich was, super! Auf unserer Reise ins Land der Gelassenheit bist du angekommen. Nun darfst du dich hier aufhalten und dir die verbleibenden 80 Prozent bis zu deinem Ziel, mehr Gelassenheit, holen. Wie? Mit ganz einfachen, regelmäßigen Mikroübungen, die deine mentale Fitness trainieren.

Deine mentale Fitness ist maßgeblich dafür verantwortlich, wie gelassen du den täglichen Herausforderungen begegnen kannst. Aus dem dritten

Kapitel weißt du, dass du den Stressoren um dich herum instrumentell oder regenerativ begegnen kannst. Das sind zwei tolle Wege, nach deren Abzweigungen du regelmäßig Ausschau halten solltest. Mentale Fitness als dritter Weg aus dem Stress spielt als Königsweg in einer ganz anderen Liga. Stelle dir nur mal vor: Du ganz allein hast die volle Macht darüber, wie viel Stress dir überhaupt erst entsteht! Da bist du nicht angewiesen auf verständnisvollere Vorgesetzte, mehr Mitarbeitende, bessere Projekte, weniger gleichzeitige To-dos, mehr Urlaub, Yoga usw. Darum kannst du dich natürlich weiterhin kümmern – keine Frage. Aber indem du deine mentale Fitness trainierst, stärkst du deine Fähigkeit, Herausforderungen aus dir heraus gelassener zu begegnen. Der Stresspegel steigt gar nicht erst so stark an.

Mit mentaler Fitness nimmst du die Dinge selbst in die Hand und begegnest dem Stress dort, wo er entsteht: bei dir.

POSITIVE INTELLIGENZ UND PQ®

Sicherlich kennst du die Abkürzung IQ für Intelligenzquotient. Auch von EQ, dem emotionalen Intelligenzquotienten nach Daniel Goleman, hast du wahrscheinlich schon einmal etwas gehört. Und jetzt komme ich mit PQ®? Was soll das denn sein, fragst du dich vielleicht. PQ® steht für Positive Intelligence Quotient[55]. Das Konzept von Shirzad Chamine basiert auf den Erkenntnissen der Positiven Psychologie, der Neurowissenschaften, der Kognitiven Verhaltenstherapie und moderner Managementlehren. Chamine ist es meiner Erfahrung nach gelungen, diese wissenschaftlichen Theorien in praktische, anwendbare Ideen und konkrete realitätstaugliche Übungen zu packen. Aus diesem Grund stelle ich dir die genaue Vorgehensweise wie eine Schritt-für-Schritt-Wegführung für deine tägliche Reise ins Land der Gelassenheit vor.

Für die Forscherinnen, Skeptiker und Analytikerinnen unter uns: Lasse mich kurz das PQ®-Konzept skizzieren. Selbstverständlich kannst du diesen Part auch getrost überspringen und dich gleich an die Übungen im Rastplatz *Mentale Fitness* machen. Du erinnerst dich, es geht nun ums Tun. Es geht darum, deine mentale Fitness zu trainieren und zu stärken. Dabei ist es wie in der Muckibude: Der Muskelaufbau hängt nicht davon ab, wie gut du dich mit der Trainingslehre auskennst, sondern einzig und allein davon, wie oft und wie gut du deine Muskelübungen machst.

Wenn dich ein tieferes Verständnis der Zusammenhänge motiviert oder du – wie ich – nicht einfach so jeden Quatsch mitmachst, dann lies im Folgenden weiter.

Im dritten Kapitel habe ich erläutert, wie wir uns selbst mit unseren persönlichen Stressverstärkern unter Druck setzen. Wenn du diesen inneren Stressverstärkern Stimmen gibst und darauf achtest, was sie dir den ganzen Tag über einflüstern, wirst du feststellen, dass du dir selbst ganz schön harsche und kritische Dinge um die Ohren haust:

„Boah, ich trödele hier rum; nichts kriege ich auf die Reihe; natürlich habe ich die Aufgabe wieder komplett verhauen; alles muss ich immer selber machen; ich darf mich auf keinen Fall ausruhen; ich bin so faul, muss unbedingt noch mehr schaffen; Kollegin Müller macht das wieder viel besser als ich; ich lasse das lieber gleich, das wird eh wieder nichts." Und so weiter und so weiter.

Mit niemand anderem würdest du so sprechen, wie du im Zwiegespräch mit dir selbst sprichst. Stimmt, oder? Nun musst du dich dafür nicht zusätzlich kritisieren. Jeder von uns hat seine eigenen inneren Anheizer. In Chamines Trainingslehre zur mentalen Fitness heißen diese inneren Stimmen Saboteure. Niemand ist frei von ihnen. Du machst also erst mal überhaupt nichts falsch. Je fitter du mental bist, desto besser bist du allerdings in der Lage, diese sabotierenden, negativen inneren Stimmen zu managen und ihnen Positives entgegenzusetzen. So drückt dein PQ® aus, wie stark du dich gedanklich in einer positiven oder einer negativen Haltung befindest. Je höher dein PQ® ist, desto mental fitter und damit stressresistenter bist du.

Dabei hast du drei Hebel oder drei verschiedene Trainingsbereiche, die du stärken kannst, um deine mentale Fitness zu steigern:

1. deine Sabotageabwehr
2. deine innere Kraft
3. deine innere Trainerin

Dabei sind die Saboteure zu zehnt, und dir stehen fünf verschiedene innere Kräfte zur Verfügung. In den folgenden zwei Kapiteln nehmen wir die verschiedenen inneren Saboteure genauer unter die Lupe und geben den fünf inneren Kräften eine Bühne. Werfen wir vorher noch einen kurzen Blick darauf, warum wir die Saboteure abwehren und unsere inneren Kräfte stärken wollen.

„Sind diese negativen, antreibenden Gedanken nicht auch wichtig für mich?", magst du fragen. Vielleicht geht dir durch den Kopf, dass du einige deiner Erfolge nicht hättest erzielen können, wenn du dir nicht selbst ordentlich eingeheizt hättest. Da hast du auch recht. Mit den Saboteuren in Aktion können wir durchaus Erfolg erzielen, Karriere machen, Ziele erreichen. Nur werden wir dabei nicht glücklich sein. Diese biestigen inneren Antreiber tarnen sich als gute Ratgeber und suggerieren uns, dass wir ohne sie gar nichts auf die Reihe bekommen. Dabei motivieren sie uns über negative Gefühle. Vielleicht meinen sie es auch wirklich manchmal einfach nur gut mit uns, nur leider übertreiben sie es dann so maßlos (siehe zum Beispiel der Perfektionist). Sie verursachen Angst, Stress, Sorge, Druck, Schuld, Scham, Unsicherheit und ähnliche Gefühle, die uns eine Weg-hier-Motivation bescheren. Klar, das ist auch Antrieb, aber keiner, der sich gut anfühlt. Wer nur mit diesem Antrieb fährt, kennt das Gefühl, immer mehr und mehr zu erreichen, aber sich immer unglücklicher zu fühlen.

Ganz anders sieht es aus, wenn du deine inneren Saboteure auffliegen lässt, ihren stressigen Druck nicht annimmst und dich stattdessen auf deine innere Kraft konzentrierst. Aus deiner inneren Kraft heraus bist du in der Lage, deinen besten und wertvollsten Beitrag auf die Straße zu bringen und dich dabei nicht gestresst, sondern gelassen und glücklich zu fühlen. Hier läuft die Motivation über positive Gefühle. Du bist neugierig, kreativ, innovativ, empathisch und fühlst deine Passion, empfindest Sinn für das, was du tust. Du fühlst dich gut und kannst interessanterweise über diesen positiven noch ganz andere, viel größere, Erfolge für dich erzielen. Ja, wirklich! Wenn du Zahlen und wissenschaftliche Belege magst, dann habe ich dazu ein paar für dich[56]:

- Im Durchschnitt ist die Leistung von Projektteams um 31 Prozent besser, wenn der Projektmanager einen hohen PQ® hat (bei gleichbleibenden anderen Einflussfaktoren).
- Vertriebler mit einem hohen PQ® verkaufen 37 Prozent mehr als Kollegen mit einem niedrigeren PQ®.
- Es gibt sogar Studien, die belegen, dass ein hoher PQ® zu einem stärkeren Immunsystem, einem niedrigeren Level an Stresshormonen im Blut, niedrigerem Blutdruck und besserem Schlaf führt.

Das sind schöne Zahlen, aber bei Weitem nicht der Grund, warum ich dir hier von PQ® erzähle. Das tue ich, weil ich weiß, dass du dir selbst die beste Freundin oder der schlimmste Feind sein kannst. Je nachdem, ob dein innerer Dialog positiv oder negativ ist, bist du dir selbst beste Freundin und in deiner inneren Kraft oder dein schlimmster Feind und unter Sabotageeinfluss. Ein Beispiel macht den Unterschied deutlich: Wenn du dich innerlich anfeuerst, dich für das wichtige morgige Meeting richtig gut vorzubereiten, wenn du dir bewusst Pausen gönnst, um produktiv zu bleiben, und deine Aufregung mit einem Blick auf deine bisherigen Erfolge beruhigst, dann bist du selbst dein bester Freund. Wenn dein Gedankenkarussell dich morgens um 03:00 Uhr weckt und du hellwach und angespannt nicht mehr in den Schlaf findest, weil du endlos durchgehst, was im Meeting alles schiefgehen kann und welche verheerenden Konsequenzen das hätte, dann bist du selbst dein schlimmster Feind. Damit generierst du lediglich Anspannung und Schlaflosigkeit ohne irgendeinen positiven Nutzen. Kein Freund würde dir das antun.

Im Stress vernebelt uns der Überlebensmodus, in dem wir dann unterwegs sind, den Zugriff auf unsere innere Kraft. In Hirnscans nachweisbar sind unterschiedliche Areale in unserem Gehirn aktiv, wenn wir im Saboteurmodus unterwegs eher in der linken Gehirnhälfte sind oder in unserer inneren Kraft mehr in der rechten Gehirnhälfte. Je nach Nutzungsintensität stärken wir den einen oder den anderen Bereich. Das funktioniert natürlich über die neuronalen Verknüpfungen, aber wir können dazu in unserem Fitnessbild bleiben und uns vorstellen, wie entweder unser innerer Sabotagemuskel wächst oder unsere innere Kraft.

Du hast immer die Wahl. Manchmal wollen wir traurig sein, manchmal wollen wir wütend sein – diese Gefühle sind uns Signalgeber, wohin es denn bitte gehen soll. Mentale Fitness ist die Fähigkeit, diese Signalgeber sehr gut wahrzunehmen und bewusst und schnell von der linken in die rechte Gehirnhälfte umschalten zu können, um mithilfe unserer inneren Kraft dorthin zu gelangen, wo wir hinwollen. Dabei kommt es sowohl auf deine mentale Muskelkraft an als auch natürlich auf die Schwere des mentalen Gewichts, das vor dir liegt. Ich plädiere nicht dafür, bei negativen Gefühlen „einfach so" innerlich wegzuschalten. Du willst über den Verlust eines geliebten Menschen trauern. Du willst über die Diagnose einer Krankheit traurig sein, wegen des verlorenen Jobs ängstlich, des Fehlers einer Freundin wütend und über die verdammten herumliegenden Socken deines Partners frustriert. Bei diesen Beispielen und noch viel mehr bei dem negativen Gefühl Stress, über das wir beide uns unterhalten, ist die Frage wertvoll: Wie lange möchtest du die Signalglocken läuten lassen, bevor du aktiv wirst? Wie lange möchtest du dich gestresst fühlen, bevor du den Abzweig zu mehr Gelassenheit nimmst? Wahrscheinlich wirst du mir zustimmen, dass ein kurzes Signal absolut ausreichend wäre. Liebend gern würdest du bei aufkommendem Disstress zügig umschalten und gelassen die Dinge erledigen, die dran sind, stimmt's?

Dieses flexible Umschalten ist der Job deiner inneren Trainerin oder deines inneren Trainers. Mal angenommen, du hast eine Trainer*in*, dann ist sie diejenige, die gut aufpasst, welche Art von Gedanken dir im Kopf herumgehen. Sie nimmt wahr, wie du dich fühlst, und bremst die Saboteure, wenn Stress aufkommt. Sie weiß genau, was zu tun ist, um vom Saboteurmodus in den Modus deiner inneren

Kraft zu schalten (siehe PQ® Reps in deinem täglichen mentalen Fitnessprogramm). Sie hilft dir, bei der Entscheidung, welche deiner fünf inneren Superkräfte du zum Einsatz bringen möchtest, und sie erinnert dich daran, dieses Umschalten täglich zu üben und deine Trainingserfolge zu beachten.

Horche am besten direkt in dich hinein, wo deine Trainerin gerade steckt. Bestimmt fühlt sie sich nicht richtig ausgelastet. Es gab vielleicht schon länger nichts für sie zu tun. Gib ihr doch am besten gleich ganz offiziell den ausdrücklichen Auftrag:

Trainiere mich, um meinen PQ® zu erhöhen und damit gelassener meinen Alltag zu gestalten.

Unser Gehirn ist ein ganz fantastischer Apparat. Mit diesem offiziellen Auftrag liest deine innere Trainerin die nächsten Seiten mit einer ganz anderen Aufmerksamkeit mit, und du kannst dich darauf verlassen, dass sie sich zur richtigen Zeit mit den richtigen Impulsen bei dir meldet. Dann brauchst du nur noch ihrem – also deinem inneren – Rat zu folgen.

DEINE SABOTAGEABWEHR

Jetzt lasse uns genauer unter die Lupe nehmen, wer da in uns allen hinter unserer inneren Sabotage steckt. Ganze zehn Gangstercharaktere treiben in unseren Gedanken gerne ihr Unwesen. Sie sind ein Abbild unserer automatischen, gewohnheitsmäßigen Gedankenstrukturen, hinter denen diejenigen Annahmen, Beurteilungen und Interpretationen stecken, die uns nicht guttun.

Wir alle haben diese Saboteure ausgebildet, um mit den wahrgenommenen Bedrohungen des Lebens umzugehen. Die Frage lautet nicht: Welche Saboteure sind bei dir am Werk? Sondern: Wie stark sind sie jeweils?

Da der Fisch bekanntlich am Kopf zu stinken beginnt, beginnen wir direkt mit dem Judge.

Der Judge/Richter ist der Gangsterboss

Der Judge ist der Chefsaboteur. Er macht jedem von uns das Leben schwer. Er lässt dich ständig urteilen – über dich selbst, über andere oder über Rahmenbedingungen. Dabei fällt das Urteil als harsche Kritik sehr negativ aus: „Ich Idiot habe schon wieder …! Wenn die blöde Kuh vom Controlling doch nur mal …! Es ist einfach untragbar, dass …!" Der Judge suggeriert dir, dass du ohne ihn faul und antriebslos nichts auf die Reihe kriegen würdest. Deshalb verwechseln wir den Judge schnell mit einer harten, aber herzlichen Stimme der Vernunft, statt die destruktive Kraft zu bemerken, die uns das Leben schwer macht.

Der Judge aktiviert die anderen Saboteure, die ihm wiederum als Handlanger dienen. In der Regel ist uns nicht bewusst, dass unsere Gefühle auf Basis unserer Beurteilungen entstehen. Die meisten von uns haben das anders beigebracht bekommen. Da hieß es schon im Sandkasten: „Oh, jetzt bist du traurig, weil das Mädchen dir die Schippe weggenommen hat." So leben wir in der Annahme, dass die äußere Welt um uns herum die Macht über unsere Gefühle hat. Da sind wir traurig, weil sich die beste Freundin lange nicht gemeldet hat, enttäuscht, weil wir die Beförderung nicht bekommen haben, und gestresst, weil noch ein Report angefordert wurde. Was für eine unsägliche Abhängigkeit von so vielen Dingen, die wir überhaupt nicht oder nur ganz wenig beeinflussen können! Dabei besteht diese Abhängigkeit nur in unserem Kopf. Denn wir übersehen dabei, dass unsere Gefühle von Traurigkeit, Wut, Enttäuschung und Stress erst durch unsere eigene, persönliche Beurteilung der Situation im Außen entstehen. Wenn unser Urteil über den ausbleibenden Anruf der Freundin lautet „ich bin ihr wohl nicht wichtig, sie mag mich nicht so sehr wie ich sie oder sie ist sauer auf mich", dann entsteht das Gefühl von Traurigkeit. Das ist der negative Judge-Saboteur, der dann am Werk ist. Wenn wir den allerdings im Griff haben und die Situation anders, positiv oder gar nicht beurteilen: „Sicher hat sie wahnsinnig viel zu tun; ich bin ihr so wichtig, dass sie einen Anruf nicht einfach dazwischenquetschen will; oh, stimmt, ich habe wirklich länger nichts von ihr gehört, das ist mir bei allem, was bei mir gerade passiert, noch gar nicht aufgefallen." Wenn wir solche Gedanken denken, dann können positive Gefühle entstehen:

Empathie, Neugier (was ist wohl los bei ihr?) oder Tatendrang (ich rufe sie am besten heute Abend an).

Tatsächlich ist der Judge sehr mächtig in unser aller Gedankenwelt. Bei dem einen fällt das Urteil über sich selbst häufig sehr streng aus. Bei anderen richtet sich die Kritik in den meisten Fällen an die Mitmenschen. Und wieder andere hadern mit den Umständen und der Welt an sich … Wenn nur diese Pandemie nicht wäre!

Aber kein Grund, dich zu grämen oder zu verurteilen (das wäre nur wieder der innere Judge). Dieses Urteilen ist sehr menschlich. Und genauso menschlich ist unsere Fähigkeit, zu trainieren und zu lernen, unseren inneren Richter Schachmatt zu setzen. Und wie das bei Saboteuren der Fall ist, legst du ihm am besten das Handwerk, indem du ihn auffliegen lässt. Indem du ihn als negativen Gedankeneinfluss, der dich stresst, identifizierst, hast du die Abwehr schon erledigt. Enttarnt kann er sein Unwesen nicht mehr treiben. Alles, was du folglich brauchst, ist eine geschärfte Wahrnehmung für ein inneres Zwiegespräch und eine gedankliche Etikettiermaschine, mit der du die entlarvten Saboteurgedanken markieren kannst. Damit labelst du die harschen Urteile, die du fällst, zum Beispiel mit einem: „Oho, da spricht mal wieder der Judge in mir und verbreitet Stress." Du kannst deinem inneren Judge auch einen Namen geben – so einen richtigen Fieslingsnamen. Gehe den Umgang mit dem Judge und damit die Sabotageabwehr spielerisch an und mache dir einen kleinen Spaß mit dir. Du wirst sehen, mal klappt es und mal nicht.

Mal wird sich der Judge bei Enttarnung sofort verabschieden, mal wird er diskutieren und dich einlullen wollen, warum du doch besser auf ihn hören solltest. Das ist total in Ordnung. Jedes Auftauchen des Judges bietet dir eine Trainingsgelegenheit. Nur darüber wirst du besser in der Sabotageabwehr. Also, *bring 'em on, the beasty fellas!*

Der Judge ist die treibende negative Kraft, aber er handelt nicht allein. Er macht oft den stressverstärkenden Aufschlag und gibt den Ball dann an seine Handlanger, an den Rest der Bande, weiter.

Avoider, der Vermeider

Der Vermeider konzentriert sich extrem auf das Angenehme im Leben. Das tut er so weit, dass er dich schwierige oder unangenehme Aufgaben meiden lässt. Das führt zu Aufschieberitis und Konfliktvermeidung. Schwelende Konflikte oder ignorierte Aufgaben brechen unkontrolliert auf und verzögern geplante Abläufe. Seine Rechtfertigungslüge ist, dass er einfach nur sehr positiv ist. Dabei bringt er dich eigentlich dazu, Probleme zu meiden, die angepackt gehören.

Controller, der Kontrolletti

Der Kontrolletti agiert aus dem übertriebenen Bedürfnis, die Kontrolle zu haben und zu behalten. Er lässt dich versuchen, sowohl Umstände als auch Menschen zu kontrollieren, und wird verspannt und ungeduldig, wenn das nicht gelingt. Seiner Meinung nach hast du entweder die Kontrolle oder alles gerät außer Kontrolle. Du kannst mit dem Controller kurzfristige Erfolge erzielen. Langfristig entsteht jedoch Ablehnung und Widerwillen in anderen. Die Lüge des Controllers ist, dass du ihn brauchst, um das Beste aus anderen herauszuholen.

Hyper-Achiever, das Arbeitstier

Das Arbeitstier in dir definiert dich über Leistung. Damit hängen deine Selbstachtung und dein Selbstwertgefühl von kontinuierlicher Bestleistung ab. Es lenkt deinen Fokus auf externe Erfolgsfaktoren, nicht auf innere Faktoren und Glück. Das führt oft zu Workaholic-Verhalten, das sich nicht dauerhaft aufrechterhalten lässt. Es lässt dich den Kontakt zu deinen wirklichen Bedürfnissen und deinen Beziehungen verlieren. Seine Lüge ist, dass Selbstachtung von Leistung und externer Bestätigung abhängt.

Hyper-Rational, der Versachlicher

Der Versachlicher in dir bringt einen intensiven und exklusiven Fokus auf die rationale Verarbeitung von allem mit – Beziehungen eingeschlossen. Unter seinem Einfluss denkst du zu viel über Gefühle nach, statt sie zu fühlen. Er lässt dich ungeduldig mit den Emotionen anderer sein und hält Gefühle für irrelevant. Unter dem Einfluss des Versachlichers wirst du als kaltherzig, distanziert oder arrogant wahrgenommen. Er begrenzt die Tiefe und Flexibilität deiner Beziehungen, sowohl im Büro als auch privat. Weniger analytisch denkende Menschen sind durch den Versachlicher in dir schnell eingeschüchtert. Die Lüge des Versachlichers ist, dass rationales Denken die wichtigste und hilfreichste Intelligenz ist, die du hast.

Hyper-Vigilant, der Übervorsichtige

Der Übervorsichtige lässt dich kontinuierlich sehr angespannt alle Gefahrenpotenziale deiner Umgebung scannen und abschätzen, was alles schiefgehen könnte. Er ist immer aufmerksam und lässt dich nicht entspannen. Das führt zu kontinuierlichem Stress für dich und andere. Er lügt, indem er die Gefahren um dich herum größer scheinen lässt, als sie sind, und dir suggeriert, dass unablässige Vorsicht und Aufmerksamkeit die einzigen Mittel sind, den Gefahren zu begegnen.

Pleaser, der Nonstop-Helfer

Der Nonstop-Helfer spornt dich an, anderen immer zu helfen, zu schmeicheln und nett zu sein, um ihre Akzeptanz und Zuneigung zu erlangen. Dadurch verlierst du deine eigenen Bedürfnisse aus den Augen und entwickelst inneren Groll. Darüber hinaus lässt diese Verhaltensweise andere über ein gesundes Maß hinaus von dir abhängig werden. Die Lüge hier ist, dass du anderen hilfst, weil du etwas Gutes tun willst. Dabei verleugnest du, dass du eigentlich indirekt versuchst, Akzeptanz und Zuneigung zu bekommen.

Restless, der Rastlose

Der Rastlose ist immer beschäftigt und auf der Suche nach dem Kick in der nächsten Aktivität. Er erlaubt dir nicht, viel inneren Frieden oder Zufriedenheit in deiner aktuellen Beschäftigung zu empfinden. Stattdessen liefert der Rastlose dir eine nie endende Reihe von Ablenkungen. Dinge und Beziehungen, die dir wirklich wichtig sind, geraten aus dem Fokus. Anderen fällt es schwer, mit dir mitzuhalten, wenn der Rastlose das Ruder übernommen hat. Sie fühlen sich von dir distanziert. Die Lüge des Rastlosen lautet, dass du ein erfülltes Leben führst, so beschäftigt wie du bist. Dabei ignoriert der Rastlose, dass du in der Jagd nach einem erfüllten Leben das Leben verpasst, das jetzt gerade stattfindet.

Stickler, der Perfektionist

Der Perfektionist übertreibt zum Thema Perfektion, Ordnung und Organisation. Das lässt dich und deine Mitmenschen in ständiger Anspannung leben. Die 120 Prozent an zu vielen Fronten rauben dir Energie, ohne entsprechenden Nutzen zu stiften. Darüber hinaus lässt er dich in kontinuierlichem Frust mit dir und anderen leben, weil Dinge nicht perfekt genug laufen. Die Lüge des Perfektionisten ist, dass Perfektionismus gut ist. Vor dem sehr hohen Preis, den du dafür bezahlst, verschließt du die Augen.

Victim, das Opfer

Das Opfer in dir möchte, dass du dich emotional, launisch und melancholisch fühlst, um auf dich aufmerksam zu machen und Zuwendung und Zuneigung zu erhalten. Das führt zu einem extremen Fokus auf deine Gefühle, besonders die schmerzhaften, und kann oft zu einer Art Märtyrertum führen. Darüber verschwendest du viel deiner wertvollen mentalen und emotionalen Energie. Andere frustriert das. Sie fühlen sich hilflos oder schuldig, dass sie dich nie lange glücklich machen können. Die Lüge des Opfers ist, dass Märtyrertum die beste Möglichkeit ist, Fürsorge und Aufmerksamkeit zu erhalten.

Nun kann es ganz schön hart sein, wenn du dich bei einem oder mehreren Saboteuren ehrlich ertappt hast. Die Lügengeschichte, die wir uns da täglich erzählen, als Lüge anzunehmen und die Wahrheit dahinter zu akzeptieren, braucht einiges an Aufrichtigkeit und Ehrlichkeit. Das ist schwierig, ich weiß.

Drei Tipps dazu: Erstens darfst du so viel oder so wenig dazu reflektieren, wie du jetzt bereit dazu bist. Du darfst das ganz in Ruhe für dich beleuchten, bevor du etwas veränderst. Zweitens differenziere bitte zwischen dir und den Saboteuren. Hier gilt es, dich nicht in eine Schublade zu stecken. Du bist nicht der Kontrolletti oder der Versachlicher. Du trägst lediglich Anteile dieser Saboteure in dir, die mal mehr und mal weniger zum Vorschein kommen und dich stressen. Drittens erinnere dich bitte immer, dass du weder blöd noch allein damit bist, dir solch lügende Saboteure angeschafft zu haben. Wir haben sie alle. Es kommt einzig darauf an, welchen davon wir uns persönlich vornehmen wollen und wie viel Bewusstsein wir uns zutrauen. Traue dich!

Es ist nicht so wichtig, den handelnden Saboteur immer korrekt zu benennen. Sie arbeiten häufig zusammen, und dann wird es schnell schwierig, die einzelnen Stressverstärker voneinander abzugrenzen. Zerbrich dir darüber nicht den Kopf. Es ist völlig ausreichend, deine persönlichen üblichen Verdächtigen auf dem Schirm zu haben und ihnen bei Bedarf ein „Ich merke das, Jungs und Mädels. Ihr macht mir unnötigen Stress!" zuzuwerfen.

Um deine üblichen Verdächtigen ans Licht zu holen, kannst du hier kostenlos einen Selbsttest in englischer Sprache machen und dir zusenden lassen, wie ausgeprägt welcher Saboteur in dir arbeitet: Assessments | Positive Intelligence/
https://assessment.positiveintelligence.com/saboteur/instructions

TRAINING DEINER INNEREN KRAFT

Die Saboteure suggerieren uns, dass ohne sie nichts geht. Aber du weißt nun, dass sie in ihrer Argumentation ganz schön falschspielen, und kommst ihnen auf die Schliche. Schauen wir nun, was du alles an positiver, innerer Kraft in dir trägst. Diese innere Kraft ist es, die dir Flügel verleiht oder dich der Fels in der Brandung sein lässt, wenn die Stresswogen mal wieder hochschlagen. Deine innere Kraft ist es, die dich dieses Buch lesen lässt – statt mit Chips und Netflix auf dem Sofa zu gammeln. Deine innere Kraft ist es auch, die dich die ersten kleinen Aha-Effekte zu deinen Saboteuren annehmen lässt. In dieser Kraft bist du unterwegs, wenn „es so richtig gut läuft", wenn du im *Flow* bist – im Job, beim Basteln, Sporteln, Werken, Kochen … Da bist du auch im Gehirn in Arealen unterwegs, die mit dem Überlebensmodus nichts zu tun haben. Hier hast du Zugriff auf dein weises Selbst und das, was dich wirklich ausmacht.

Aber bevor es dir zu abgehoben wird, lasse uns lieber konkret werden und deine Fähigkeiten ans Licht holen, die hier liegen. Ich erwähnte schon, dass es fünf innere Kräfte sind, die du in dir trägst: Empathie, Neugier, Innovationskraft, Steuerungsfähigkeit und Tatkraft. Glaubst du nicht, dass du das alles in dir hast? Dann liegt das daran, dass die Saboteure dir den Blick verstellen. Dann brauchst du zuerst einen Perspektivwechsel. Du darfst die Grütze, die dich gerade stresst, als Chance sehen, etwas zu verändern. Du darfst die Brille wechseln, mit der du auf das Problem blickst und dich fragen: Was ist das Geschenk oder die Chance in dieser Situation? Ernsthaft! Ich weiß, dass es hier gerade sehr *coachy-coach-will-keiner-hören* klingt. Deshalb ignoriere mal bitte einen Moment, was ich beruflich mache, und lasse dir von mir privat und aus eigener Erfahrung ein Beispiel geben, wie dieser Perspektivwechsel die Sicht auf die volle Pracht der Möglichkeiten freigeben kann: Vor einigen Jahren hatte ich ein richtig ungesundes Stressproblem. Ich hatte mich körperlich und seelisch runtergewirtschaftet und war eigentlich nicht überraschend, aber für mich doch völlig unerwartet in ein Burnout gerauscht. Totale Grütze, kann ich dir sagen. Das war hart, und es ging mir eine ganze Weile überhaupt nicht gut. Und wenn du mich jetzt fragst, wo der Wendepunkt für mich lag, dann antworte ich ganz klar: Der Wendepunkt war der Moment, als ich mich gefragt habe, ob in dieser absoluten Grütze nicht auch irgendwo eine Chance verbuddelt liegt. Und ich kann dir sagen, ab diesem Punkt kam die Energie zurück. Nach diesem Wechsel der Perspektive (von: „Sch…, warum ich, was mache ich denn jetzt?" zu: „Okay, so isses jetzt, was kann ich draus machen?") hatte ich Zugriff auf meine fünf inneren Kräfte – ohne dass ich von diesem Konzept damals schon etwas gewusst hätte. Jede einzelne der Kräfte habe ich auf meinem Weg aus dem Burnout und hin zu meiner neuen Aufgabe par excellence eingesetzt. Ich bin sicher, dass ich anders auch nicht dahingekommen wäre, wo ich heute sehr zufrieden stehe. So erlaubst du mir hoffentlich zu sagen: In jeder Grütze liegt auch ein Geschenk.

Sollten deine Gedanken jetzt in die Richtung wandern, dass das überhaupt nicht stimmt und manche Grützen auch einfach nur absolute Grütze sind, dann lasse uns das für die großen Themen wie Tod, Krieg, Hunger oder Klimawandel für den Moment so stehen lassen. Betrachten wir es für die Situationen, um die es uns auf unserer Reise ins Land der Gelassenheit geht:

Jedes Stressempfinden ist immer von deinen Saboteuren getriggert.
Und in jedem Stress liegen immer auch ein Geschenk und eine Chance.

Du spürst den Unterschied, wenn du es schaffst, in schwierigen Situationen gelassen zu bleiben. Lasse solch eine Situation für dich Revue passieren und frage dich, wie du es geschafft hast, nicht auszuflippen. Du wirst feststellen, dass Gelassenheit aus deinem Inneren heraus entsteht. Das funktioniert nur von innen nach außen – nicht andersherum. (Denke an den letzten gut gemeinten Rat des Kollegen: „Entspanne dich mal!" Der hat sicher nicht so gut funktioniert.)

Für den Fall, dass du kleine Geschichten magst und nichts gegen die eine oder andere *Coachy-coach*-Metapher hast, habe ich die Geschichte vom alten Bauern und seinem edlen Pferd von Shirzad Chamine[57] für dich:

Der Bauer und sein Pferd

Ein alter Bauer lebte mit seinem Sohn, schon ein junger Mann, auf seinem Hof. Er hatte auch einen wunderbaren Hengst, um den er sich liebevoll kümmerte. Eines Tages stellte der alte Bauer seinen Hengst bei der jährlichen Hengstschau des Landes vor, und der Hengst machte den ersten Platz. Da kamen die Nachbarn zusammen und beglückwünschten den Bauern zu seinem großartigen Sieg. Der antwortete: „Wer weiß, was gut ist und was schlecht ist." Verwundert gingen die Nachbarn nach Hause.

Eine Woche später hörten Pferdediebe von dem wertvollen Hengst und stahlen dem Bauern sein Pferd. Als die Nachbarn kamen, um darüber ihr Bedauern auszudrücken, trafen sie den alten Bauern ruhig und gefasst an. Er sagte: „Wer weiß, was gut ist und was schlecht ist."

Einige Tage später entkam der Hengst den Dieben und fand seinen Weg zurück zum Hof des Bauern. Einige wilde Stuten begleiteten ihn. Die Nachbarn waren sehr aufgeregt und beglückwünschten den Farmer abermals. Wieder antwortete der: „Wer weiß, was gut ist und was schlecht ist."

Einige Wochen später wurde der Sohn des alten Bauern von einer der Stuten abgeworfen, als er versuchte, sie einzureiten. Er brach sich das Bein. Als die Nachbarn dies bedauerten und ihr Mitleid bekundeten, erinnerte er sie: „Wer weiß, was gut ist und was schlecht ist."

In der nächsten Woche zog die Armee durch das Land und rekrutierte alle jungen Männer für den Krieg, der gerade ausgebrochen war. Der Bauerssohn wurde wegen seines gebrochenen Beines nicht eingezogen. Zu diesem Zeitpunkt brauchten die Nachbarn nicht mehr zu hören, was der alte Bauer dazu zu sagen hatte. Sie wussten es schon: „Wer weiß, was gut ist und was schlecht ist. "

Vielleicht gelingt es dir, der nächsten Betrachtung deiner Grütze eine etwas andere Nuance zu geben. Vielleicht kommen dir der alte Bauer und sein Hengst in den Kopf, und du fragst dich, worin ein Vorteil, eine Chance oder das Geschenk dieser Situation liegen könnte? Versuche es einmal. Was dabei übrigens auf den ersten Blick wie passives Abwarten, was als Nächstes kommt, wirken kann, hat am Ende mehr von einer sich selbsterfüllenden Prophezeiung: Haben die Saboteure recht, die sagen: „Das ist schlecht"? Oder ist die Perspektive richtig: „Das ist ein Geschenk"? Am Ende wird das wahr, an das du glaubst.

Damit du vor allem an dich selbst glaubst, lasse uns einen Blick auf deine wunderbaren inneren Kräfte werfen. Der Reihe nach schauen wir uns alle fünf inneren Kräfte an, die in dir schlummern. Sicher vergisst du manchmal, dass du die eine oder andere davon in dir trägst, oder du bist sicher, dass die eine oder andere in deinem Repertoire nicht angelegt ist. Lasse dir versichert sein, dass du – und wir alle – die vollständigen fünf inneren Kräfte besitzen. Je mehr du das Gefühl hast, eine oder mehrere dieser Kräfte nicht zu haben, desto stärker ist bloß dein Zugang zu ihr mit Saboteuren verstellt. Und wie du denen begegnen kannst, weißt du ja bereits.

Empathie – Mitgefühl und Miteinander

Deine Empathie ermöglicht es dir, Wertschätzung und Mitgefühl zu zeigen. Über Empathie kannst du verzeihen. Empathie brauchst du für dich selbst und für andere. Tiefe Empathie für dich selbst öffnet dir erst die Tür zu Empathie für andere. Dabei ist es gar nicht so einfach, tiefes Mitgefühl mit sich selbst zu empfinden, stimmt's? Du weißt ja mittlerweile, woran das liegt – Judge-Sabotage.

Dabei ist Mitgefühl so wichtig. Schließlich versuchen wir doch in der Regel nur unser Bestes und bleiben dabei jeden Tag hinter unseren Idealen zurück, weil wir alle auch nur Menschen sind. Ja, selbst der „Idiot" neulich an der Supermarktkasse hätte sich anders verhalten, wenn er nicht durch wahnsinnig aktive Saboteure davon abgehalten worden wäre. Davon bin ich überzeugt. Und jedem von uns tut Empathie gut, sie baut uns auf und gibt uns das gute Gefühl von Verbundenheit miteinander. Wir können Kraft schöpfen und Mut für einen frischen Tag.

Nicht selten werden bei dem Thema die inneren Richter anspringen, die vor zu viel Mitgefühl warnen: Nur die Harten kommen in den Garten und sei kein Weichei! Diese Sabotage führt allerdings nicht zu größerer Stärke, sondern macht lediglich den Weg frei für ständige Selbstkritik.

Der Empathietrick: Sollte es dir schwerfallen, dein Mitgefühl zu aktivieren, horche in dich hinein, wie du in der Situation einem

Kind begegnen würdest. Kinder strahlen meist noch sehr viel ihres wahren wunderbaren Selbst nach außen aus. Ihre Saboteure sind noch nicht stark ausgeprägt. Es fällt uns deshalb leichter, sie gefühlvoll zu behandeln und ihnen Mitgefühl entgegenzubringen. Stelle dir das nächste Mal, wenn dein Teenager dich auf die Palme bringt, vor, wie er als Fünfjähriger war. Du wirst spüren, wie sich dadurch etwas in deiner Beurteilung der Situation verschiebt. Um Mitgefühl für dich selbst zu finden, erinnere dich an dich selbst, als du fünf und ganz in deinem Element warst. Wo war das? Was hast du gemacht? Wie war dein Gesichtsausdruck? Weißt du noch, wie du dich gefühlt hast? Vielleicht hast du ein Foto von dir als Kind, das du betrachten kannst?

Explore – Neugier und Forscherdrang

Erinnerst du dich aus der Zeit als Kind, wie es war, etwas wirklich zu erforschen und zu entdecken? Als Kinder hatten wir alle diese pure Neugier und Faszination beim Erkunden unserer Welt. Bei den meisten von uns ist diese Neugier und Offenheit über die Jahre verschüttet worden.

Dabei sind offene Neugier und pures Interesse die besten Mittel, um ein Problem oder eine Herausforderung wirklich zu verstehen und komplett zu durchdringen. Sehr schnell meinen wir, etwas verstanden zu haben, wenn uns tatsächlich unsere Saboteure den Blick auf vieles verstellen, was außerhalb unserer Wahrnehmung liegt. Schnell ruft der Rastlose zur Eile auf und lässt uns keine Ruhe, alles genau zu betrachten. Oder der Judge drängt sich in den Vordergrund und lässt uns nur noch darauf achten, recht zu behalten. Der Übervorsichtige warnt dich vor gefährlichen Forschungsfeldern – und so weiter, je nach Saboteur.

Allzu schnell verpassen wir die Chance, das wirklich Wichtige zu entdecken: das, von dem wir noch gar nicht wussten, dass wir es nicht wissen.

Der Neugiertrick: Um deine Forscherfähigkeiten voll anzuzapfen und auszuschöpfen, kannst du dich in die Rolle des faszinierten Anthropologen versetzen. Dabei beobachtest du mit ganzer Aufmerksamkeit, was um dich herum stattfindet, ohne es zu beurteilen, zu verändern oder zu kontrollieren. Stelle dir vor, du bist dieser Forscher, der ungefiltert Daten sammelt und dessen Ziel es ist, den Dingen und den Menschen auf den Grund zu gehen. Im Stress könntest du für drei Minuten versuchen, die Brille des faszinierten Anthropologen aufzusetzen, um zu verstehen, was überhaupt genau los ist.

Innovate – Kreativität und Innovationskraft

Innovation und kreative Lösungen sind viel gefragt. Das Schwierige daran ist, dass wirklich kreative oder neue Lösungen nur dort entstehen, wo wir es schaffen, unsere üblichen Boxen mit all ihren

Annahmen, Gewohnheiten und Beurteilungen zu verlassen. Unsere Innovationskraft brauchen wir, wenn wir uns auf dem bisherigen Weg schon mehr als eine blutige Nase geholt haben und uns dämmert, dass es sich bei der von uns bisher gewählten Lösung um eine Sackgasse handeln könnte.

Natürlich halten uns unsere Saboteure in unseren bestehenden Schubladen fest. Sie wollen keine neuen Wege, sie wollen, dass alles so bleibt, wie es ist. Deshalb ist es für den Zugriff auf unsere Kreativität wichtig, die Saboteure bei der Lösungsfindung aktiv auszusperren und mit der klaren Vorgabe zu arbeiten: Finde so viele Ideen wie möglich.

Für jeden, der schon einmal an einem Workshop zur Ideenfindung teilgenommen hat, ist das ein alter Hut. So viele Ideen wie möglich zu sammeln und dabei im ersten Schritt auf Quantität und nicht Qualität zu achten, funktioniert nur, wenn über die entstehenden Ideen kein Urteil gefällt wird. Du erinnerst dich an die gängigen Brainstorming-Methoden. Da wird der Judge immer ausgesperrt.

Der Innovationstrick: Der Trick bei der kreativen und wirklich neuen Lösungsfindung ist die Antwort: „Ja ... und ...“ auf jede aufkommende Idee. Das gilt im Team wie auch im Zwiegespräch mit dir selbst. Wenn du eine Idee hast, wie dein Weg aus dem Stress aussehen könnte, schaust du dir an, was dir daran gefällt, und dann überlegst du, wie du mit der nächsten Idee daran anknüpfen könntest. Zum Beispiel: Ich könnte mal wieder laufen gehen. – Ja, was mir daran gefällt, ist, dass es ein guter Ausgleich wäre. Und ich könnte mir vorstellen, über weitere Möglichkeiten draußen nachzudenken. – Ja, was mir an draußen gefällt, ist, dass ich da weg vom Schreibtisch bin. Und ich könnte mir vorstellen, etwas Gartenarbeit zu machen.

Navigate – Steuerungsfähigkeit und Planung

Deine Steuerungsfähigkeit ermöglicht es dir, sicher und beständig durch Terrain zu manövrieren, das es – wie wir alle wissen – immer wieder mal ordentlich in sich hat und in dem sich ständig neue Möglichkeiten, Engpässe und Unwägbarkeiten auftun. Wie der Name dieser inneren Kraft vermuten lässt, liegt hier dein innerer Routenplaner. Im Kern basiert diese Fähigkeit auf deinem inneren Kompass, deinen persönlichen Werten. Hier hast du Zugriff auf das, was dir wirklich wichtig ist und deinem Leben Sinn gibt.

Keine Sorge, um diesen Kompass gut nutzen zu können, musst du nicht warten, bis du den Sinn des Lebens und deine Erfüllung gefunden hast. Es kommt nicht darauf an, auf die großen Fragen des Lebens eine Antwort zu haben, um seinen inneren Kompass benutzen zu können. Nutze ihn für die kleinen, alltäglichen Schritte. Jetzt diesen Report fertig machen oder am Meeting teilnehmen? Das Onlinetraining endlich anfangen oder wieder schieben? Früher den Rechner ausmachen, um noch einkaufen zu gehen, oder früher den Rechner ausmachen für eine Partie Schach mit der Tochter? Kleine, alltägliche Entscheidungen, für die ein Check der eigenen Gefühlslage wertvoll ist. Fühlst du dich von deinen Saboteuren in eine Richtung geschubst und gedrängelt (Verpflichtung, Schuldgefühle, Unsicherheit, Konfliktvermeidung als Beispiele für den Judge, den Übervorsichtigen oder den Nonstop-Helfer) oder lockt dich ein inneres Bedürfnis?

Der Steuerungstrick: Mit einer Entscheidung konfrontiert, bei der du nicht intuitiv weißt, was du machen möchtest, stelle dir vor, du stündest am Ende deines Lebens und blickst zurück. Zu welcher Entscheidung rätst du dir selbst aus dieser Perspektive des Zurückschauens? Zu diesem Zeitpunkt verlieren die Saboteure spätestens an Macht über uns, und es ist leichter zu erkennen, was uns wirklich bereichert. Faszinierenderweise besitzen wir Menschen die Fähigkeit, diese innerlich weise Position einzunehmen. Es gelingt nicht immer sofort, aber du kannst es immer wieder in einem kurzen Moment ausprobieren. Schnell wirst du feststellen, wie viel Klarheit dir diese Perspektive beschert. Wenn du deine kleinen alltäglichen Schritte in den meisten Fällen an diesem inneren Kompass ausrichtest, dann brauchst du den Sinn des Lebens nicht zu kennen, um ein glückliches und zufriedenes Leben zu führen.

Activate – Tatkraft und Willensstärke

Die Krise ist eine Chance, so abgedroschen das auch klingen mag. Der Stress ist eine Chance und ein Geschenk, das du – zum Beispiel mithilfe der 4-A-Strategie (Kapitel 3 *Ausgleich – die ersten Schritte*) – annehmen darfst. Annehmen heißt dabei nicht, sich zu fügen oder mit etwas abzufinden. Ganz im Gegenteil. Aus deinem sabotagefreien Inneren heraus kannst du Bärenkräfte freisetzen. Von positiven Emotionen und deinen inneren Werten motiviert, bist du in der Lage, hochfokussiert und konzentriert den Beitrag zu leisten, der dir wichtig ist. Du kennst das befreiende Gefühl des konzentrierten Arbeitens im *Flow* sicherlich, bei dem dir nicht ständig innerlich die Saboteure dazwischenquatschen. Selbstverständlich kannst du nicht nur in der Stillarbeit in diesen *Flow* kommen. Je nach Typ kannst du den auch genießen, wenn du im Verkauf in deinem Element mit den Kunden bist, als Projektleiterin im Status-Meeting oder als Lehrerin vor deiner Klasse. Ganz egal, was es ist – es läuft wie am Schnürchen, wenn du die Saboteure im Griff hast und dein Geist mit einem laserscharfen Fokus auf die Aufgabe gerichtet ist. Die gelassene, konzentrierte Haltung dabei ist das Gegenteil von geschäftiger Betriebsamkeit, die wir schnell ausbrechen lassen, wenn Stress aufkommt.

Der Tatkrafttrick: Es gilt, deiner Tatkraft den Weg freizumachen von sabotierenden Gedanken. Der Rest entsteht von selbst. Um den Weg freizumachen, kannst du vorgehen wie ein Detective in der Verbrechensbekämpfung in einer US-amerikanischen Serie. Du antizipierst die Schritte der Saboteure, um sie möglichst vor der Tat auffliegen zu lassen. Nennen wir es Sabotageprävention. Dafür versetzt du dich am besten in deine aktivsten Saboteure hinein und überlegst, mit welchen Gedanken sie wohl ankommen werden, wenn du gerade so richtig loslegen willst. Durch ihre Vorwegnahme werden sie entweder im Tun gar nicht erst auftreten oder du bist bereits gewappnet und kannst sie durch das schnelle Etikettieren abwehren.

Bahn frei für deine kraftvolle Action!

DEINE INNERE TRAINERIN

Nun sind dir deine inneren Kräfte (wieder) bewusst geworden, und du weißt, wie du den stressverstärkenden Saboteuren durch Aufdecken ihrer Machenschaften zu Leibe rückst. Nur ist das Umschalten vom Sabotagemodus in den Inneren-Kraft-Modus gar nicht so einfach. Besonders im Stress kannst du das vergessen. Das ist schon im Ruhezustand wirklich schwierig. Das liegt an den neuronalen Verbindungen, die in unserem Gehirn trainiert sind. Du erinnerst dich: Die Aktivitäten der Saboteure laufen hauptsächlich über einen Teil unseres Gehirns in der linken Hälfte, während wir auf unsere innere Kraft über Areale in der rechten Hirnhälfte Zugriff haben. Die neuronalen Pfade bei eingehenden Reizen hin zu dem Areal, dem die Saboteure entspringen, sind bei den meisten von uns gut ausgetretene Pfade – wenn nicht richtiggehende Autobahnen. Sie scheinen der schnellste Weg zwischen Reiz und Reaktion zu sein, wir fahren fast automatisch auf, und Wenden geht nicht. Der Pfad in unsere rechte Gehirnhälfte, über den wir Zugang zu unserer Empathie, unserer Neugier, Kreativität, Steuerungsfähigkeit und Willensstärke haben, ist allerdings im Dickicht oftmals kaum zu erkennen. Um von einer Route zur anderen zu gelangen, brauchen wir Übung. So wie wir untrainiert im Fitnessstudio keine schweren Gewichte stemmen können, so können wir mental untrainiert nur sehr langsam und mit bewusstem Bemühen von einer Gehirnhälfte in die andere schalten. Die neuronalen Pfade sind sehr schmal und unsere mentale Fitness ausbaufähig.

Zum Glück hast du deine ganz eigene Personal Trainerin für mentale Fitness! Sie ist die Stimme in dir, die dich an deine Fitnessübungen erinnert, die dich motiviert und unterstützt. Sie ist die Stimme, die mit dem Aufschieber in Verhandlung tritt oder dem Arbeitstier die kurzen Pausen aus den Rippen leiert. Sie hat den Überblick, kennt deinen Fitnessstand und weiß, was du dir zutrauen kannst.[58] Am besten unterschreibst du gleich einen Zweijahresvertrag bei ihr. Derart motiviert und frisch engagiert, legt sich deine innere Trainerin natürlich sofort für dich ins Zeug. Im folgenden Mini-Train-the-Trainer-Workshop habe ich das Wichtigste der Trainingslehre zur mentalen Fitness zusammengefasst.

Train the Trainer

Im Fitnessstudio funktioniert das Hanteltraining, um die physischen Muskeln zu stärken. Das Äquivalent dazu in der mentalen Fitness ist sehr einfach: Lenke so viel deiner Aufmerksamkeit, wie du kannst, auf deinen Körper und irgendeinen deiner fünf Sinne für mindestens zehn Sekunden. Zack, so einfach. Zehn Sekunden sind alles, was es für eine sogenannte PQ® Rep[59] braucht. Damit stärkst du deine mentale Muskelkraft.

Für diese einfache Übung, diese PQ® Rep, benötigen wir unsere rechte Gehirnhälfte und die Areale, die wir auch für unsere innere Kraft brauchen. Indem wir mit einer PQ® Rep darauf zugreifen, aktivieren wir diesen Bereich und stärken die neuronalen Verknüpfungen. Je öfter wir dies tun, desto stärker werden die Verknüpfungen, und desto breiter und einfacher zu nutzen sind die Pfade.

Zehn Sekunden pro Übungseinheit sind nichts. So leicht sie in jeden vollen Terminkalender passen, so leicht gehen sie uns auch im Trubel unter. Deshalb werfen wir noch einen Blick auf die metaphorischen Geräte, an denen die mentalen Trainingseinheiten absolviert werden können. Mit relativ hoher Wahrscheinlichkeit bist du bis hierher beim Lesen dieses Buches verkopft unterwegs gewesen. Du hast mitgedacht, Transferüberlegungen angestellt, bist vielleicht auch mal abgeschweift. Deines Körpers warst oder bist du dir dabei wahrscheinlich relativ wenig bewusst gewesen. Das kannst du direkt hier beim Lesen zum Anlass für deine allererste PQ® Rep nehmen: Während du weiterliest, werde dir des Gewichtes deines Körpers bewusst, wo er den Stuhl berührt. Achte zehn Sekunden darauf, wie schwer dein Körper in dem Stuhl sitzt (zehn Sekunden entsprechen ungefähr drei Atemzügen). Oder versuche doch mal, die Temperatur, Textur und genaue

Beschaffenheit dessen zu fühlen, auf dem deine Hand liegt. Oder lenke die Aufmerksamkeit, während du weiterliest, auf alle Geräusche, die du um dich herum wahrnehmen kannst. Kannst du deinen eigenen Atem hören? Super! Gerade hast du deine ersten PQ® Reps absolviert. Und du weißt ja aus Kapitel 3, wie wertvoll Anfänge sind.

Deine Personal Trainerin weiß natürlich, wie wichtig Routinen im Training sind. Deshalb wird sie auf die Suche gehen, welche deiner bereits bestehenden täglichen Routinen sich am besten eignen, um sie für PQ® Reps zu nutzen. Teste, ob du nicht beim Zähneputzen zehn Sekunden lang deine Aufmerksamkeit laserscharf darauf lenken kannst, welche physischen Empfindungen du durch das Schrubbeln und Schäumen wahrnimmst. Spürst du das Fegen über das Zahnfleisch, den Schaum auf der Zunge oder den Minzgeruch in der Nase? Konzentriere dich auf eine physische Wahrnehmung nach der anderen. Natürlich unterbrechen dich Gedanken an deine To-do-Liste oder das anstehende Meeting. Das ist total in Ordnung. Du lenkst deine Aufmerksamkeit für die verbleibenden Sekunden einfach wieder zurück zum Zahnpastaschaum.

Gleichermaßen kannst du Bewegung nutzen, um dich ganz auf einen deiner Sinne zu konzentrieren, zum Beispiel beim Gehen die Empfindungen am Fuß, an der Fußsohle, in den Muskeln und Bändern im Fuß, das Abrollen über die Zehen und das Wiederaufsetzen über die Hacken.

Auch beim Essen oder Trinken hast du sehr gute Gelegenheiten, PQ® Reps unterzubringen. Beim Händewaschen (Wie klingt das Wasser? Wie fühlt sich die Seife auf der Haut an? Wie riecht sie?), beim Musikhören oder auch einfach schlicht beim Atmen.

Deine innere Trainerin kann ein bestimmtes Ritual als Erinnerung an die PQ® Reps für dich auswählen. Immer wenn du ein Glas Wasser trinkst, immer wenn du dich hinsetzt, wenn du von einer Aufgabe zur nächsten springst. Du kannst etwas fortgeschritten sogar PQ® Reps in einem Meeting machen (virtuell noch viel einfacher): Nimm den Klang und die Melodie der Stimme des momentanen Redners wahr, wie du sie noch nie wahrgenommen hast. Versuche, ganz genau hinzuhören, wie die Töne klingen, wie die Laute gebildet werden. Vielleicht entdeckst du etwas an der Stimme eines Kollegen, das dir noch nie aufgefallen ist.

Im fortgeschrittenen PQ®-Rep-Kurs im mentalen Fitnessstudio nimmst du dann mit etwas Übung auch das Auftreten der Saboteure zum Anlass für PQ® Reps. Wow, das ist ein großartiger Gelassenheitseffekt, du wirst sehen! Und du bist auf dem besten Weg dorthin. Du brauchst nicht mehr viel, um diesen wertvollen Effekt genießen zu können.

Wie beim physischen Muskeltraining macht eine Hantel noch keine Muckis. So gilt natürlich auch beim mentalen Fitnesstraining: Je regelmäßiger und häufiger du PQ® Reps machst, desto schneller und tiefer stellt sich deine Gelassenheit ein. Je stärker dein mentaler Muskel, desto mehr Stress kannst du trotzen. Am besten schickst du dich selbst in ein kleines alltagstaugliches Bootcamp, wie du es auf dem nächsten Rastplatz kennenlernen wirst.

Und wenn du Lust bekommen hast, dich intensiver mit PQ® auseinanderzusetzen und deine mentale Fitness spürbar und nachhaltig zu steigern, dann interessiert es dich vielleicht, dass ich dazu Trainings in der Gruppe anbiete. Du kannst dich hier auf die Warteliste setzen: https://gelassenmitkatrinhormann.de/mentalfit/

Ich informiere dich dann über alle Details und darüber, wann wieder ein Platz frei wird. Das Training läuft App-gestützt über sechs Wochen. Alles, was du brauchst, sind wöchentlich zwei Stunden Zeit plus deine täglichen PQ® Reps. Eine Stunde pro Woche treffen wir uns live per Video für Coaching, Unterstützung und Austausch in einer fünfköpfigen Gruppe. Eine weitere Stunde pro Woche benötigst du zum Anschauen der Trainingsvideos. Während der gesamten Zeit kannst du deine PQ® Reps in der App tracken und deine Fortschritte festhalten. Ich würde mich riesig freuen, dich dort zu treffen und persönlich mit dir in den Austausch zu kommen.

AUFTANKEN UND RASTEN

Mentale fitness

Über Muskeln zu reden, macht dich nicht stärker. Da ist es doch praktisch, dass du an dieser Stelle deines Weges zu mehr Gelassenheit um eine Kurve kommst und dich auf einem dieser Trimm-dich-Plätze im Wald wiederfindest. Dieser Trimm-dich-Platz ist natürlich ein ganz besonderer: Hier kannst du deine mentale Fitness trimmen.

So geht's:

Eine PQ®-Rep-Einheit mit den Sinnen des Sehens und Fühlens, lege direkt los:

Setze dich bequem, aber aufrecht hin.
Deine Füße stehen am Boden, und deine Hände liegen entspannt auf deinen Oberschenkeln.

Richte nun deinen Blick auf etwas, das sich in deinem Blickfeld befindet, und lenke deine gesamte Aufmerksamkeit darauf.
Nimm voll und ganz wahr, was du betrachtest.
Sieh dir Farben und Schattierungen in ihrer vollen Klarheit an.
Achte darauf, wie die Form, das Material und die Oberfläche aussehen.
Nimm dir zehn weitere Sekunden dafür.

Nun lasse deinen Blick unscharf werden.
Lasse deinen visuellen Fokus verschwimmen,
sodass die Sinneseindrücke über die Augen in den Hintergrund
treten.

Lenke deine Aufmerksamkeit nun auf das Fühlen.
Berühre etwas mit den Fingerspitzen.
Streiche über den Gegenstand, sodass du
alle Nuancen des Tastens an deinen Fingerspitzen spürst.
Nimm dir zehn weitere Sekunden dafür.

Behalte den soften, visuellen Fokus bei und
nimm nun deinen Atem wahr.
Nimm wahr, wie sich dein Brustkorb und dein Bauch
bei jedem Atemzug heben und senken.
Nimm dir zehn weitere Sekunden oder drei weitere Atemzüge
dafür.

Super! Du hast zwei Minuten mentales Fitnesstraining erledigt.

Derart frisch gestartet, merkst du: „Ach, das ist ja tatsächlich
machbar! Einfach umzusetzen und ohne viel Zeitaufwand!" Deine
innere Trainerin feuert dich sicher gut an, dich ruhig etwas weiter
im Trainingsprogramm zu wagen.

Deshalb habe ich hier einen beispielhaften Tagesablauf mit Vorschlägen, wie du ordentlich viel Training deiner mentalen Muskeln unterbringen kannst.

Nimm dieses kleine Tagesprotokoll[60] als Inspiration für dein eigenes, mentales Fitnessprogramm:

Mentales Fitnessprogramm

UHRZEIT   TÄTIGKEIT + PQ® REP

06:00 Uhr   Aufwachen
+ einen Moment Aufmerksamkeit auf das Gewicht des Kopfes auf dem Kissen und dem Gefühl der Decke auf meinem Körper

Judge erwischt und etikettiert
+ Aufmerksamkeit auf drei tiefe Atemzüge gelenkt

Zähneputzen
+ mit geschlossenen Augen, um alle Geräusche des Putzens wahrzunehmen

07:00 Uhr   Kaffee machen
+ Wahrnehmung darauf, wie sich die Knöpfe an
der Maschine anfühlen, der Duft des Kaffees, die
Wärme der Tasse in der Hand

Rechner hochfahren
+ Gewicht des Hinterteils auf dem Stuhl bewusst
wahrnehmen. Wo genau liegt das meiste Gewicht?

Perfektionist erwischt und etikettiert
+ Aufmerksamkeit auf den Duft des Kaffees gelenkt

10:00 Uhr   Anspannung wahrgenommen
+ bewusst auf die Geräusche des eigenen Atems
geachtet

11:00 Uhr   Hände waschen
+ die Temperatur des Wassers bewusst wahrnehmen,
auf das Geräusch des Wassers achten

Judge erwischt, wie er über Kollegen Schmidt urteilt,
und etikettiert
+ Aufmerksamkeit umgelenkt auf die Wahrneh-
mungen in den Fußsohlen

12:00 Uhr   Essen
            + einige Minuten davon mit besonderer Aufmerk-
            samkeit (so viel leckerer und befriedigender)

13:00 Uhr   + fünf Minuten PQ® Reps am Fenster (oder über
            die App), die Hälfte der Zeit gedanklich abgedriftet

15:00 Uhr   im Meeting über Kollege Schmidt geärgert, Judge
            erwischt und etikettiert
            + Fingerspitzen mit laserscharfer Aufmerksamkeit
            aneinandergerieben, um jede Rille in der Haut zu
            spüren

18:00 Uhr   Einkaufen
            + an der Kasse intensiv das Muster der Jacke der
            Kundin vor mir betrachtet

            im Auto den Rastlosen erwischt und etikettiert
            + Aufmerksamkeit auf die Musik im Radio gelenkt

19:00 Uhr Umarmung zur Begrüßung von Michael
+ volle Aufmerksamkeit auf seinen Atem, seinen
Herzschlag

über die Küche verärgerten Perfektionisten erwischt
und etikettiert
+ Fokus auf angespannte Muskeln in Kiefer und
Nacken gelenkt

20:00 Uhr Essen
+ zwei Minuten mit geschlossenen Augen

Perfektionist erwischt, der Michael erklären will, wie
die Küche richtig sauber gemacht wird und etikettiert
+ Aufmerksamkeit auf das Gewicht des Hinterteils
auf dem Stuhl gelenkt

21:00 Uhr kleiner Spaziergang
+ Wind im Gesicht wahrgenommen, alle Geräusche
im Gebüsch gehört und die Fuß- und Beinmuskeln
bewusst gespürt, immer wieder von Gedanken unterbrochen, aber für zwölf Minuten die Aufmerksamkeit auch immer wieder zurückgelenkt

22:00 Uhr Zähneputzen
+ PQ® Rep des Fühlens

Deshalb funktioniert's:

Wie und warum die PQ® Reps funktionieren, weißt du aus Kapitel 5. Ein Trainingsplan funktioniert als Starthilfe, weil er dir Anker setzt, über die du deine Gewohnheiten verändern kannst. Sehr viele unserer täglichen Handlungen laufen mehr oder weniger automatisiert ab. Das ist auch sehr gut so, weil es viel zu viel Gehirnkapazität brauchen würde, um jede kleine Tätigkeit aufmerksam zu begleiten. So denken wir nicht groß darüber nach, wie wir uns die Socken anziehen, die Kaffeemaschine bedienen, die Kinder versorgen, frühstücken, die Zähne putzen, den Rechner hochfahren und in die E-Mails schauen. Die dafür nötigen Handlungen könnten wir im Schlaf ausüben – und wenn wir ehrlich sind, machen wir das auch oft mindestens noch im Halbschlaf. Da läuft unser Autopilot, der uns ermöglicht, parallel wach zu werden, gedanklich das erste Meeting durchzugehen oder dich zu erinnern, dass dein Drittklässler für Kunst heute zehn Eierkartons und so viele Kronkorken wie möglich mitbringen soll (wenn du daran schon gestern Abend gedacht hättest, müssten die zwei Bier jetzt nicht um 7:15 Uhr in den Abfluss fließen).

Der Autopilot nimmt die eingefahrenen Pfade. Wenn wir Neues in unseren routinierten Ablauf integrieren wollen, brauchen wir große Hinweisschilder auf unserem Autopilot-Pfad, dass wir abbiegen wollen. Die Hinweisschilder dienen uns als Erinnerung an unser neues Vorhaben. Diese Erinnerung benötigen wir, bis wir die neuen

Handlungen in unseren automatischen Ablauf integriert haben, bis sie Teil unserer neuen Routine geworden sind.

Dafür brauchst du nicht in die Tiefen der Theorie einzusteigen, wie sich Gewohnheiten ändern lassen. Praktisch wird schnell klar, wie viel leichter wir unsere Gewohnheiten ändern, wenn wir die positiven Effekte der neuen Handlungen schnell spüren. Und das kann ich dir für die PQ® Reps versprechen. Wenn du für zwei, drei Wochen in die Nähe der Trainingsintensität aus dem Protokoll oben kommst, wirst du bereits deutliche Effekte erleben.

Du wirst dich mental stärker und damit deutlich gelassener fühlen.

6. ANKOMMEN UND GELASSEN WEITERGEHEN

EXPERTENINTERVIEW: IM GESPRÄCH MIT DR. GERHARD AHLERS ÜBER DIE ENTWICKLUNGEN IN DER ARBEITS-WELT UND DEN UMGANG MIT SICH WANDELNDEN STRESSOREN

Gerhard hat den Vergleich

Mit Gerhard habe ich unbedingt sprechen wollen, weil er eine große Bandbreite an Erfahrungen mitbringt. Er ist ins Berufsleben eingestiegen, lange bevor es E-Mails oder Handys gab. Er kommt aus einem hochspezialisierten Fachgebiet, hat aber seine Karriere mit Managementverantwortung verbracht. Als Doktor der Agrarwissenschaften hat er einen engen Bezug zur Landwirtschaft, spricht jedoch auch die Sprache der BWL und kennt den Vertrieb aus dem Effeff.

Er hat in Deutschland, Spanien und Asien gearbeitet und kennt fast alle nordeuropäischen Länder aus der Funktion des Vorgesetzten. Daneben ist er einfach ein toller Gesprächspartner, der eine wunderbare norddeutsche Gelassenheit ausstrahlt, die hoffentlich durch das folgende Gespräch etwas auf dich überspringt.

Gerhard, ich freue mich sehr, dass du deine Beobachtungen und deine Erfahrung hier mit uns teilst. Darf ich zu Beginn fragen, wie du eingestiegen bist in die Arbeitswelt und was dich geprägt hat?

Ich bin auf einem Bauernhof groß geworden in einer Zeit, als Arbeitskräfte zu teuer waren und die Höfe als Familienbetriebe geführt wurden. Der Cut, also der Wechsel zum ernsthaften Arbeiten, hat für mich eigentlich schon in der elften Klasse stattgefunden. Da habe ich wegen einer Verletzung meines Vaters und der Bundeswehrzeit meines Bruders mehrere Monate lang unseren 80-Hektar-Landwirtschaftsbetrieb gemeinsam mit meiner Mutter geschmissen. Das lief parallel zur Schule. Später, nach dem Studium, war die Promotion dann ein fließender Übergang vom Studium in den Job. Einerseits war ich noch halb in der Studentenwelt und andererseits schon halb in der Arbeitswelt. Trotz zum Teil sehr langer Arbeitszeiten habe ich das damals als sehr angenehm empfunden, insbesondere weil ich mir als Doktorand die Arbeit relativ frei einteilen konnte.

Neben meinem Elternhaus war die Promotion am Institut für Pflanzenbau und Pflanzenzüchtung in Bonn für mich sehr prägend. Ich hatte da einen tollen Doktorvater, und wir waren eine große Gruppe von Doktoranden und Assistenten. Es wurde viel diskutiert, in Teilen schon damals in den 80ern über Themen, die uns heute immer noch umtreiben – die Nachhaltigkeit, der Streit um Wasser oder die Nahrungsmittelverteilung in der Welt. Auch das heutige Thema, dass fossile Rohstoffe wie Öl und Gas zu schade zum Verbrennen sind, wurde bereits viel diskutiert. Prägend war die Promotion für mich, weil an unserem Institut immer mehrfaktoriell gearbeitet wurde, was sehr komplexe Analysen möglich macht. Wir haben diese Analysen mit einem Fischernetz verglichen. Wenn du dir ein vor dir aufgehängtes Fischernetz vorstellst und daran an einem Faden in einem der Knoten ziehst, ist es relativ banal, dass sich auf der gegenüberliegenden Seite des Netzes etwas bewegt. Aber abzuschätzen, an welcher Ecke das Netz durch das Ziehen an diesem einen Faden noch wackelt, das ist schon schwieriger. Diese mehrfaktoriellen Zusammenhänge sind die Regel in der Natur, und aus wissenschaftlicher Sicht war es wichtig, solche Abhängigkeiten zu erkennen. Mir persönlich hat dieses „Fischernetz-Modell" oft geholfen, da es mich trainiert hat, nicht nur auf die Hauptwirkungen, sondern auch auf indirekte Effekte zu achten. Das weitet den Blickwinkel für die Dinge, die da noch stattfinden können. Daneben macht es gelassener, da das Unerwartete nicht überraschend kommt. Diese Sichtweise bzw. das mehrfaktorielle Denken habe ich mir mein Leben lang bewahrt und oft auch mit jungen Mitarbeitenden geteilt. In späteren Führungspositionen hat es mir oft geholfen, gute und ausbalancierte Entscheidungen zu treffen.

Außerdem war während des Studiums ein sechsmonatiger Auslandsaufenthalt in Japan sehr prägend für mich. Die Chance bekam ich damals über den Bauernverband und fand mich relativ kurzfristig nach zwei Wochen Sprachkurs ganz weit weg von überall in Japan wieder – mit nur sehr eingeschränkter Möglichkeit, mich sprachlich zu verständigen. Die Tochter auf dem Hof, auf dem ich arbeitete, sprach ein wenig Englisch. Sonst niemand. Hätte ich die Möglichkeit gehabt, nach vier Wochen das Handtuch zu werfen, hätte ich das wahrscheinlich getan. Aber einen Rückflug zu diesem Zeitpunkt hätte ich selbst bezahlen müssen, und das Geld hatte ich nicht. Also bin ich geblieben. Ich habe mich durchgebissen und in mich reingehört. Es war von Anfang an klar, dass ich einen Weg finden muss, mich mitzuteilen – egal wie. Für mich habe ich entdeckt, dass ich mit Malen sehr viel ausdrücken kann. Damit meine ich keine Kunstwerke, sondern einfache Striche mit einem Stock in die Erde gemalt oder mit Zettel und Stift. Das hat mir sehr geholfen und mich geprägt. So weit, dass ich mein gesamtes Berufsleben immer irgendwo ein Whiteboard oder Flipchart stehen hatte. Wenn ich komplexe Zusammenhänge nicht erläutern oder verstehen kann, fange ich an zu malen. Für mich selbst, aber auch mit anderen gemeinsam.

Nimmst du uns kurz mit auf eine kleine Zeitreise durch die Arbeitswelt der vergangenen Jahre? Was hat früher deinen Arbeitstag strukturiert, was waren deine Arbeitsmaterialien und Hilfsmittel?

Da kann ich auf eine ganze Palette zurückblicken. In Japan habe ich noch Luftpostbriefe geschrieben. An der Uni haben wir an Großrechnern mit Terminals gearbeitet, sogar zum Teil noch mit Lochkarten. Wir haben die Daten so erhoben, dass wir sie einfach digital verarbeiten konnten. Das heißt, dass man sich nicht nur Gedanken machen musste, welche Daten man wie erhebt, sondern vor allem, in welcher Form man sie notiert und verarbeitet. Hier war also die spätere elektronische Datenverarbeitung bereits am Anfang ein wichtiges Organisationskriterium für den ganzen Ablauf der Arbeit.

Als ich bei Höchst in Hannover angefangen habe, gab es noch Fernschreiber. Für Vorträge hatten wir anfangs einen Drucker, der mit acht farbigen Stiften Diagramme malen konnte. Die wurden abfotografiert, und das Dia war dann das Slide, das auf eine große Dialeinwand projiziert wurde. Es lagen viele Schritte in der Vorbereitung jedes einzelnen Dias. Wenn alles fertig war, konntest du nicht einfach last minute ein Slide ändern. Du warst gezwungen, das im Vorfeld gründlich zu durchdenken.

Etwa die Hälfte meiner Arbeitszeit war ich damals im Außendienst unterwegs. Es gab keine Mobiltelefone, also war man im Auto mit sich und seinen Gedanken allein. Telefone waren zu teuer bzw. noch ein Statussymbol der Vorstandsetage. Später habe ich angefangen, Berichte ins Diktiergerät zu sprechen und die Zeit produktiv zu nutzen.

Wir hatten durch die noch nicht vorhandene Technik deutlich mehr Zeit für Entscheidungen. Klar, du musstest manchmal in einem Telefonat ad hoc entscheiden, aber in der Regel hatte man Zeit, seine

Entscheidung zu durchdenken. Vieles lief per Fax oder Brief. Du hast den Text diktiert, er wurde getippt, du hast ihn gelesen und korrigiert, er kam in der Endversion noch einmal zu dir und wurde dann mit deiner Unterschrift verschickt. Durch die mehrmalige Bearbeitung hattest du mehr Zeit zum Reflektieren oder um weitere Informationen einzuholen. Per E-Mail geht schnell mal etwas raus, von dem du vielleicht für dich weißt, dass es so nicht gut war. Das macht Stress. Ich weiß nicht, ob frühere Entscheidungen besser waren bzw. ob sie mit mehr Zeit zwangsläufig besser werden. Allerdings gibt dir die Zeit gefühlt mehr Ruhe und Zufriedenheit. Du fühlst dich nicht so getrieben wie über die schnellen Medien und hast weniger Stress.

Meine Arbeitsstruktur und zeitliche Organisation waren zum Teil durch die Natur vorgegeben. Die Jahreszeiten, die unterschiedlichen Stadien der Kulturpflanzen wie Saat, Blüte, Ernte usw. haben einen festen Rahmen vorgegeben. Alles passierte plus/minus zwei Wochen immer zur gleichen Zeit im Jahr, und die Vertriebsplanung, Logistik, aber auch Marketingmaßnahmen und technische Arbeiten wurden an diesem natürlichen Jahreszyklus ausgerichtet. Das war meine Struktur, innerhalb der ich bestimmte Entscheidungen zu treffen hatte.

Ich hatte immer einen Activity-Kalender, zunächst auf Papier und später elektronisch. Darin habe ich ungefähr ein halbes Jahr im Voraus geplant, was ich mache. Für den Verkauf habe ich darüber auch meinen Trichter geplant: Wie viele Kontakte welcher Art brauche ich wann mit wem? An der Uni lernt man so etwas nicht. Die Planung aller wichtigen Eckpunkte und wiederkehrenden Aktivitäten im Verlaufe eines Jahres hat mein Berufsleben von Anfang an relativ gut strukturiert. Das hat einerseits Druck abgebaut und andererseits mehr Zeit für die Ad-hoc-Dinge verschafft. Ich habe in meinem gesamten Berufsleben darüber hinaus das Glück gehabt, mit Vorgesetzten und auch Kollegen zusammenzuarbeiten, die mir mit wichtigen Tipps, Hinweisen und auch Kritik geholfen haben.

Im Laufe meines Berufslebens wuchsen die technischen Hilfsmittel. Parallel übernahm ich zunehmend mehr Verantwortung, womit meine persönliche Notwendigkeit stieg, diese Möglichkeiten zu nutzen. Die Ruhe und die Wartezeiten, die es vor Handys und E-Mails noch ganz anders gab, habe ich mir nach Bedarf immer bewusst wieder zurückgeholt. So habe ich mir zum Beispiel im Büro irgendwann keine Getränke mehr ins Büro stellen lassen. Dadurch musste ich öfter aufstehen und zur Kaffeeküche laufen. Das tat mir gut, weil es eine kurze Unterbrechung und Pause zwischen zwei Tätigkeiten war, es hat mir eine Mini-Bewegungseinheit verschafft, und vor allem hat es mir Gelegenheit für Small Talk und ungezwungene Gespräche auf dem Flur verschafft. Für mich war diese kleine Sache eine wichtige Entscheidung – wichtig für Körper, Seele und Mitarbeitende.

Hast du schon vor dem Einzug der E-Mail international gearbeitet? Wie hat das funktioniert?

Ja! Ich habe sehr viel telefoniert, viel mehr als heute. Über Festnetz natürlich. Das erste Mobiltelefon schaffte ich 1995 während meiner Zeit in Malaysia an. Wir haben gleichzeitig alle Mitarbeitenden im Außendienst sowie das Führungspersonal mit einem Handy versorgt, was für uns damals einen wahnsinnigen Effizienzgewinn und eine deutlich gesteigerte interne Kommunikation bedeutete.

Ab ungefähr 1997 spielten E-Mails eine zunehmend wichtigere Rolle in meinem Arbeitsalltag. Ab 2003 hatte ich einen Blackberry. Meiner Meinung nach hatten Vorgesetzte vor dem Einzug von E-Mails mehr Vertrauen in ihre Mitarbeitenden. Das *Cc* an alle wurde nicht gerne gesehen, und auch generell wurden deutlich weniger *Cc*-Mails verschickt. Vorgesetzte mussten und haben darauf vertraut, dass sie informiert werden, wenn es notwendig ist. Klar, du willst als Vorgesetzter informiert sein, aber das Vertrauen in die Mitarbeiter, dass sie mich informieren, wenn es notwendig wird, war mir immer wichtiger, als jederzeit über alle Informationen zu verfügen. Das *Cc* empfinde ich persönlich oft als Unsitte, weil es das Loslassen des Vorgesetzten behindert. Für Mitarbeitende bedeutet *Cc* allerdings auch: Ich habe alle informiert! Wenn es nicht gelesen wird, ist es ja nicht meine Schuld.

2013 haben wir im Unternehmen Zoom eingeführt. Das habe ich immer, auch vor Corona und Homeoffice, schon sehr viel genutzt. Besonders in der internationalen Verantwortung waren mir die Video-Calls immer genauso wichtig wie Besuche in dem jeweiligen Land. Trotzdem ist das persönliche Gespräch durch elektronische Medien nicht zu ersetzen. Man kann elektronisch nicht gemeinsam essen gehen oder bei einem

Kaffee den persönlichen Kontakt suchen. Häufig eröffnet allerdings vor allem das informelle persönliche Gespräch die Chance, wirklich zu verstehen, was gerade in dem Geschäft oder mit dem Mitarbeiter, aber auch Vorgesetzten los ist. Wir hatten früher mehr persönliche Meetings, die waren zwar sehr zeitaufwendig und damit teuer, aber der Austausch war intensiver und breiter. Heute sprichst du zwar mehr miteinander, aber es ist dann halt elektronisch und bleibt meistens auf das Berufliche beschränkt. Ich habe den Mix aus persönlichem Treffen, Telefongespräch und Videokonferenz häufig gezielt eingesetzt, um mit Mitarbeitern und Vorgesetzten eine intensive Interaktion zu gewährleisten. Videokonferenzsysteme wie z. B. Zoom ersetzen die persönlichen Kontakte nicht, sondern ergänzen und optimieren sie. Es liegt dabei auf der Hand, dass man dann letztendlich auch weniger reist. Gut genutzt und optimal kombiniert, baut der intensive Kontakt – besser als reine Face-to-Face-Meetings – Stress ab, da man sich besser austauscht und Probleme auch früher erkennt.

Die starke Handynutzung kam erst in den letzten Jahren mit den Smartphones. Da braucht es die Fähigkeit, sich ganz klare Regeln zu setzen und nicht alle Gespräche zu jedem Zeitpunkt anzunehmen bzw. auch bestimmte Themen zu priorisieren. Es hat mir in der Stressbewältigung immer wahnsinnig geholfen, dass ich die Bearbeitung von Problemen, Themen und Projekten unterbrechen oder auch abschließen kann, so wie es gerade gut für mich ist. Im übertragenen Sinn ist für mich ein Thema, Problem oder Projekt wie eine Schublade, die ich nach Belieben öffnen oder schließen kann. Das gelingt vor allem bei stark emotionalen Themen nicht immer perfekt, aber doch gut genug, um den Stress in Grenzen zu halten. Der Umgang mit den Schubladen ist dabei für mich meistens eine ganz rationale Entscheidung, wobei ich bewusst entscheide, wann ich welche Schublade wie lange aufmache.

Mal abgesehen von der virtuellen Zusammenarbeit, was hat sich deiner Meinung nach in den letzten vierzig Jahren, bezogen auf die Stressfaktoren der Arbeitswelt, noch verändert?

Die hierarchischen Strukturen in Unternehmen haben sich über die Zeit mit der Einführung flacher Hierarchien verändert. Früher waren die Führungspyramiden steiler, es lief mehr Verantwortung auf den einzelnen Stufen zusammen. Flachere Hierarchien bringen mehr Verantwortung für den Einzelnen mit sich. Einerseits kommt da wieder das Thema Vertrauen in die Mitarbeitenden auf, andererseits muss das richtige Maß an Entscheidungsfreiraum definiert und kommuniziert werden. Freiheit in der Arbeitswelt ist etwas Wunderbares, allerdings muss man auch damit umgehen können. Es gibt nicht wenige, für die Freiheit Stress bedeutet, da häufig Kriterien fehlen, an denen sie ihr Handeln ausrichten können. Es gab sicher früher genauso viele stressresistente Leute wie heute. Die haben sich weder vermehrt noch vermindert, aber heute liegt mehr Verantwortung auf mehr Schultern. Und wenn in den flachen Hierarchien heute die Leitplanken (= Regeln) für den Einzelnen nicht gegeben sind oder gelebt werden, ist das purer Stress. Da besteht für mich ein Unterschied zwischen früher und heute.

Das hängt wieder zusammen mit der gleichzeitigen, engen Kontrolle und der *Cc*-Beteiligung des Vorgesetzten in E-Mails und dem mangelnden Vertrauen in das Handeln der Mitarbeitenden. Da loszulassen war mir als Vorgesetzter immer sehr wichtig. Das heißt aber auch, dass persönliche Gespräche stattfinden müssen – angefangen über ein Gespräch zu den Erwartungen und den „Leitplanken", über eine Kommunikation und Feedback zwischendrin, sowohl geplant als auch ad hoc. Gespräche über die Zusammenarbeit nehmen sofort Stress weg, beim Mitarbeiter und auch bei dir als Vorgesetzten. Sie sind heute wichtiger denn je. Auch wenn das paradox klingt, aber in den flachen Hierarchien hast du weniger Zeit für den einzelnen Mitarbeiter, weil viel mehr Menschen da sind, mit denen du sprechen musst.

Wie hast du das gemacht? Wie hast du dir dafür die Zeit genommen?

Neben geplanten persönlichen Meetings und strukturierten Feedbackgesprächen habe ich mir immer ganz bewusst Zeit für Kaffeepausen genommen, in denen dann auch Raum für Persönliches war. Vor allem in Führungspositionen ist es wichtig, eine Gesprächsmöglichkeit zu jedem in der Mannschaft zu finden – vom Hausmeister bis zur spezialisierten Wissenschaftlerin.

Und ich komme ja aus Norddeutschland, ich musste also lernen, dass bei hervorragend gemachter Arbeit mein norddeutscher Ansatz von „Keine Kritik ist Lob genug" nicht ausreicht. Ich habe gelernt, mir bewusst tägliche Rückmeldung an mein Team und Lob über das, was alles gut läuft, einzuplanen. Das hat mir wahnsinnig geholfen. Im Kern geht es im Management häufig um das Miteinander. Klar, du gibst die Ziele und die Strategie vor, aber es ist deine Verantwortung, den Weg aufzuzeigen. Dies aber funktioniert besser über das Miteinander als top-down.

Der Erlebenszustand Burnout ist erst in jüngerer Vergangenheit in der Gesellschaft und den Arztpraxen angekommen. Gab es Stressüberlastung schon früher?

Burnout hat es schon immer gegeben, aber es hieß früher anders: Überarbeitung. Die Häufigkeit hat meiner subjektiven Wahrnehmung nach allerdings deutlich zugenommen.

Stress entsteht meiner Meinung nach, wenn du viel zu tun hast, viele Sachen auf dich einströmen, aber du keine Zeit hast, alles in Ruhe zu erledigen. Dann lässt es dich nicht in Ruhe, sondern verfolgt dich. Sicherlich haben auch die Überforderung und das Fehlen von „Leitplanken" bzw. das fehlende Kommunizieren von Regeln viel mit dem Entstehen von Stress zu tun. Mit modernen Medien ist Multitasking viel mehr gefragt. Du bekommst immer verschiedene Sachen gleichzeitig rein und musst ständig priorisieren. Was mache ich zuerst und was danach? Was mache ich fertig, was schiebe ich auf? Das sind heute deutlich mehr Stressfaktoren, als es sie früher gab. Entsprechend wundert es mich nicht, dass Burnout auch häufiger auftritt.

Auch Homeoffice sehe ich als potenziell stressverstärkenden Faktor. Es funktioniert meiner Erfahrung nach für Leute, die sich wahnsinnig gut selbst organisieren können und diszipliniert sind. Das ist eine Typfrage und trifft bei Weitem nicht für jeden zu. Und wenn du ein anderer Typ bist, brauchst du das Büro, das dir einen äußeren Rahmen setzt. Hast du das nicht, ist das Stress. Wir haben die Homeoffice-Nutzung schon 2009 bei uns im Unternehmen eingeführt und für damalige Verhältnisse auch intensiv genutzt. Für mich war dabei immer wichtig, dass alle Mitarbeitenden, die Homeoffice nutzen, in regelmäßigen Abständen (z. B. zwei bis drei Tage pro Woche, an denen dann alle präsent sind) im Büro arbeiten, um den informellen Kontakt zu Kollegen und Vorgesetzten zu halten.

Wie bist du persönlich mit den sich wandelnden Stressoren umgegangen?

Du brauchst einen Weg, über den du runterkommst. Du brauchst eine Möglichkeit, den aufgebauten Stress auch wieder abzubauen. Der Weg ist für jeden anders. Der eine fängt an zu laufen oder Rad zu fahren, jemand anderes spielt Karten oder reist. Mir hat es immer geholfen, zur Jagd zu gehen. Da sitze ich in Ruhe und kann ungestört nachdenken, während alle meine Sinne auf etwas völlig anderes fokussiert sind. Da muss ich jedes Geräusch im Wald aufnehmen, ich sehe jeden Schatten einer Bewegung, achte auf jede Nuance in der Farbgebung. Die physischen Sinne sind völlig präsent, während der Kopf vielleicht gerade mal den Ärger von gestern durchgeht. Diese Gedanken im Kopf werden aber sofort abgeschaltet, sobald die Sinne etwas wahrnehmen. Das hat mir immer sehr geholfen, um runterzukommen. Jeder sollte seinen persönlichen Weg finden.

Welchen Gedanken würdest du uns aus deiner Been-there-done-that-Weisheit heraus mit auf den Weg geben?

Wir haben über die Kaffeepause und den informellen Austausch aus der Sicht des Vorgesetzten gesprochen. Die Mitarbeitenden sind natürlich die andere Seite der gleichen Medaille. Das ist mein Rat: Wenn du Stress hast, sprich mit Kollegen oder Vorgesetzten. Suche dir jemanden, dem du vertrauen kannst, der zuhört, und sprich darüber. Reden hilft!

Gerhard, ganz herzlichen Dank, dass du deine Erfahrungen mit uns geteilt hast! Deine Einblicke enthalten wertvolle Impulse für mehr Gelassenheit.

CHALLENGE: DIGITALE GELASSENHEIT

„Die Ruhe und die Wartezeiten, die es vor Handys und E-Mails noch ganz anders gab, habe ich mir nach Bedarf immer bewusst wieder zurückgeholt." Es klingt logisch und fast leicht, wie Gerhard das Thema Selbstfürsorge in seinem Berufsleben gestaltet hat. Fast hört es sich an wie: „Und wenn kein Papier mehr im Drucker war, dann bin ich auch mal selbst losgegangen und habe neues geholt." Ich bin sicher, dass Gerhard dabei vor den gleichen Herausforderungen stand wie wir alle. Vielleicht hat ihm das Wissen darüber, wie es vor Smartphones mit Ruhe und Wartezeiten war, geholfen, über den Vergleich zu erkennen, was ihm fehlt. Aber ich weiß auch, dass wir die Zeiten ohne Handy beruflich nicht kennen müssen, um uns heute nach mehr Ruhe für unsere Tätigkeiten zu sehnen. Diese Sehnsucht höre ich in allen Gesprächen zur Stressbelastung: mal in Ruhe etwas bearbeiten können, in Ruhe etwas durchdenken, das mal in Ruhe fertig machen … Kennst du auch, dieses Bedürfnis, oder?

Was ist da los? Warum schaffen wir es oft eben nicht, uns diese Ruhe bei Bedarf zu holen? Es mangelt sicher nicht an Intelligenz, Wissen über Planungsmethoden oder Motivation. Vielmehr beobachte ich sehr häufig, dass es uns an Fokus und klaren Regeln mangelt. Nun haben wir auf unserem Weg ins Land der Gelassenheit schon ausgiebig über Fokus und mentale Kraft gesprochen. Ich bin mir sicher, dass du mit dem, was du dir bis hierher mitgenommen hast, sehr gut unterwegs sein wirst. Deshalb möchte ich dich noch auf einen Störfaktor aufmerksam machen, der dir Steine in deinen guten Weg legen könnte.

Die Ablenkung über dein Smartphone fährt dir in die Fokusparade. Ob es uns gefällt oder nicht, ist das doch für die allermeisten von uns eine Tatsache. Auf gar keinen Fall möchte ich diese Zeilen als Verteufelung dieser technischen Errungenschaften verstanden wissen. Ich denke, wir sind uns alle darüber einig, welche großen Vorteile Smartphones mitbringen und welchen Nutzen sie uns im täglichen Leben und Arbeiten stiften. Allerdings dürfen wir uns auch den Preis, den wir über den monetären hinaus dafür zahlen, vor Augen führen. Nur dann können wir reflektierte und bewusste Nutzungsentscheidungen treffen. Nur dann sind wir die aktiven Nutzerinnen dieses genialen Werkzeugs – und nicht andersherum.

Der Preis, den du für dein Smartphone zahlst, ist die Ablenkung. Es ist eine der größten Quellen dafür. René Träder vergleicht es in seinem Podcast „Wie schaffe ich es, konzentrierter zu arbeiten?"[61] mit einem kleinen süßen Hundewelpen, der ständig an unserem Bein hochspringt und um Aufmerksamkeit bettelt. Das ist ein sehr passendes und lustiges Bild, wie ich finde. Und das Bild geht ja noch weiter. Selbst wenn unser süßer Smartphone-Welpe gerade zufrieden in seiner Ecke schläft, drücken wir ihm häufig mal kurz auf den Bauch, um zu schauen, ob wir uns nicht unsererseits ein bisschen Ablenkung abholen können. Und da unser Smartphone die ganze Welt in sich trägt, geht da immer was mit der Ablenkung. Deshalb: Obacht! Woher kommt denn dieser Impuls, auf das Handy zu schauen? Ist es nicht auch die Möglichkeit, wegzuschauen von der Aufgabe, die wir uns eigentlich gerade vorgenommen hatten? Ist es vielleicht gerade schwierig und erfordert viel Konzentration? Und bevor wir diese Anstrengung auf uns nehmen, geben wir lieber dem Impuls nach, das Smartphone zu checken? Sehr, sehr menschlich und sogar evolutionsbiologisch begründbar. Wir sind darauf programmiert, auch in der Peripherie alles wahrzunehmen, damit uns der Säbelzahntiger nicht unbemerkt erwischt. In unserer heutigen Zeit voller Säbelzahntigerwelpen sind diese Fähigkeit und diese Neigung allerdings nicht immer hilfreich. Zu oft lenken sie uns von unserem eigentlichen Fokus ab.

Gerhards Schubladenkabinett für alle Tätigkeiten ist eine gute Möglichkeit, auch für das Smartphone eine klare Regel für dich zu definieren.

Um es dir leichter zu machen, ein passendes Regelniveau für dich selbst zu finden, fordere ich dich zu einem Experiment heraus:

Schaffst du es, einen Monat lang, Smartphone-freie Sonntage einzulegen?

Schaffst du es, das Handy sonntags in der Ecke liegen zu lassen und auch nicht ersatzweise auf Tablet, Laptop oder das Smartphone deines Mannes umzusteigen?

Schaffst du es, dir darüber die Zeit, die dir das Handy unter der Woche geklaut hat, in dem es dich unterbrochen und abgelenkt hat, zurückzuholen?

Schaffst du es, mal wieder ganz in diesem Tag mit dir und deinen Lieben zu sein? Schaffst du es, dein persönliches Wissen anzuzapfen, wenn deine Tochter dir eine Frage zum Planetensystem stellt? Oder es auszuhalten, zu sagen, dass du es nicht weißt?

Schaffst du es, einen schönen Augenblick draußen in der Natur in deinem Gedächtnis und deinem Herzen zu bewahren, ohne davon ein Foto zu machen?

Schaffst du es, den Sonntag lang nicht zu wissen, welche Nachrichten reinkommen?

Schaffst du es, dem wieder und wieder entstehenden Reflex, zum Handy zu greifen, zu widerstehen?

Ich wette, es wird schwer, aber du schaffst das! Und ich kann dir sagen, es ist eine sehr wohltuende Erfahrung. Wenn du den Erfahrungsbericht von meinem kleinen Selbstversuch dazu lesen möchtest, dann schaue mal hier:

https://www.katrinhormann.de/digital-detox-und-langeweile/
https://www.katrinhormann.de/digitale-sahnetorte-fasten/

Aber versuche es doch einfach selbst und hole dir Klarheit zu der Frage: Welche Schubladenregeln gibst du dir für deine Smartphone-Nutzung?

Für mehr Ruhe und Fokus.

EXPERTENINTERVIEW:
ERNÄHRUNG IM STRESS – SINA SCHWENNINGER

Sina weiß, was Essen mit Stress zu tun hat.

Sina Schwenninger ist Beraterin für Ernährung und Stressbewältigung und hat mit ihren Workshops, Kursen und Coachings schon vielen Menschen geholfen, die Wechselwirkung von Stress und Ernährung zu verstehen. Sie berät und begleitet ihre Klienten, ihren persönlichen Weg raus aus dem Stress mit einer guten Ernährung zu finden und Gewicht durch Stressbewältigung zu reduzieren. Das Tolle an Sina ist, dass sie direkt alltagstauglich arbeitet. So hat sie auch für dich praktische Ideen und leckere Rezepte dabei, die du direkt ausprobieren kannst!

Sina, im Buch sind wir gerade an einem schönen Rastplatz angekommen, nachdem wir uns mit der Packliste für den Weg raus aus dem Stress beschäftigt haben. Wieso jetzt an der Stelle nicht einfach einen Kaffee und ein paar Kekse gegen den Hunger und weiter geht's? Wieso lohnt sich ein Blick auf die Ernährung?

Ernährung und Stress bedingen sich gegenseitig einfach viel stärker, als wir oftmals vermuten. Im Stress geht die Ernährung schnell den Bach runter, und gleichzeitig kann man mit gesundem Essen viel Widerstandskraft aufbauen. Da lohnt sich der Blick auf die Ernährung unbedingt.

Aber eins nach dem anderen. Vielleicht schauen wir uns mal an, was in unserem Körper passiert, wenn wir im Stress sind. Dann versteht man besser, weshalb Schokolade auch nur kurzfristig eine Lösung ist:

Stress ist anstrengend, und wir benötigen mehr Energie. Unser Körper kann diese Energie erzeugen, aber dabei entstehen auf die Schnelle sogenannte „freie Radikale". Das sind ganz schön fiese Gesellen, die man sich vorstellen kann wie aggressive Singles, die unbedingt eine Beziehung eingehen wollen. Die schrecken vor nichts zurück und sind echt gefährlich für unseren Körper. Bis hin zur Erregung von Krebs können die allen möglichen Ärger machen.

Zum Glück haben wir einen eingebauten Selbstschutz! Unser Körper schaltet auf eine andere Art der Energiegewinnung um, bei der weniger freie Radikale erzeugt werden. Super! Nur lässt sich darüber weniger Energie erzeugen.

An dem Punkt entsteht eine verzwickte Stressspirale: Unser Körper braucht Energie, kann aber keine mehr erzeugen. Wir greifen zum Kaffee und zu den Keksen und verspüren – ganz hinterhältig vom Koffein und vom Zucker – einen kurzfristigen Energieschub durch den Anstieg des Blutzuckerspiegels. Aber mehr passiert nicht. Die dringend benötigte Energie bleibt ein unerfülltes Bedürfnis, und noch dazu haben wir jetzt die freien Radikale an der Backe.

Der Weg aus diesem Teufelskreis führt über den sprichwörtlichen Apfel anstelle des Schokoriegels. Wenn wir das Richtige essen – nämlich alles Pflanzliche –, neutralisieren die darin enthaltenen sekundären Pflanzenstoffe die freien Radikale, und wir ersparen unserem Körper den zusätzlichen inneren Stress.

Das klingt natürlich gut. Wenn es nur nicht so schwierig wäre, mit diesen gewohnten Griffen zu ungesunden Snacks aufzuhören, oder einem auf die Schnelle abends etwas Besseres einfallen würde als die Tiefkühlpizza. Das ist vermutlich auch ein wichtiger Punkt in deinen Kursen und Workshops? Was rätst du, um dieser Stressspirale etwas mit gesunder Ernährung entgegenzusetzen?

Starte den Tag doch am besten gleich mit einer guten Mahlzeit, die dich lange satt macht und dir alle notwendigen Nährstoffe liefert. Dann startest du auf der Haben-Seite und setzt dem Stressessen, den freien Radikalen und der Stressspirale gleich etwas entgegen.

Das könnten beispielsweise ein Naturjoghurt mit Haferflocken, ein paar Beeren und einer Handvoll Nüssen sein. Das ist nichts Kompliziertes, aber es legt eine Superbasis.

Mache das mal ein paar Tage lang. Du merkst schnell einen Unterschied. Und dann kriegt deine Motivation einen Anschub, den du nutzen kannst, um ein paar Planungsüberlegungen anzustellen. Du willst es nicht übertreiben, aber ein paar grundsätzliche Überlegungen zu Beginn sind schon wichtig. Also, wann möchtest du ungefähr was essen und entsprechend einkaufen? Das klingt erst mal nach viel zusätzlicher Arbeit, ist aber wirklich eine Frage der Routine.

Und die Routine und die Vorausschau halten dich davon ab, erst zu überlegen, womit du deinen Energiespeicher füllst, wenn der Hunger dich anfällt. In der Situation fällt einem ja meistens wirklich nur noch der Griff zur Schoki ein – oder mal wieder Nudeln.

Überlege dir, welche gesunden Snacks du zusätzlich parat haben möchtest – beispielsweise Obst oder im Winter Trockenobst, selbst gemachte Energiekugeln, ein hartgekochtes Ei oder auch einen Gemüsemuffin.

Das ist alles viel weniger kompliziert, als es mit Keks im Mund scheint. Und dann achte auch mal darauf, wie du isst, also auf dein Essverhalten. Wir haben bisher nur darüber gesprochen, was wir essen. Dabei ist das Wie beim Essen auch ein ganz toller und eigener Aspekt, über den wir dem Stress beim Essen gut etwas entgegensetzen können.

Was meinst du mit dem „Wie" beim Essen? Kann ich die Kekse vom Konferenztisch anders essen und damit schon etwas verbessern?

Na ja, die Kekse am Konferenztisch in einer Besprechung sind wirklich etwas für Fortgeschrittene. Vor allem, weil du da viel Ablenkung um dich herum hast. Mit dem Wie meine ich, bewusst und achtsam zu essen. Gönne dir eine kleine Pause, iss mit allen Sinnen und lege alle elektrischen Geräte weg. Achte auch darauf, ausreichend zu kauen. Der Kaumuskel ist unser stärkster Muskel, und über die Kaubewegung bauen wir direkt Stress ab. Das ist doch toll für die Momente, in denen eine Runde um den Block nicht passt. Dann baust du Stress über das Kauen ab und erleichterst gleichzeitig deinen Magen, der keine Zähne hat und auf Stress auch gerne empfindlich reagiert. Der Genuss beim bewussten Schmecken, Riechen, Fühlen beim bewussten Essen ist ein weiterer Ausgleich bei hoher Stressbelastung. So hast du über eine Tätigkeit, die du eh machst (essen), die Möglichkeit, aktiv Stress zu reduzieren. Probiere das unbedingt mal aus – kostet ja nichts. Noch nicht einmal signifikante Zeit! Und wenn du nun statt eines Kekses noch etwas Trockenobst, eine Banane oder ein paar Nüsse isst, hast du viel Gutes für dich erreicht!

Okay, verstehe. Ich kann mir vorstellen, dass ich beim achtsamen Essen vermutlich auch bemerke, dass ich den Keks eigentlich gar nicht brauche, sondern meinem Körper mit etwas Gesünderem einen großen Gefallen tun würde. Das bringt uns wohl zurück zum „Was" beim Essen. Was empfiehlst du als gesunde Nahrung im Büroalltag?

Ja, genau. Achtsames Essen ermöglicht dir, zu spüren, was du jetzt eigentlich brauchst: Ist es der Apfel, eine rote Paprika oder doch lieber ein Joghurt? Wenn wir einmal über den Zucker-Jieper hinweg sind, weiß unser Körper sehr gut, welche Nährstoffe er gerade braucht, und meldet das mit Appetit auf konkrete Nahrungsmittel. Des Weiteren bemerkst du, wann du satt bist, und läufst nicht Gefahr, ins Übergewicht zu kommen.

Wie einfach du an das kommst, was dir guttut, hängt natürlich immer auch von den Rahmenbedingungen ab. Wenn eine Art Kantine vor Ort ist, fällt es wahrscheinlich leichter, sich hier etwas Gutes wie Salat oder Gemüse mit einer Beilage auszusuchen. Sonst ist es wirklich sinnvoll, sich eine Mahlzeit vorzubereiten und mitzunehmen – das sogenannte Meal Prepping. Aber keine Sorge, ich rufe nicht zum Vorkochsonntag auf. Dazu haben die meisten von uns überhaupt keine Lust. Ich möchte dir lieber ein paar konkrete Beispiele geben, was du am Abend vorher sehr schnell zubereiten kannst. Die leichteste Variante ist es natürlich, abends mehr zu kochen und am nächsten Tag mitzunehmen. Das ist so einfach, dass wir es im Alltag schlicht vergessen. Klebe dir vielleicht einfach eine Haftnotiz an den Herd, auf die du „+1" schreibst. Nach ein paar Tagen, und wenn der Zettel voller Saucenspritzer ist, hast du es verinnerlicht und kannst ihn wegschmeißen. Einfach und schnell geht auch ein Salat aus Couscous, Bulgur oder auch Quinoa mit Gemüse wie Tomate, Gurke oder Paprika, kombiniert mit einer eiweißhaltigen Beilage wie Feta, Mozzarella oder aber auch mal mageres Fleisch oder Räucherlachs. Irre lecker schmecken diese Salate auch mit frischen Kräutern wie Minze. Und hierdurch hast du je nach Gusto und Jahreszeit unendlich viele Variationsmöglichkeiten! Denke auch über ein paar gesunde Snacks für zwischendurch nach – eine Packung ungesalzene Nüsse oder Trockenobst in der Schublade, frisches Obst oder Gemüsesticks mit Dip oder Energiekugeln.

Wer unser Gespräch liest, trägt vermutlich viel Verantwortung und hat sehr wenig Zeit. Ich weiß, dass du es besonders Menschen in dieser Situation wunderbar leicht machst, ihre Ernährung gesünder zu gestalten. Kannst du kurz erläutern, wie Meal Prepping in einen vollen Alltag passt, und teilst dazu ein, zwei deiner Geheimnisse mit uns?

Mir ist immer wichtig, dass sich niemand überfordert und du den Spaß am Essen und der Zubereitung behältst oder zurückgewinnst. Deshalb stelle nicht gleich alles auf einmal um, wenn dir das zu kompliziert ist. Je nachdem, was dir liegt, fange mit kleinen Schritten an. Diese bewirken schon viel. Du spürst Veränderung und Energie, und dann willst du mehr! Fange doch zum Beispiel mit einem guten Frühstück oder einer guten kleinen Zwischenmahlzeit und/oder Snacks an. Oder nimm ein gutes, im Voraus selbst gemachtes Mittagessen als ersten Schritt. Wenn du deinen gewählten ersten Schritt eine Weile getestet hast und ihn drauf hast, ist wieder Kraft und Kapazität für weitere Schritte zu einer gesunden und stressreduzierenden Ernährung da.

Einer meiner Geheimtipps sind tatsächlich die Energiekugeln. Die enthalten alles, was du brauchst: langsame Kohlenhydrate für gleichmäßige Energie, sekundäre Pflanzstoffe gegen die freien Radikale, gesunde pflanzliche Öle, die sättigen, und viele Vitamine und Mineralstoffe. Enthalten sind Datteln, Mandeln, Haferflocken, gewälzt in Kakao oder Sesam – je nach Geschmack. Diese kann man gut vorbereiten und halten sich eine Woche im Kühlschrank.

Auch mein Couscous-Salat ist tatsächlich in zehn Minuten fertig. Am besten machst du gleich zwei Varianten und bist in zehn Minuten für zwei Tage versorgt. Hierzu übergießt du die entsprechende Menge Couscous mit kochendem Wasser und lässt ihn ziehen. Zwischenzeitlich schneidest du eine kleine Gurke, einige Tomaten in kleine Würfel, wäschst und hackst einen halben Bund frische Minze. Vermische alles mit dem Couscous und würze diesen mit Gemüsebrühe, etwas Olivenöl und etwas frischem Zitronensaft.

Den anderen Teil des Couscous verfeinerst du mit einer halben Dose Kidneybohnen und einer klein geschnittenen Avocado. Als frische Kräuter empfehle ich hier Petersilie. Auch hier würzt du mit Gemüsebrühe, Olivenöl und etwas Zitrone.

Liebe Sina, großartig. Zehn Minuten Zubereitungszeit, das kriegt wirklich jeder unter! Gesunde Ernährung passt also auch in einen vollen Terminkalender und macht uns gleichzeitig entspannter und leistungsfähiger. Herzlichen Dank! Ich persönlich bekomme direkt Appetit auf Couscous-Salat! Wenn du noch einen kleinen Motivationsschubser geben könntest – wie sähe der aus?

Wecke die Neugier in dir und mache ein Experiment: Gönne dir bewusst einen Tag nur mit gutem Essen und iss achtsam – spüre dann mal, wie viel Energie dir das gibt. Danach möchtest du es nicht mehr missen.

Die Rezepte von Sina für das Essen gegen Stress kannst du dir direkt hier kostenlos downloaden:
https://gelassenmitkatrinhormann.de/rezepte

WORK-LIFE-BALANCE UND GELASSENHEIT

Den Begriff *Work-Life-Balance* kann man mögen oder nicht. Besonders unter den Experten verschiedener Fachrichtungen – angefangen vom Personalwesen über die Stressberatung bis zur Psychologie – wird er zu Recht immer wieder diskutiert. Drückt er das Erstrebenswerte aus, sollten *Work* und *Life* überhaupt in gegenüberliegenden Waagschalen liegen, gehört beides nicht viel enger zusammen? Ist Arbeit der Gegenpol zum Leben? Das sind alles sehr gute und wichtige theoretische Überlegungen, die auch Impulse zum Weiterdenken in die Praxis geben.

Theoretisch oder wissenschaftlich korrekt oder nicht, formulieren meine Klientinnen und Klienten ihre Wünsche und Sehnsüchte oft mit genau diesem Begriff: Ich wünsche mir wieder mehr Work-Life-Balance. Ich will das Leben wieder mehr genießen können und nicht nur arbeiten. Meine Work-Life-Balance ist in Schieflage geraten. Natürlich zu Ungunsten der Komponente *Life* in dem Begriff. Mehr Gelassenheit für die *Work*-Aspekte und mehr Freude auf der *Life*-Seite!

Lasse uns nach unserer intensiven, wunderbaren, fordernden und hoffentlich für dich nützlichen Reise ankommen. Setze dich schwer in deinen Sessel, nimm einen tiefen Atemzug und horche in dich hinein: Wie fühlst du dich hier und jetzt am Ende dieser Reise? Wie viel näher fühlst du dich deiner Gelassenheit? Welche Impulse sind dir besonders wichtig? Welche Souvenirs, Erinnerungen, Erkenntnisse und Veränderungen hast du mitgenommen? Besonders in den ersten

Kapiteln hast du hingeschaut, wo du zu Beginn dieser Lektüre gestartet bist. Danach hast du einiges an Reflexion geleistet, dein Wissen vergrößert, Impulse aufgenommen und Übungen ausprobiert. Was hat das allein schon in dir bewegt? Was ist schon anders? Was ist schon etwas besser als noch vor Kurzem?

Versuche, diese Veränderung, die vielleicht noch niemand außer dir selbst sieht, wahrzunehmen. Vielleicht hast du die 4-A-Strategie als Reaktion auf eine unsägliche E-Mail ausprobiert. Vielleicht arbeitet es in dir zu der Frage, wo bitte das verdammte Geschenk in diesem ganzen Stress liegen soll. Vielleicht hast du einen Sonntag ohne Handy im Rücken, vielleicht bist du deinen Saboteuren auf der Spur oder hast deinem wahren Entspannungstyp entsprechend auch einfach nur mal wieder ein Puzzle rausgeholt. Was es auch ist, ich freue mich riesig für dich darüber.

Ankommen und weitergehen

Und jetzt fliegt dir die gelassene Entspannung immer einfach so zu, bitte. Das wäre doch praktisch, oder? Entspannung soll sich bitte einfach so einstellen, ohne dass wir etwas dafür tun müssen. Es muss reichen, dafür die Arbeit zu unterbrechen. Nach allem, womit du dich auf den letzten gut zweihundert Seiten beschäftigt hast, muss ich diesen Trugschluss für dich nicht aufklären. Du weißt, was es braucht und wo dabei deine eigene Verantwortung liegt.

Du weißt nun, dass Leistung immer auch Entspannung braucht. Ohne adäquate und zeitnahe Entspannung sind Anspannung und damit Leistung dauerhaft nicht möglich. Viel Anspannung braucht viel Entspannung. Und Entspannung funktioniert für uns Menschen nicht im Quartalsrhythmus. Unser Biorhythmus läuft im 24-Stunden-Takt. Wenn du also viel Leistung in deine Woche bringst, dann musst – musst! – du in dieser Woche auch entsprechenden Ausgleich schaffen. Wenn du das nicht tust, zehrst du nach und nach deine Energie auf, und irgendwann kannst du nicht mehr weitermachen. Um also von heute an weiterzugehen, weißt du, dass du das, was dir an Stress entsteht, auch ausgleichst.

Noch viel kraftvoller für deinen persönlichen, weiteren Weg ist das Wissen um deine mentale Superpower! Du hast reingeschnuppert, wie befreiend es sich anfühlt, die ganze Macht über den Stress selbst in der Hand zu haben. Großartig, oder? Dein Stresspegel hat viel weniger mit den äußeren Stressoren zu tun als mit deiner mentalen Fitness, mit der du ihm begegnest. Und die kannst du stärken. Dafür braucht es regelmäßiges Training.

Gelassenheit fliegt uns also nicht einfach so zu. Wir dürfen etwas dafür tun, sie in unserem Alltag zu haben. Nervt das, dass das noch etwas ist, was es zu tun gibt? Ja, manchmal vielleicht schon. Lohnt es sich trotzdem? Ja, unbedingt!

Schließe für einen Moment die Augen und stelle dir vor, wie du auf dem nächsten Level der Gelassenheit angekommen bist und dort anders mit den täglichen Herausforderungen umgehst:

- Wie du im Meeting fokussiert das Projekt voranbringst, weil du dich nicht von den Unwägbarkeiten in der Kommunikation mit dem Kunden stressen lässt, sondern den Blick frei hast für dessen eigentliche Bedürfnisse (innere Kraft: Empathie) und über den Nebensächlichkeiten das Projektziel nicht aus den Augen verlierst (innere Kraft: Steuerungsfähigkeit).

- Wie du deinen Kalender genießt, weil er deine Prioritäten abbildet und dir Raum schafft für die beruflichen Themen, in denen du einfach richtig gut bist, und dir genau dafür auch Zeiten reserviert, um nach deinen Regeln (Gerhard) deine Gegenwelt (Ben) zu genießen.

- Wie du deine beste Leistung ablieferst, weil du gut vorbereitet bist (s. Kalender) und dich über drei tiefe Atemzüge aus der Disstress-Gefahrenzone manövrierst – deine Chefin hat auch schon bemerkt, dass du gut drauf bist.

- Wie du zu Hause präsent mit deinen Liebsten bist, besser zuhören kannst, dich von deiner Teenagertochter nicht auf die Palme bringen lässt, sondern mit deinem Mann darüber schmunzelst.

- Wie du wieder besser schläfst, weil du etwas Stresshormon abbauende Bewegung in deinen Alltag integriert hast, dich fitter und wohler in deiner Haut fühlst.

- Wie endlich wieder Platz für dein Hobby ist.

- Wie du aus ganzem Herzen lachst, weil dir kein grübelndes Gedankenkarussell die Lebensfreude sabotiert.

Das ist die durchaus geforderte Disziplin und den Trainingsaufwand absolut wert. Meinst du nicht auch? Wenn es dir geht wie meinen Klientinnen und Klienten und auch mir selbst, dann möchtest du die Gelassenheit, wachsende Zufriedenheit und Lebensfreude schon nach kürzester Zeit nicht mehr missen.

AUF GEHT'S – INS LAND DER GELASSENHEIT!

Gute Reise und buen camino!

Katrin

UND HEY!

Es interessiert mich sehr, was dir zu den Impulsen, Anregungen, Tricks und Übungen im Buch durch den Kopf geht und wie du dich damit fühlst. Schreibe mir. Ich freue mich, von dir zu hören: mail@katrinhormann.de

Wenn du festgestellt hast, dass es dringend an der Zeit ist, dich um deine mentale Fitness zu kümmern, um mehr Gelassenheit und Lebensfreude im Alltag zu genießen, dann wartet deine Trainingsgruppe vielleicht schon auf dich. Registriere dich hier für die Warteliste:

https://gelassenmitkatrinhormann.de/mentalfit/

GLOSSAR

A

ACHTSAMKEIT

Achtsamkeit liegt – nicht überraschend – stark im Trend. Die inflationäre Wirkung, die diese Tatsache auf den Begriff hat, verfälscht die eigentliche Bedeutung und lenkt davon ab, wie wertvoll das Konzept in der Stressbewältigung ist.

Im Kern ist Achtsamkeit nichts anderes als ein bewusstes Wahrnehmen dessen, was jetzt im gegenwärtigen Moment gerade stattfindet, ohne es zu beurteilen. Eine mögliche Achtsamkeitsübung ist das Meditieren. Alternativ entsteht der Effekt der Pause vom Gedankenkarussell, dem Hadern mit der Vergangenheit und der Sorge über die Zukunft gleichermaßen bei bewusster körperlicher Wahrnehmung beim Händewaschen, Laufen oder Essen. Du musst nicht meditieren lernen, um von den stressreduzierenden Effekten der Achtsamkeit zu profitieren. PQ® Reps sind eine Form von Achtsamkeitsübungen.

AKUPRESSUR

Die Akupressur hat ihren Ursprung in der Traditionellen Chinesischen Medizin (TCM). Über gezielten Druck auf bestimmte Punkte unseres Körpers lassen sich demnach Störungen oder Blockaden in den Energiebahnen, den sogenannten Meridianen, beheben. Darüber lassen sich laut den Lehren der TCM vielfältige körperliche und psychische Funktionen stimulieren.

Das Coole ist, du musst nicht daran glauben, damit es funktioniert. ;-) Auch als Skeptikerin kannst du dir die wohltuenden Effekte mit sehr wenig Aufwand eigenständig und flexibel zunutze machen. Probiere die Ohrmassage an der Raststation in Kapitel 1 gleich mal aus und dann horche in dich hinein, ob du dich nicht schon etwas entspannter fühlst.

B

BURNOUT

Offiziell definiert ist Burnout ein Erschöpfungssyndrom, das durch eine dauerhaft zu hohe berufliche Belastung entstanden ist.

Praktisch beschreiben Betroffene den Begriff *Burnout* immer wieder besonders deshalb als passend, weil er das Gefühl des Ausgebranntseins treffend wiedergibt. Nachdem man für etwas lange ohne entsprechenden Ausgleich gebrannt hat, ist dem Feuer die Kraft ausgegangen, und es erlischt. Die Erschöpfung äußert sich emotional, mental, körperlich und im Verhalten. Die Symptome sind vielfältig und reichen von einem geschwächten Immunsystem bis zu Depressionen.

C

COACHING

Coaching ist eine Form der strukturierten Beratung mittels methodischer Gesprächsführung. Dabei wird die Klientin oder der Klient in einem Veränderungsvorhaben unterstützt. Der Coach oder die Coachin leitet den Entwicklungsprozess und bietet dem sogenannten Coachee den Raum zur Findung einer passenden Lösung.

Unter uns: Es gibt sehr strenge Definitionen und Abgrenzungen, was Coaching genau ist. Solide Qualitätsstandards und fundierte Ausbildungen für das jeweilige Spezialgebiet des Coaches halte ich für unerlässlich. Darüber hinaus definiere ich persönlich die Zusammenarbeit mit meinen Coachees vor allem als vertrauensbasierten Prozess, in dem ich meine Coaching-Methoden einsetze, aber auch meine persönlichen und beruflichen Erfahrungen beratend einbringe, wenn es dem Coaching-Prozess dienlich ist. Wenn es hilfreich ist, beinhalten meine Coachings auch Elemente des Mentorings und Sparrings.

D

DEPRESSION

Eine Depression ist weit über eine „schlechte Phase" hinaus eine ernst zu nehmende Erkrankung, die sich unter anderem aus einem Burnout-Prozess entwickeln kann. Sie geht unterschiedlich kombiniert und ausgeprägt mit gedrückter Stimmung, Antriebslosigkeit, negativen Gedanken, Freudlosigkeit, vermindertem Interesse, verringerter Konzentrationsfähigkeit, Schlaf- und Appetitstörungen sowie einem beeinträchtigten Selbstwertgefühl und Selbstvertrauen einher. Eine Depression erfordert medikamentöse und psychotherapeutische Behandlung.

DISSTRESS

Disstress ist das, was unser Organismus als zu viel, zu häufig, zu lang anhaltenden Stress empfindet und mit entsprechend negativen Stressreaktionen beantwortet. Im Disstress-Bereich geraten wir in die Überlastung, unsere Leistungskurve sinkt rapide ab, und bei chronischem Aufenthalt in diesem Bereich werden wir krank – körperlich und/oder psychisch. Dabei sind die stressverursachenden Faktoren oftmals nicht andere als beim Eustress. Beim Disstress ist es einfach zu viel des Guten ohne entsprechenden Ausgleich.

E

ENTSPANNUNGSTYP

Wir alle bauen über moderate Bewegung optimal Stresshormone ab. 20 Minuten zügiges Spazierengehen an den meisten Tagen ist ein wahres Entspannungselixir für uns alle. Darüber hinaus entspannen wir höchst individuell unterschiedlich. Die Grundtypen sind Entspannung über a) sportliche Power, b) geistige Kreativität und c) seeligen Genuss. Du möchtest deinen persönlichen Entspannungstyp kennen und dir den Ausgleich suchen, der wirklich zu dir passt. Sonst nutzen die Entspannungsvorhaben im besten Fall einfach nur nichts. Im schlechtesten bereiten sie zusätzlichen Stress. Zu einem kleinen Onlineselbsttest kommst du kostenlos hier: https://gelassenmitkatrinhormann.de/entspannungstyp

ERSCHÖPFUNGSSYNDROM

Ein Erschöpfungssyndrom ist die vielschichtige Problematik, die durch zu hohe oder chronische Stressbelastung entsteht. Die Kombination verschiedenster Symptome ist individuell unterschiedlich und kann sich auf diesen Ebenen abspielen: emotional, mental/kognitiv, verhaltenstechnisch und körperlich. Was sehr theoretisch klingt, macht das Problem praktisch zu einem wahren und schwer greifbaren Biest.

Betroffene fühlen sich zum Beispiel erschöpft und ratlos, während sie gedanklich feststecken, ihre Lösungskompetenz eingebüßt haben, sich stark gegen ihre Mitmenschen mit eventuellen Hilfsangeboten abgrenzen und körperlich unter zig Baustellen leiden.

EUSTRESS

Beim Eustress befindet sich der Stress auf einem Level, auf dem er uns positiven Antrieb verleiht. Die hier ablaufende Stressreaktion befähigt uns zu optimaler Leistung auf einem nachhaltigen Niveau. Dies ist der Stress, der uns den Hintern vom Sofa nehmen lässt und die Dinge anpacken und erledigen lässt, die uns wichtig sind.

I

INSTRUMENTELLES STRESSMANAGEMENT

Das instrumentelle Stressmanagement umfasst die sehr operativen Methoden, die Stressoren im Außen zu reduzieren. Es geht darum, zu identifizieren, was genau Stress auslöst, um die Situation dahingehend zu verändern, dass die Stressreize reduziert werden. Die bekanntesten Methoden des instrumentellen Stressmanagements sind das Zeitmanagement, das Delegieren, das Neinsagen, das To-do-Listen-Management. Auch die Gestaltung der Arbeitsumgebung, des Aufgabenzuschnitts und der Arbeitsbeziehungen gehören zum instrumentellen Stressmanagement.

K

KOGNITIVE VERHALTENSTHERAPIE

Die kognitive Verhaltenstherapie ist eine Therapieform, bei der es darum geht, sich über eine systematische Selbstbeobachtung auf die Schliche zu kommen und darüber Verzerrungen in der Wahrnehmung, Interpretation und im Verhalten entgegenzusteuern.

M

MEDITATION

Meditation ist ein Überbegriff für verschiedenste Übungsformen, mit denen die Aufmerksamkeit bewusst gesteuert wird – auf den Atem, den Körper, die Sinne, die Gedanken oder auch auf das Singen von Mantras. Die Techniken sind unterschiedlich und teilweise Jahrtausende alt. Die positiven Effekte auf unser Denken, unser Verhalten, aber auch auf unsere Gehirnfunktionen und zum Beispiel unser Immunsystem sind immer breiter wissenschaftlich belegt.

Die PQ® Reps zur Stärkung der mentalen Fitness sind eine Form der Meditation, die sich praxistauglich in jeden Alltag einfügen lässt.

MENTALE FITNESS

Die mentale Fitness beschreibt unsere Fähigkeit, in einer positiven Haltung zu sein, von einer negativen in eine positive Haltung umzuschalten und Zugriff auf unsere innere Stärke zu haben. Je größer unsere mentale Fitness ist, desto erfolgreicher und gleichzeitig glücklicher können wir die Herausforderungen des Alltags bewältigen. Wie unsere physische Fitness auch können wir unsere mentale Fitness trainieren und stärken. Der PQ® misst, wie fit wir mental sind.

MENTALES STRESSMANAGEMENT

Love it, leave it, or change it! ist ein mittlerweile geläufiger Rat zum Umgang mit Situationen, die uns nicht gefallen. Dabei gehören *leave it* und *change it* in den Bereich des instrumentellen Stressmanagements. Blöd ist nur, wenn du eine Situation weder ausreichend verändern noch verlassen kannst, um den Stress auf ein gesundes Niveau zu bringen. Das ist der Punkt, an dem viele im Burnout-Prozess stehen. Aus *love it* ist dann schon längst eine Hassliebe geworden – und nun? Hier ergänzt das mentale Stressmanagement den Ausspruch um ein völlig außer Acht gelassenes *or change the way you think about it!*

Hier geht es um die persönlichen Stressverstärker. Unser aller gewohntes Denkmuster enthält Gedanken, welche die ohnehin bestehenden Stressfaktoren potenzieren oder sogar Stressoren kreieren, wo keine sein müssten. Im mentalen Stressmanagement geht es darum, die eigenen Denkmuster zu reflektieren und entlastend zu überarbeiten. Hier lassen sich meiner Erfahrung nach die wertvollsten Entlastungen schaffen.

MENTALTRAINING

Unter den Begriff Mentaltraining fallen verschiedene psychologische Methoden, die darauf abzielen, die soziale, emotionale und kognitive Kompetenz zu erweitern, die Belastbarkeit, das Selbstbewusstsein, die mentale Stärke und das Wohlbefinden zu fördern. Die Wurzeln dieser Methoden kommen aus der Sportpsychologie. Heute finden sie in sehr vielen Lebensbereichen Anwendung. Oft wird mit gezielten, mit Emotionen verbundenen, mentalen Reizen gearbeitet, um die Selbstwirksamkeit auf körperlicher, emotionaler und geistiger Ebene zu steigern. Das in diesem Buch vorgestellte PQ®-Training ist eine Form des Mentaltrainings.

N

NEUROWISSENSCHAFTEN

Zu den Neurowissenschaften gehören unterschiedlichste Disziplinen aus der Psychologie, der Medizin, der Biologie, aber auch zum Beispiel der Informatik. Das Forschungsfeld beschäftigt sich mit den Nervensystemen, ihrem Aufbau und ihrer Funktionsweise.

P

PQ® REP

Eine PQ® Rep ist eine Mikromeditation und die kleinste Einheit eines PQ®-Fitnesstrainings. Dabei lenkst du deine gesamte Aufmerksamkeit für zehn Sekunden auf deine körperlichen Sinneswahrnehmungen oder deinen Atem.

POSITIVE INTELLIGENCE QUOTIENT – PQ®

Analog zum Intelligenzquotienten (IQ) oder emotionalen Intelligenzquotienten (EQ) misst der positive Intelligenzquotient (PQ®) den relativen Anteil deiner positiven, inneren Haltung im Verhältnis zu deiner negativen, inneren Haltung. Das Ergebnis (PQ®) beschreibt dein aktuelles Level mentaler Fitness. Der PQ® ist messbar und trainierbar.

POSITIVE PSYCHOLOGIE

Die Positive Psychologie ist ein neuer Zweig der Psychologie. Sie beschäftigt sich (im Gegensatz zu der traditionellen, defizitorientierten Psychologie) mit den positiven Aspekten des Menschseins und behandelt Themen wie Glück, Optimismus, Vertrauen und individuelle Stärken.[62]

PSYCHOSOMATISCHE BESCHWERDEN

Die Psychosomatik umfasst körperlich in Erscheinung tretende Krankheiten, die seelisch bedingt oder mitbedingt sind. Dabei gibt es körperliche Funktionsstörungen mit und ohne organischen Befund. „Die moderne Psychosomatik versteht sich als Lehre von den Wechselwirkungen zwischen Körper (Soma) und Seele (Psyche)."[63]

PSYCHOTHERAPIE

Psychotherapie ist die richtige und wichtige Behandlungsform für psychische Störungen und oder für psychisch bedingte körperliche Erkrankungen. Es gibt verschiedene Therapieschulen, die je nach Krankheitsbild zum Einsatz kommen. Gängige Verfahren werden in Deutschland von der Krankenkasse übernommen. In Abgrenzung zum Coaching und zur Beratung behandelt die Psychotherapie Störungen mit sogenanntem Krankheitswert, wohingegen Beratung und Coaching vor allem ressourcenaufbauend und -stärkend wirken. Depressionen oder Angststörungen sind Beispiele psychischer Störungen, die von einer Psychotherapeutin oder einem Psychotherapeuten behandelt werden sollten.

R

REGENERATIVES STRESSMANAGEMENT

Im regenerativen Stressmanagement finden sich alle Methoden, die eine durch Stressbelastung ausgelöste Stressreaktion ausgleichen. Regeneration, Erholung und Ausgleich sind die Schlüsselwörter in diesem Bereich. Genusstraining, Yoga, Progressive Muskelrelaxation, Sport und Bewegung, Hobbys, Massagen und Wellness sind Maßnahmen, die der Stressbewältigung auf dieser Ebene dienlich sind. Hier gilt es zu beobachten, wie die individuelle und aktuelle Stressreaktion ausfällt. Daran anschließen kann sich die Entscheidung für die passendste Form der Regeneration.

RESILIENZ

Resilienz tragen wir alle in uns. Zwar ist unsere Resilienz zu unterschiedlichen Zeiten unseres Lebens unterschiedlich stark ausgeprägt, aber angelegt ist sie immer in uns.

Der Begriff beschreibt unsere Fähigkeit, schwierige Lebenssituationen anzunehmen, zu bewältigen und gestärkt aus ihnen hervorzugehen.

Bezogen auf Stress, verleiht uns unsere Resilienz die Sicherheit: Ich weiß, wie ich mit dem Stress umgehen kann.

Q

QUICK WINS

In der Stressüberlastung büßen wir schnell an Entscheidungs- und Handlungsfähigkeit ein. Das führt dazu, dass besonders die ersten Schritte aus der Stresssackgasse oder dem viel genannten Hamsterrad wie vernagelt erscheinen. Hier gilt es, über *Quick Wins*, wie ich sie nenne, schnell erste kleine Entlastungen zu finden, die überhaupt erst wieder handlungsfähig machen. Wenn diese niedrig hängenden

Früchte des Erfolgs in der Stressbewältigung geerntet und konsumiert sind, ist wieder ausreichend Energie vorhanden, um weitere wichtige Schritte auf dem Weg zur Entspannung einzuschlagen.

S

STRESSOREN

Stressoren sind die stressauslösenden Faktoren unserer Umgebung und unserer aktuellen Situation. Typische Stressoren unserer heutigen Arbeitswelt sind Termindruck, häufige Unterbrechungen, Multitasking, ein zu hohes Arbeitspensum, unklare Strukturen und Aufgabenstellungen, unverbindliche Schnittstellen und ungünstige Kommunikation, fehlende Wertschätzung, fehlende Fehlerkultur, technische Herausforderungen virtueller Zusammenarbeit und stressverstärkende Büroarchitekturen. Individuelle Stressoren lassen sich identifizieren mit der Vervollständigung des Satzes: Ich gerate in Stress, wenn …

4-A-STRATEGIE

Die 4-A-Strategie beschreibt eine Notfallmaßnahme für akute Stresssituationen. Über einen vierstufigen Ablauf erinnert uns die Strategie daran, (1. A) im Stress die Situation zu akzeptieren und anzunehmen, wie sie ist, statt sie zu leugnen oder gegen sie anzukämpfen, (2. A) uns **a**bzukühlen, also für einen klaren Kopf zu sorgen, mit dem sich (3. A) eine intelligente **A**nalyse durchführen lässt, worum wir uns kümmern wollen: um die Situation oder um unser Wohlbefinden. Abschließend gehört zu dieser Strategie (4. A) die **A**ktion, also die in der Analyse entschiedene Handlung.

ANMERKUNGEN ZUM TEXT

[1] Loomans (2017).

[2] Kaluza (2018), S. 19f.

[3] MILD (2018), S. 15.

[4] Kaluza (2018), S. 31.

[5] Mit dem deutlichen Disclaimer, dass ich bei Weitem keine Statistikerin bin, habe ich trotzdem mal ein paar Daten und Zahlen kombiniert und lasse mich zu folgender Annahme hinreißen, einfach damit wir eine ungefähre Vorstellung haben:

270 000 Menschen wie du und ich haben 2020 ein Burnout erlitten.

Für die Statistikerin in dir und weil ich – wie deutlich gemacht! – natürlich keine Expertin bin, hier meine genutzten Zahlen und löchrigen Annahmen (die sicher auch ein Grund sind, warum sich diese Zahl nicht professionell erhoben finden lässt):

- In Deutschland gibt es ungefähr 44,9 Millionen Erwerbstätige. Hier fällt dir natürlich sofort das erste Loch in meiner Annahme auf: Du musst nicht erwerbstätig sein, um ein Burnout erleiden zu können.

- Laut AOK lagen 5,9 von 1000 Arbeitsunfähigkeitsfällen eine Burnout-Erkrankung zugrunde. Richtig, da ist offen, wie die Klassifizierung der Diagnose stattgefunden hat, wo doch Burnout (noch! ... Das ändert die

WHO gerade) keine offizielle Diagnose laut ICD-10 ist. Außerdem ließe sich sicherlich trefflich diskutieren, ob sich die 0,6 % der gesetzlich Versicherten auf die privat Versicherten übertragen lassen. Aber sei's drum, lasse uns mal die 0,6 % annehmen.

- Damit sind wir bei 0,6 % * 44,9 Millionen, also ca. 270 000 Fällen. Dunkelziffer: Wer geht wann zum Arzt? Wie gehen die Ärzte mit den Symptomen um? Etc. etc. Es gibt viele Unklarheiten. Klar ist, dass die Zahl der Betroffenen sehr hoch, aus meiner Sicht zu hoch, ist und seit Jahren steigt (s. u.).

Der Gesundheitsreport der Techniker Krankenkasse analysiert jährlich die Krankenstände, also den Anteil der Beschäftigten, der innerhalb eines bestimmten Zeitraums arbeitsunfähig gemeldet war. 2020 gingen fast zwanzig Prozent (19,77 %) des gesamten Krankenstands allein auf das Konto von psychischen und Verhaltensstörungen. Dieser Anteil steigt seit Jahren kontinuierlich an. Im März 2020, also im ersten Corona-Lockdown, lag der Wert sogar um 10 % über dem Vergleichszeitraum des Vorjahres – für mich ein deutliches Signal, wie stark psychisch belastend die Pandemie zusätzlich für uns alle ist. Auch der ebenfalls regelmäßig erscheinende DAK-Gesundheitsreport belegt diese Entwicklung. Hier lassen sich auch die Anzahl der Fälle, die hinter den Krankenständen stehen, ablesen. In den letzten Jahren fallen beständig ca. 7 % aller Arbeitsunfähigen wegen psychischer Erkrankungen aus – vor allem wegen Depressionen und Anpassungsstörungen (worunter auch der Erlebenszustand Burnout oftmals festgehalten wird; laut AOK mit genannten 0,6 % aller AU-Fälle).

[6] Strobel (2018), S. 43.

[7] Burisch (2005), S. 13.

[8] Kaluza (2018), S. 33.

[9] Vulnerabilität beschreibt die individuelle Verletzbarkeit einer Person und wird damit in der Psychologie als Gegenteil von Resilienz betrachtet.

[10] Schubert (2017), S. 41f.

[11] Lee & Frazier (2011), S. 589–600.

[12] Schubert (2017), S. 40.

[13] Reed Gach (o. J.).

[14] Schubert (2017), S. 40ff.

[15] Burisch (2005), zitiert nach Kaluza (2018), S. 34.

[16] Kaluza (2018), S. 34.

[17] World Health Organization (2019).

[18] Burisch (2005), S. 13.

[19] In Anlehnung an Strobel (2018), S. 58.

[20] Kaluza (2018), S. 35.

[21] MILD (2018), S. 24ff., und Strobel (2018), S. 59ff.

[22] Maysenhölder (2009).

[23] Anderes Burnout Café (o. J.).

[24] BARMER Krankenkasse (o. J.).

[25] Deutsche PsychotherapeutenVereinigung e. V. (o. J.).

[26] Deutsche PsychotherapeutenVereinigung e. V. (2021).

[27] Neurologen und Psychiater im Netz. Das Informationsportal zur psychischen Gesundheit und Nervenerkrankungen (o. J.).

[28] Kaluza (2018), S. 191ff.

[29] Kaluza (2018), S. 193.

[30] Van Buren and Safferstone (2009).

[31] Kaluza (2018), S. 62ff.

[32] Kaluza (2018), S. 63.

[33] Bundeszentrale für gesundheitliche Aufklärung (2021), S. 28.

[34] Csíkszentmihályi (2008).

[35] Covey (1990).

[36] Covey (1990) und Franklin Covey (2019).

[37] Storm (2017).

[38] Rabe (o. J.).

[39] Thun-Hohenstein et al. (2020).

[40] Southwick et al. (2014).

[41] Prieß (2019), S. 230.

[42] Thun-Hohenstein et al. (2020).

[43] Thun-Hohenstein et al. (2020), S. 12.

[44] In Anlehnung an Heller (2021).

[45] Seligman (2011), S. 144.

[46] Fredrickson (2011), S. 39.

[47] Heller (2021), S. 116.

[48] Heller (2021), S. 132.

[49] Heller (2021), S. 138.

[50] Heller (2021), S. 158.

[51] Heller (2021), S. 162.

[52] Valiente et al. (2021).

[53] In Anlehnung an Hof (2021), S. 55.

[54] Hof (2021), S. 57.

[55] Chamine (2012), S. 7.

[56] Chamine (2012), S. 9.

[57] Chamine (2012), S. 73.

[58] Selbstverständlich hat die Stimme deiner inneren Trainerin ganz viel mit deinem wahren Selbst, deiner inneren Kraft und der gewechselten Perspektive zu tun. Sie personifiziert deine extrahierte Selbststeuerung im Training deiner mentalen Fitness. Das ist aber vielleicht etwas zu abstrakt, als dass es in der Form leicht und spielerisch alltagstauglich in jedem vollen Terminkalender Platz fände. Außerdem ist es doch viel cooler, eine eigene Personal Trainerin für mentale Fitness zu haben!

[59] In Anlehnung an sogenannte reps, der amerikanische Begriff für Wiederholungen – repetitions – im Fitnessstudio.

[60] In Anlehnung an Chamine (2012), S. 113.

[61] Träder (2018).

[62] Stangl (o. J.).

[63] Ofenstein (2016).

QUELLENVERZEICHNIS

Bundesverband Burnout und Prävention e. V. (o. J.). anderes-burnout-cafe. Selbsthilfegruppe für Betroffene mit Burnout-Symptomen. https://anderes-burnout-cafe.de/. Letzter Zugriff: 30.01.2022.

BARMER Krankenkasse. „Überweisung zum Psychotherapeuten notwendig?" BARMER Expertenforen. https://www.barmer.de/expertenforen/ueberweisung-zum-psychotherapeuten-notwendig---149722. Letzter Zugriff: 30.01.2022.

Bund Deutscher Heilpraktiker e. V. (o. J.). Therapeutensuche. https://www.bdh-online.de/patienten/therapeutensuche/. Letzter Zugriff: 30.01.2022.

Bundeszentrale für gesundheitliche Aufklärung (2021). Nationale Empfehlungen für Bewegung und Bewegungsförderung. Sonderheft 03. https://www.bundesgesundheitsministerium.de/fileadmin/Dateien/5_Publikationen/Praevention/Broschueren/Bewegungsempfehlungen_BZgA-Fachheft_3.pdf. Letzter Zugriff: 28.01.2022.

Burisch, Matthias (2015): Dr. Burischs Burnout-Kur – für alle Fälle. Anleitungen für ein gesundes Leben. Springer.

Chamine, Shirzad (2012). Positive Intelligence. Greenleaf Book Group Press.

Franklin Covey (2019). Habit 3: Put First Things First. Franklin Covey, https://www.franklincovey.com/habit-3/. Letzter Zugriff: 28.03.2022.

Covey, Stephen R. (1990). The seven habits of highly effective people. Louis Braille Audio.

Csíkszentmihályi, Mihály (2018). Flow: The Psychology of Optimal Experience. HarperCollins.

DAK-Gesundheit (2021). Gesundheitsreport 2021. Coronakrise und Digitalisierung. https://www.dak.de/dak/bundesthemen/gesundheitsreport-2021-2515300.html#/. Letzter Zugriff: 28.03.2022.

Damas, Sigrun (2021). Riechtraining – Riechtherapie lindert Beschwerden. SWR. https://www.swr.de/wissen/riechtraining-als-therapie-100.html. Letzter Zugriff: 28.01.2022.

Deutsche PsychotherapeutenVereinigung e. V. (2021). 40 Prozent mehr Patientenanfragen: Corona kommt in Praxen an. Deutsche Psychotherapeuten Vereinigung. https://www.deutschepsychotherapeutenvereinigung.de/gesundheitspolitik/aktuelle-meldungen/news-bund/news/40-prozent-mehr-patientenanfragen-corona-kommt-in-praxen-an/. Letzter Zugriff: 28.01.2022.

Deutsche PsychotherapeutenVereinigung e. V. (o. J.). Psychotherapeutensuche. https://www.deutschepsychotherapeutenvereinigung.de/nc/patienten/psychotherapeutensuche/. Letzter Zugriff: 28.01.2022.

Fredrickson, Barbara L. (2011). Die Macht der guten Gefühle: Wie eine positive Haltung Ihr Leben dauerhaft verändert. Übersetzt von Nicole Hölsken. Campus Verlag.

Heller, Jutta (2021). Resilienz: 7 Schlüssel für mehr innere Stärke. Gräfe und Unzer.

Hof, Wim (2021). Die Wim-Hof-Methode: Sprenge deine Grenzen und aktiviere dein volles Potenzial. Mit der Kraft der Kälte, bewusster Atmung und mentaler Stärke gesünder, leistungsfähiger und glücklicher werden. Übersetzt von Karin Weingart. Integral.

Kaluza, Gert (2018). Stressbewältigung, Trainingsmanual zur psychologischen Gesundheitsförderung (4. Auflage), Springer.

Lee, Eun Jin & Frazier, Susan K. (2011). The Efficacy of Acupressure for Symptom Management: A Systematic Review. Journal of Pain and Symptom Management, 42(4), 589–603. https://www.jpsmjournal.com/article/S0885-3924(11)00076-5/fulltext. Letzter Zugriff: 30.01.2022.

Loomans, Paul (2017). Ich habe die Zeit. Gelassen alle Aufgaben meistern. Eine Anleitung zum Zeitsurfen. Lotos Verlag.

Maysenhölder, Fabian (2009). Hält ein Frosch beim Erhitzen still? n-tv. https://www.n-tv.de/wissen/frageantwort/Haelt-ein-Frosch-beim-Erhitzen-still-article445899.html. Letzter Zugriff: 28.01.2022.

Münchener Institut für lösungsorientiertes Denken (MILD) (2018). Neurobiologische & psychologische Grundlagen zu Stress und Burnout. Skript zur Ausbildung zur Fachberaterin Stress und Burnout.

Neurologen und Psychiater im Netz. Das Informationsportal zur psychischen Gesundheit und Nervenerkrankungen (o. J.): Krise/Notfall: Akute psychische Krise. https://www.neurologen-und-psychiater-im-netz.org/krisenotfall/akute-psychische-krise/. Letzter Zugriff: 28.01.2022.

Ofenstein, Christopher M. (2016). Lehrbuch Heilpraktiker für Psychotherapie (3. Auflage). Urban & Fischer Verlag.

Prieß, Miriam (2019). Resilienz: So entwickeln Sie Widerstandskraft und innere Stärke – Von der Expertin für Burn-out und Prävention. Goldmann.

Rabe, Emilie (o. J.). Aroma Coach Emilie. DōTERRA Wellness Advocate. https://www.mydoterra.com/aromacoachemilie/#/. Letzter Zugriff: 28.01.2022.

Reed Gach, Michael (o. J.): Acupressure Healing Work for Beginners. Acupressure. https://acupressure.com/acupressure-basics/acupressure-points/. Letzter Zugriff: 28.01.2022.

NDR (2021). Riechforschung und Aromatherapie: Mit Düften heilen. NDR. https://www.ndr.de/ratgeber/gesundheit/Riechforschung-und-Aromatherapie-Mit-Dueften-heilen,aromatherapie100.html. Letzter Zugriff: 28.01.2022.

Schubert, Katrin (2017). Fünf Minuten für mich. 20 einfache Techniken für Gelassenheit. Lüchow.

Seligman, Martin E. P. (2011). Der Glücks-Faktor: Warum Optimisten länger leben. Übersetzt von Siegfried Brockert. Bastei Lübbe.

Southwick, Steven M. et al. (2014). Resilience definitions, theory, and challenges: interdisciplinary perspectives. European Journal of Psychotraumatology, 5(1). https://www.tandfonline.com/doi/full/10.3402/ejpt.v5.25338. Letzter Zugriff: 30.01.2022.

Stangl, Werner (o. J.). Positive Psychologie. Online Lexikon für Psychologie und Pädagogik. Online-Enzyklopädie aus den Wissenschaften Psychologie und Pädagogik. https://lexikon.stangl.eu/1994/positive-psychologie. Letzter Zugriff: 21.02.2022.

Storm, Andreas (2017). Müdes Deutschland: Schlafstörungen steigen deutlich an. DAK-Gesundheit. https://www.dak.de/dak/bundesthemen/muedes-deutschland-schlafstoerungen-steigen-deutlich-an-2108960.html#/. Letzter Zugriff: 16.01.2022.

Strobel, Ingrid (2018). Stressbewältigung und Burnoutprävention, Einzelberatung und Leitfaden für Seminare (2. Auflage). Georg Thieme Verlag.

Techniker Krankenkasse (2021). Ein Jahr Corona-Pandemie: Wie geht es Deutschlands Beschäftigten? https://www.tk.de/resource/blob/2110096/11c10b8be736a0f2b70e40c01cadba63/2021-tk-gesundheitsreport-data.pdf. Letzter Zugriff: 06.04.2022.

Thun-Hohenstein, Leonhard et al. (2020). Resilienz – Geschichte, Modelle und Anwendung. Zeitschrift für Psychodrama und Soziometrie, 19, 7–20. https://link.springer.com/article/10.1007/s11620-020-00524-6#Sec7. Letzter Zugriff: 30.01.2022.

Träder, René (2018). Wie schaffe ich es, konzentriert zu arbeiten? Der 7Mind Podcast mit René Träder. Folge 35. https://www.7mind.de/podcast. Letzter Zugriff am 30.01.2022.

Unabhängige Patientenberatung Deutschland (o. J.). https://www.patientenberatung.de/de. Letzter Zugriff: 30.01.2022.

Valiente, Carmen et al. (2021). A symptom-based definition of resilience in times of pandemics: patterns of psychological response over time and their predictors. European Journal of Psychotraumatology, 12(1). https://www.tandfonline.com/doi/full/10.1080/20008198.2020.1871555?src=recsys. Letzter Zugriff: 29.01.2022.

Van Buren, Mark E. & Safferstone, Todd (2009). The Quick Wins Paradox. Harvard Business Review. https://hbr.org/2009/01/the-quick-wins-paradox. Letzter Zugriff: 30.01.2022.

World Health Organization (2019): Burn-out an "occupational phenomenon": International Classification of Diseases. World Health Organization. https://www.who.int/news/item/28-05-2019-burn-out-an-occupational-phenomenon-international-classification-of-diseases. Letzter Zugriff: 30.01.2022.

An meinen Mann Dennis:
Danke, dass Du immer an mich glaubst und mich niemals für verrückt erklärst.

An meine Kinder Lina und Lasse:
Danke, dass Ihr mich beim Schreiben angefeuert habt.

An Gabi Bernhardt:
Danke für die Starthilfe mit der Schreibwerkstatt.

Ich danke allen Klientinnen und Klienten, allen Kundinnen und Kunden für
Euer Vertrauen und für alles, was ich mit Euch lernen darf.

Danke, Gottfried Wimmer, Sina Schwenninger, Marta Salska,
Ben Göller, Dr. Gerhard Ahlers, Emilie Rabe und Norbert Hüge
für das wunderbare Miteinander.

Danke an Anja Wadzinski für die Positive Intelligenz®.

Danke an Sonja Kreye für die konkrete Umsetzungshilfe.

Danke an Tatjana Fadda, meine Heldin der Tat.

Danke an Doris Ahlers für die vielen Kommata.

Danke an Karin Rozell *for planting the seed*.

Und ein ganz ausdrückliches Danke an Dich, liebe Isabelle Romann, für Deine
großartige Lektoratsarbeit, und an Dich, liebe Désirée Riechert, für das beste
Buchdesign! Ohne Euch wär's hier nur halb so schön.